Das Lima Ohsawa Kochbuch

Das

Lima Ohsawa Kochbuch

Lima Ohsawa

mit Nahum Stiskin

Illustrationen von Maurice Owen

Irisiana Verlag

DIE ZEICHNUNG AUF DEM UMSCHLAG zeigt Ebisu, einen der japanischen „Shichi Fukujin“, oder sieben Götter der Zufriedenheit, des Glücks und des Haushalts. Er gehört, zusammen mit Daikoku, zu den Gottheiten, die zumeist in der Küche des japanischen Hauses zu finden sind. Ebisu hat eine Angelrute und einen großen Tai-Fisch bei sich, beides Embleme für Freude und Festlichkeit. Er ist nicht nur die Schutzgottheit des Gelächters, sondern auch der Gott der Nahrung und der Rechtschaffenheit.

Der Titel der bei Autumn Press, Brookline, Massachusettes
erschienenen Originalausgabe lautet:
The Art of Just Cooking

Deutsche Übersetzung: Gudrun Klein
Umschlaggestaltung: Wolfgang Jünemann
Layout: Matthies

1. Auflage 1980
2. Auflage 1981
ISBN 3-921417-23-6
First published in the U.S.A. by Autumn Press Inc.,
25 Dwight Street, Brookline, Mass. 02146

Printed in Germany

Lima Ohsawa im Alter von 75 Jahren

Meinem Gatten gewidmet

INHALTSVERZEICHNIS

Vorwort der Verfasserin

Ich war 54 Jahre alt, als ich mich über die Küsten meines heimischen Japan hinauswagte. Es war 1953, und Georges Ohsawa und ich brachen zu unserer ersten Weltreise auf. Ich erinnere mich, ich fühlte mich naiv, aufgeregt und unschlüssig wie ein kleines Schulmädchen, das im Begriffe war, seine erste Reise in eine weite unbekannte Welt anzutreten. Ich wußte, daß Georges, der früher einige Jahre im Ausland verbracht hatte, sowohl Englisch als auch Französisch sprach, und daß ich, auf meine Muttersprache beschränkt, mich auf ihn verlassen mußte, unser Schiff zu steuern. Also hatte ich mich fest entschlossen, schweigend anzunehmen, was immer das Schicksal mit uns vorhatte.

Wir reisten mit dem Schiff nach Kalkutta, kamen dort im November an, und in dem Augenblick, da wir an Land gingen, waren wir umringt von einer brausenden Bettlerschar. Geschockt und befremdet fragte ich mich, in was für eine Welt mein Gemahl mich einzuführen gedachte? Nachdem wir einen Monat lang in Kalkutta Yogis, Philosophen und Naturexperten aufgesucht hatten, um mit ihnen unsere Philosophie des Lebens und der Ernährung zu diskutieren, standen wir kurz vor der geplanten Abreise nach Neu Delhi, als uns ein neugewonnener indischer Freund mit einem einheimischen Unternehmer bekanntmachte. Sie beide bestanden darauf, daß wir eine "kurze" Vortragsreihe über die Philosophie vom "Allumfassenden Gesetz" beginnen sollten. Georges stimmte widerstrebend zu, während ich, meinem Beschluß gemäß, schwieg. Es wurde uns ein wunderbares Zimmer in dem großen luxuriösen Heim unseres neuen Gastgebers zur Verfügung gestellt. In einer Ecke richtete ich eine ganz kleine Küche ein, bestehend aus einer elektrischen Kochplatte, einem Kochtopf, Arbeitsplatte und Messer, zwei Holzlöffeln, zwei Tassen, und zwei Paar Holzstäbchen. Dies sollte mir als Labor, Apotheke und Küche dienen.

Georges begann ein geschäftiges Leben mit Schreiben, Vorträgen und dem Empfang von wißbegierigen Besuchern, während es meine Aufgabe wurde, die praktische Anwendung unserer

Ernährungsphilosophie zu zeigen. Da ich keine Erfahrung mit indischer Kost hatte, mußte ich mit einem gründlichen und detaillierten Studium der einheimischen Vegetation beginnen, das hieß zuerst in die öffentlichen Märkte und dann in die Kochschule. Das Ziel meines Studiums war, eine makrobiotische indische Küche zu schaffen, unter der Verwendung von ausschließlich einheimischer Nahrung und traditionellen Zubereitungsmethoden, in Harmonie mit Indiens subtropischer Umgebung, schmackhaft für sein Volk und grundsätzlich gesund und ausgewogen. Der nächstgelegene Gemüsemarkt und seine versteckten Geheimnisse wurden bald so aufregend wie das Taj Mahal. Unser Unterricht kam sehr gut an, besonders bei den Hindus und Jainas, die den Lehren ihrer Religion zufolge schon strikte Vegetarier waren. Ihre Küche jedoch war nicht sehr entwickelt, und sie litten oft an Krankheiten und Störungen, weil ihnen ein leitendes Prinzip fehlte. Wir waren sehr glücklich mit unserer neuen Aufgabe, obwohl unsere Taschen fast leer waren, und man uns oft sagte, daß die Bettler, die uns ansprachen, unter Umständen weit mehr Geld besäßen, als wir selbst. Wir waren tatsächlich so sehr in Anspruch genommen, daß wir volle zwei Jahre in Kalkutta blieben, obwohl wir uns ursprünglich nur sechs Monate in ganz Indien aufhalten wollten.

Als wir Indien schließlich verließen, Ende 1955, begaben wir uns auf den Weg nach Lambarene in Zentralafrika, wo Georges Albert Schweizer treffen wollte, den berühmten Arzt und Philosophen. Vom Bombay reisten wir nach Mombasa, dann weiter nach Tanganyika und Stanleyville (Kisangani). Wir segelten den Kongo hinunter nach Leopoldville (Kinshasa) und erreichten endlich Dr. Schweitzers Krankenhaus. Dort wurden wir freundlich empfangen und Georges verbrachte viele unvergeßliche Stunden damit, das östliche Prinzip über körperliches Wohlbefinden und geistige Gesundheit zu erklären. Als Vegetarier war Dr. Schweitzer sehr interessiert an dem Nährwert der Sojabohne und bat mich, ihm verschiedene Zubereitungsarten zu zeigen. In der Zwischenzeit lernte ich viel über Afrikas reiche Vegetation und die einheimische Küche. Ich erinnere mich, daß es Staunen und Verwunderung auslöste, als ich an der Seite der eingeborenen Köche in der Dampfküche des Krankenhauses arbeitete und meine Stirn trocken blieb, während alle um mich herum kräftig schwitzten. Mit Händen gestikulierend und Grimassen-schneidend versuchte ich zu erklären, daß man nur soviel schwitzt wie man trinkt, und daß man beides leicht und schmerzlos kontrollieren kann, wenn man sich in richtiger Balance mit der Umgebung ernährt. Ich sah viele lächelnde Gesichter zustimmend nicken, aber ich fragte mich dennoch, ob meine Freunde diese merkwürdige Erklärung wohl verstanden hatten. Wir nahmen schließlich Abstand von Lambarene, durchquerten die Sahara, und nach einem Besuch in Algerien verließen wir Afrika, um nach Europa und später nach Amerika zu fahren. Ich wußte damals nicht, daß ich die erste japanische Frau war, die das Innere des "schwarzen Kontinents" durchquert hatte.

Man mag sich fragen, wie es dazu kam, daß eine gutbehütete japanische Frau, in einem kleinen Dorf geboren und nach der traditionellen Weise erzogen, um eine ruhige und zurückgezogene Hausfrau zu werden, plötzlich in ein so aufregendes und lohnendes Leben geworfen wurde. Ironischerweise bin ich dankbar für die Gebrechlichkeit und Schwäche, die meine Kindheit plagten und noch bis in mein Erwachsenenalter anhielten, denn ohne diese lange Geschichte von Krankheiten hätte ich wohl nie wahre Gesundheit und Lebenskraft erfahren.

Ich war das einzige Mädchen unter fünf Kindern, bis meine Schwester neun Jahre nach mir zur Welt kam. Als meiner Eltern Liebling war ich ausgesprochen verwöhnt, und während jener frühen Jahre genoß ich, wie mir jetzt scheint, die "unmakrobiotischste" Ernährung der Welt. Folglich war ich ein sehr schwaches Kind und eine ständige Sorgenquelle für meine Eltern. Sie brachten mich nach Tokio, wo es mir gelang, mich durch die höhere Schule zu kämpfen und die traditionellen Künste der Teezeremonie, des Blumensteckens und der Musik zu üben. Währenddessen und noch Jahre danach wanderte ich von einem Arzt und von einem Krankenhaus zum anderen, auf der Suche nach Heilung von den Krankheiten und der Müdigkeit, die wie eine dunkle Wolke über meinem Leben hingen.

Ich war 37 Jahre alt, als mir eines heißen Sommertags, von einem Arzt gesagt wurde, daß ein Vortrag von der makrobiotischen Vereinigung in Tokio gehalten würde. Ich ging hin und sah als Vortragenden einen Herrn Ohsawa, der kurz zuvor von einem langen Aufenthalt in Frankreich zurückgekehrt war. Aufmerksam lauschte ich an diesem Abend, und war besonders berührt von einer nachdrücklichen Erklärung, daß "Krankheit ein selbst verschuldetes Verbrechen" ist. In diesem Moment wurde mir bewußt, wie selbstsüchtig ich mein Leben gelebt hatte, in Unkenntnis der Naturgesetze. Ich war beschämt über mein verwirrtes Leben und die Jahre, die ich meinen Eltern zur Last gefallen war. Aber nun beschloß ich, das alles zu ändern und die Kunst der makrobiotischen Küche zu erlernen. Ich traf Georges Ohsawa zum ersten Mal an jenem Abend: ein Jahr später war ich seine Frau, und von da an war mein Leben wahrhaft verwandelt. Von seinen früheren Übeln befreit, wurde es zu einer ständigen Übung in Selbstdisziplin, Selbstvertiefung und im Dienst am Anderen.

Das Leben mit Georges Ohsawa bedeutete eine ständige Herausforderung, denn er verlangte, daß ich die Gesetze der Natur begriff, für mich und durch mich selbst, und sie in meiner Küche anwandte. Jedoch unterwies er mich niemals im Kochen. Es war nicht seine Art, direkt zu lehren, sondern er spornte das eigene intuitive Verständnis an, bis es erwachte. Mehrere Jahre lang war sein einziger Komentar über meine kulinarischen Bemühungen ein "Nein", ich begriff, daß ich in die "Schule des Neins" eingetreten war. Denn eines Tages, während ich in meiner Küche arbeitete, erfuhr ich ein überwältigendes Gefühl der Harmonie und des Wohlbefindens, und ich dachte, daß ich das Gesetz des Universums – für einen Augenblick – erspäht hatte. Das Essen, das ich meinem Mann an jenem Abend vorsetzte, galt das erste "Ja". Ich hatte es geschafft, und war ein völlig anderer Mensch geworden.

Georges Oshawa verbrachte mehr als 20 Jahre im Ausland und hielt Vorträge über die Ordnung des Universums und seine physiologische, philosophische und praktische Bedeutung. Zuerst erschien seine Lehre den westlichen Menschen neu und geheimnisvoll und sie hatten Schwierigkeiten, sie zu verstehen. Jetzt jedoch haben immer mehr westliche Menschen die Bedeutung und Wirksamkeit der Makrobiotik erkannt, die die praktische Anwendung des Grundprinzips der östlichen Philosophie darstellt. Ich begleitete meinen Mann auf vielen seiner Vortragsreisen und unterrichtete makrobiotisches Kochen. Und nun, da die Zahl der Menschen, die lernen möchten, immer größer wird, möchte ich durch die Herausgabe dieses Leitfadens helfen.

Die hier vorgestellten Rezepte sind für den Gebrauch in einem durchschnittlichen Haushalt. Sie sind nicht wie Rezepte aus einem gewöhnlichen Kochbuch, weil sie auf der alten Philosophie von *Yin* und *Yang* beruhen. Tatsächlich ist die Makrobiotik nicht eine neue Idee, sondern eine sehr alte Methode, Nahrung in Harmonie mit der Natur auszuwählen und zuzubereiten. Sie drückt eine Lebensphilosophie aus, die auf verschiedene Weise immer schon auf der ganzen Welt praktiziert wurde. Wenn wir die Naturgesetze in unserer Küche beachten, können wir jeden traditionellen Kochstil anwenden, sei es aus Japan, Frankreich, Italien oder dem mittleren Osten. In diesem Buch sind deshalb Rezepte aus der ganzen Welt. Georges Ohsawa und ich waren bestrebt, diese herkömmliche Küche neu zu beleben und legten besonderen Wert auf das Naturgesetz, das ihr zugrunde liegt, das Gesetz, das des Menschen Glück und Gesundheit abhängig macht von der Nahrung, die er zu sich nimmt. Denn die Nahrung ist die körperliche Grundlage, auf der Gemüt und Geist des Menschen wachsen und sich weiterentwikkeln. Heute, mit dem drohenden Problem der Umweltverschmutzung, dem verbreiteten Gebrauch von chemischen Düngemitteln, und der Verwendung von künstlichen Farben und Konservierungsstoffen in industriell aufbereiteter Nahrung, möchte ich all meine Mitmenschen die Vorzüge des makrobiotischen Kochens und Lebens empfehlen. Ich werde versuchen, unsere Philosophie auf den folgenden Seiten zu umreißen, jedoch kann ich hier nur eine Kostprobe ihrer reichen Vielfalt anbieten. Für jene, die sie gründlicher studieren möchten, habe ich am Ende des Buches eine Bibliographie angeführt, die die gesuchten Informationen bietet.

Der ursprüngliche Begründer der Makrobiotik in Japan war der verstorbene Dr. Sagen Ishizuka. Georges Ohsawa hat nach dem Studium und der Weiterentwicklung seiner Theorie die Philosophie formuliert, die er das "Allumfassende Gesetz" nannte. Mein Mann stellte sein Leben in den Dienst der Menschen und führte sie auf dem Weg der Selbsterkenntnis zu Gesundheit und Freude. Er half mir und befähigte mich, auch anderen zu helfen. Nach seinem Dahinscheiden im Jahre 1966 widmete ich mich der Weiterführung seiner Arbeit. So wie er mir vor 35 Jahren die makrobiotische Diät empfahl, empfehle ich sie heute weiter und hoffe aufrichtig, daß die wahre Bedeutung des Essens entdeckt wird. Wenn dieses Buch zu Glück und Freude beiträgt, wird sein Zweck erfüllt sein. Ich freue mich, von seinen Lesern zu hören.

Abschließend möchte ich Herrn Nahum Stiskin danken für seine

Hilfe bei der Vorbereitung dieses Buches, und Herrn Maurice Owen für seine wunderbaren Illustrationen. Viele andere haben tatkräftig und geistig bei der Zusammenstellung dieses Buches mitgewirkt, aber aus Platzgründen sind ihre Namen hier nicht genannt. Ich trage sie jedoch in meinem Herzen. Meinen tiefsten Dank.

Lima Ohsawa

Nahrung ist das Stoffliche
der wirkenden Natur
Der Mensch das Geistige
Kochen das Schöpferische

Die Kunst des naturgerechten Kochens

Einleitung

Inochi heißen im japanischen Leben die vitalen biologischen und physiologischen Vorgänge, die unser tägliches Dasein ermöglichen. In Japan wie in anderen Teilen der Welt war es immer selbstverständlich, daß Leben sich aus der Substanz und Energie der Nahrung aufbaut. Obwohl es oft übersehen wird, läßt die offensichtliche Tatsache, daß die menschliche Existenz hauptsächlich von der Nahrung abhängt, keine Entschuldigung zu für Sorglosigkeit in der Wahl und Zubereitung unserer Nahrung und unserer Eß- und Trinkgewohnheiten. Dennoch betrachten nicht viele von uns diesen Bereich als selbstverständlich, als reine Gewohnheit, oder nur als Quelle der Sinnesbefriedigung? Die Ernährung spendet zwar die lebendige Energie für unser Leben, aber sie kann, und das vergessen wir oft, nachlässig oder ausschweifend angewandt, ihm auch ein Ende bereiten.

Praktische Makrobiotik beginnt mit dem Verstehenlernen der Nahrung. Unsere Philosophie unterscheidet zunächst in der vorhandenen Vielfalt zwischen den zwei Kategorien des Tierischen *(yang)* und des Pflanzlichen *(yin)*. Es ist ein ökologisches Gesetz, daß alles tierische Leben für seine Existenz vom Pflanzenreich abhängig ist, denn die Pflanzen verwandeln die Grundstoffe der Natur in verdaubare Nahrung. Eine "Nahrungskette", eine Hierarchie des Essenden und des Gegessenen schreibt vor, daß große Fische kleine fressen, während die kleinen sich vom Meer oder Flußpflanzen ernähren. Die fleischfressenden Geschöpfe der Welt verschlingen die Pflanzenfresser. Auch wir Menschen, entwicklungsgeschichtlich das jüngste Glied in der Nahrungskette, sind entweder direkt oder indirekt auf das pflanzliche Leben für unsere Ernährung angewiesen. Die auf Erfahrung beruhende makrobiotische Philosophie lehrt, daß der Mensch, obwohl er immer wieder beweist, daß er essen kann was er will, (wobei er allerdings Konsequenzen tragen muß), seine Gesundheit und Lebenskraft verbessern kann, je mehr er sich gänzlich und direkt von Pflanzen ernährt. Denn wenn wir unsere Nahrung aus dem Tierreich holen, sind die lebensaufbauenden Grundstoffe ungeformt und unausgewogen, einige sind verstärkt, andere sind verschwunden. Außerdem nehmen wir giftige tierische Abfallstoffe ebenso auf wie künstliche Zusätze der Industrie.

Die Makrobiotik bedeutet jedoch nicht eine strikt vegetarische Lebensweise. Wir glauben nicht, daß jemand, der ausschließlich pflanzliche Nahrung ißt, notwendigerweise Gesundheit und Lebenskraft erlangt, und in Harmonie mit der Umgebung lebt; beziehungsweise, daß jedermann sich auf den Pflanzenbereich beschränken muß, wenn er seine Natur verwirklichen möchte. Die natürliche Ordnung in der Natur ist genauer und auch anpassungsfähiger. Die unterschiedliche Anzahl und Form unserer Zähne, das Tor der Nahrung in unseren Körper, sagt uns mehr über das Verhältnis in der menschlichen Ernährung. Von den insgesamt zweiunddreißig Zähnen sind acht (ein Viertel davon) zum Zerkleinern von Gemüse bestimmt, vier (ein Achtel) sind Eckzähne zum Zerreißen von Fleisch, und zwanzig (fünf Achtel) sind Backenzähne, vorgesehen zum Zermahlen von Getreidekörnern. Nach dem Vorbild unseres Verdauungssystems legt die Makrobiotik das Hauptgewicht auf Getreide und Gemüse, und wie bei den Zähnen überwiegt das erstere. Georges Ohsawa widmete 50 Jahre seines Lebens dem Beweis, daß für den Menschen Getreide das Hauptnahrungsmittel ist. Es ist jedoch sowohl im Teller als auch im Mund ein wenig Platz für eine verhältnismäßig kleine Menge tierischer Nahrung, falls nötig oder erwünscht. Wir empfehlen zur Nahrung die niedrigeren tierischen Lebensformen, oder solche, die vom modernen Menschen am wenigsten gezüchtet oder behandelt wurden. Aber ich kann nicht genug betonen, daß mangelhafte Auswahl und unrichtige Zubereitung von guter Nahrung, sogar wenn sie im richtigen Mengenverhältnis steht, ihre gesunde und stärkende Wirkung vermindern können. Es gibt eine Grundordnung, die bei der Auswahl, beim Schneiden, bei der Zusammenstellung und beim Kochen beachtet werden sollte. Die Makrobiotik ist eine sehr verfeinerte Lebensweise, die mit einer möglichst großen Auswahl von verfügbaren Zutaten arbeitet. Sie ist der kulinarische Ausdruck der reichhaltigen Individualität der Menschheit, und sie glaubt an eine Erziehung und Verfeinerung dieser Individualität. Um die Makrobiotik in richtiger Weise zu praktizieren, muß sich ein jeder von uns selbst kennen und die Dynamik der Nahrung verstehen lernen, um zu entdecken, wie er seinen persönlichen speziellen Bedürfnissen am besten entspricht. Die Bedürfnisse der Menschen sind unterschiedlich, je nach ihrer täglichen Arbeit, ihrem Wohnort und dem Wechsel der Jahreszeiten. Eine Frau und Mutter muß nicht nur ihre eigenen Bedürfnisse, sondern auch die der Familienmitglieder verstehen, die ihr die Verantwortung für die Zubereitung der Mahlzeiten anvertraut haben. Die makrobiotischen Geheimnisse für ein gesundes Leben und Essen sind Gleichgewicht und Mäßigkeit. Man kann Vegetarier sein und alle Vitamine, Minerale, Kohlehydrate, Öle und Proteine, die für Energie, Wachstum und Gewebserneuerung notwendig sind, durch eine wohlausgeglichene Ernährung aus Getreide, frischem Gemüse, Früchten und Nüssen erhalten. Aber auch tierische Nahrung und Milchprodukte können ihren Platz in einer makrobiotischen Mahlzeit finden, wenn wir sie richtig zubereiten und sie mit den anderen Bestandteilen unseres Menues harmonisch kombinieren. Wir haben die Freiheit zu essen, was immer wir wollen; nichts ist verboten, außer Unkenntnis und Nachlässigkeit.

Kochen als Selbstentfaltung

Nach der Entdeckung des Feuers vor vielen tausend Jahren erfand die Menschheit zahlreiche Kochmethoden, aus denen sich langsam all die verschiedenen Formen, die wir heute kennen, entwickelten. Hauptanliegen des Kochens ist es, Nahrung so zuzubereiten, daß sie unser körperliches und seelisches Wohlbefinden unterstützt, unsere menschliche Natur ernährt und die Qualität unseres Lebens verbessert. Durch makrobiotische Kochmethoden werden die lebenswichtigen Nährstoffe deshalb erhalten und sogar verbessert. Wir glauben, daß Kochen niemals nur der Befriedigung unserer sinnlichen Begierden dienen sollte, aber ich möchte nicht mißverstanden werden. Wir dürfen niemals die Bedeutung von Geschmack, Aroma, Beschaffenheit und Aussehen vernachlässigen oder geringschätzen. Der Idealfall ist, daß ein guter Koch wahrhaft köstliche und ansprechende Mahlzeiten zubereitet, aber es sollte ihm auch gelingen, jeder

Zutat ihren eigenen natürlichen Geschmack zu erhalten.

Die astronomische Ordnung der Natur, die im großen Maßstab am Himmel erscheint, findet ihre Entsprechung in der kleinen feinen Ordnung, die in den Zutaten beim Kochen enthalten ist. Jeder natürliche Geschmack, – bitter, süß, sauer, salzig, scharf und all die zahlreichen Abwandlungen – hat eine charakteristische Wirkung auf uns, auf Körper und Geist. Zutaten verändern, verstärken oder mildern sich gegenseitig, wenn sie miteinander kombiniert werden. Beim Kochen können wir diesen natürlichen Geschmack (und seine Wirkung) nach Belieben hervorrufen, verstärken oder aufheben. Dies ist unser schöpferisches Vorrecht als Menschenwesen, ein erster Schritt zur Bestimmung unseres Schicksals. Falls wir ihn mit künstlichen Gewürzen oder durch falsche Zubereitung zerstören, verfälschen wir das "Natürliche an sich" auf schädliche Weise und leiden beständig durch unsere Willkür. Ein guter Koch hat die Natur studiert, kennt den natürlichen Geschmack, und weiß ihn zu erhalten, – zum Wohle derer, die er ernährt.

Kochen als Kunst

Durch Nahrung wird der menschliche Körper erhalten, und durch Nahrung wird die Qualität und Richtung unseres Lebens bestimmt. Die Zubereitung der Nahrung, die unser künftiges Leben in Gang hält, ist eine schöpferische Handlung. Um in dieser Kunst erfolgreich zu sein, braucht man tiefes Verständnis, Feinfühligkeit und wahre Hingabe.

Kochen ist deshalb eine Handlung, die Geschick erfordert, für Männer sowie für Frauen. Es ist besonders wichtig für Frauen und Mütter und alle, die jeden Tag für das Wohlergehen anderer kochen. Makrobiotisches Kochen schafft die Möglichkeit für eine Selbstverwirklichung und ein Verstehen und Anwenden der Naturgesetze durch die selbstlose Erhaltung des Lebens. Kochen ist eine vielschichtige Tätigkeit, die das Zusammenwirken von Farbe, Geschmack, Form, Konsistenz und Aroma zu einem einheitlichen harmonischen Ganzen beinhaltet. Wenn Musik und Malerei als schöne Künste gelten, so sollte diese Kunst einen besonderen Rang einnehmen, erstere bereiten Freude, das Kochen jedoch erhält die Menschheit. Wir betrachten es als die höchste aller Künste, und wer sie mit Hingabe ausübt, verdient die höchste Anerkennung.

Kochen in Harmonie

Makrobiotisches Kochen ist die Zubereitung von Nahrungsmitteln gemäß dem Prinzip, das wir die Ordnung des Universums nennen, unserer im Laufe der Zeit veränderten heutigen Auffassung des alten östlichen Prinzips von *yin* und *yang*. Das Prinzip veranschaulicht die harmonische Wechselwirkung der Gegensätze, die die Entwicklung von Pflanzen und Menschen steuert. Wenn wir das Gesetz kennen und es anzuwenden wissen, können wir unsere Nahrung ins Gleichgewicht bringen, ihre Qualität ändern, um sie leichter verdaulich zu machen, und in einer einfachen Zutat eine Vielfalt an Geschmack und Aroma entdecken. Wir können unsere Mahlzeiten schmackhaft und gesund gestalten, ob unsere Zutaten nun kostspielig sind oder nicht.

Wir denken an diese Harmonie, wenn wir den täglichen Speiseplan zusammenstellen. Speisen aus dem Meer kombinieren wir mit der entsprechenden Nahrung vom Land. Tierische Nahrung (*yang*) sollte durch Gemüse oder Früchte (*yin*) ausgeglichen werden; kaliumreiche Nahrung (*yin*) harmoniert am besten mit salziger (*yang*). Keine Sorge, man muß kein Wissenschaftler sein. Das makrobiotische System beruht auf gesundem Menschenverstand, und wenn die Intuition einmal neu belebt ist, werden wir feststellen, daß wir sie, wenn auch nur zögernd, schon die ganze Zeit gekannt und benützt haben. Mit ein bißchen Übung wird makrobiotisches Kochen zur zweiten Natur; mit mehr Übung könnte es vielleicht sogar zur ersten Natur werden. Die Rezepte in diesem Buch sind für den Anfang gedacht, bald werden Sie eigene erfinden können.

Die Harmonie des Geschmacks

Mit Feinfühligkeit und zarter Hand können Mahlzeiten zubereitet werden, die durchwegs köstlich und verführerisch sind. Niemals drauflos würzen. Es kommt bei der Zubereitung einer

Speise auf den richtigen Moment zu würzen an. Salz zum Beispiel, kann man ziemlich früh zugeben, damit das Gemüse beim Kochen fest bleibt, während *Miso* (Sojabohnenpaste) später zugegeben werden sollte. Wenn es zu lange gekocht wird, verliert es viel von seinem Nährwert und Geschmack.

Um Geschicklichkeit im Umgang mit der Nahrung zu erlangen, muß man wieder Verständnis und ein Gefühl für den natürlichen Geschmack unserer Zutaten entwickeln. Diese harmonisch miteinander zu kombinieren ist eine aufregende Herausforderung und eines der wichtigsten Ziele des makrobiotischen Kochens. Wenn der Gaumen durch chemisch aufbereitete oder zuckerreiche Nahrung abgestumpft ist, dauert es ein oder zwei Wochen, bis wir wieder feine Nuancen schmecken können. Geduld, – es ist der Mühe wert.

Harmonie auch für das Auge

Speisen sollten immer so gereicht werden, daß sie reizvoll für das Auge sind, und daß Farbe, Konsistenz und Form eine harmonische Einheit bilden. Leichte Speisen sollten mit schweren zusammen serviert werden. Die Schärfe eines feingeriebenen Rettichs zum Beispiel, belebt gebratene *Omochi* (Reiskuchen), während die kühlen grünen Stengel von geschnittenen Schalotten einer Schale *Soba* (Buchweizennudeln) leuchtende Frische geben.

Die Harmonie der Form

Wir sollten Gemüse nicht wie Brennholz hacken. Es gibt verschiedene Möglichkeiten, natürliche Zutaten so zu schneiden, daß jedes Stück die Harmonie von *yin* und *yang* beibehält:

Hasugiri ,oder schräg in diagonale Scheiben schneiden.

Sengiri, oder Schneiden von Stiften. Wir schneiden jede schräge Scheibe in zündholzgroße Stückchen.

Koguchigiri, oder in mundgerechte dünne Scheiben schneiden.

Koguchigiri Hanagata , oder mundgerechte Blütenformen. Aus dünnen Scheiben schneiden wir kleine Keile heraus.

Rangiri, oder in unregelmäßige keilförmige Stücke schneiden.

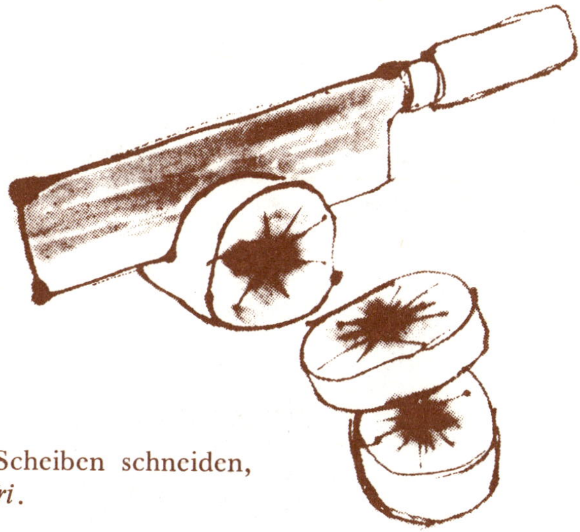

Wagiri, oder dicke Scheiben schneiden, dicker als *Koguchigiri*.

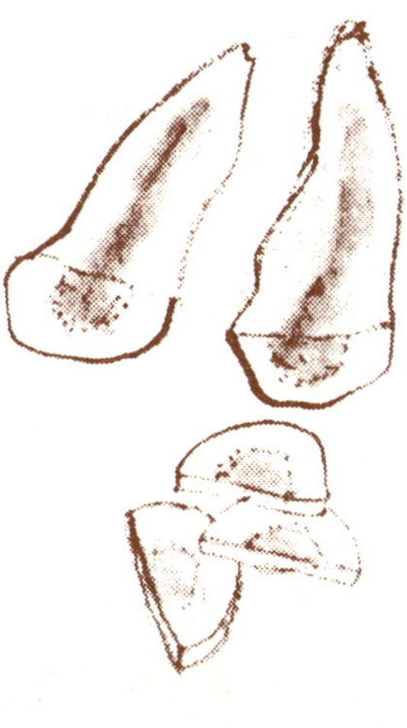

Hangetsu, oder Schneiden von Halbmonden. Der Länge nach in die Hälfte und dann *Koguchigiri* schneiden.

Ichogiri, oder in Viertelscheiben schneiden. Zweimal der Länge nach halbieren, dann *Koguchigiri* schneiden.

Sainome, oder das Gemüse in etwa 1 cm große Würfel schneiden.

Tanzaku, oder Rechtecke. Wir schneiden etwa 4 cm dicke Scheiben, jede Scheibe auf der flachen Seite in 4 oder 5 Stücke, und schneiden dann jedes Stück in dünne rechteckige Streifen.

Kikukagiri, oder Chrysanthemenformen. Wir schneiden das Gemüse in gleichmäßige Stücke, sodaß sie am Boden zusammenhängen bleiben, und dann quer dazu in derselben Breite und Tiefe. Wenn man sie dann in eiskaltes Wasser legt, öffnen sie sich wie eine Blüte.

Mawachigiri, oder Mondsicheln. Wir schneiden das Gemüse der Länge nach in die Hälfte, dann drehen wir es und schneiden es der Breite nach in mondförmige Scheiben.

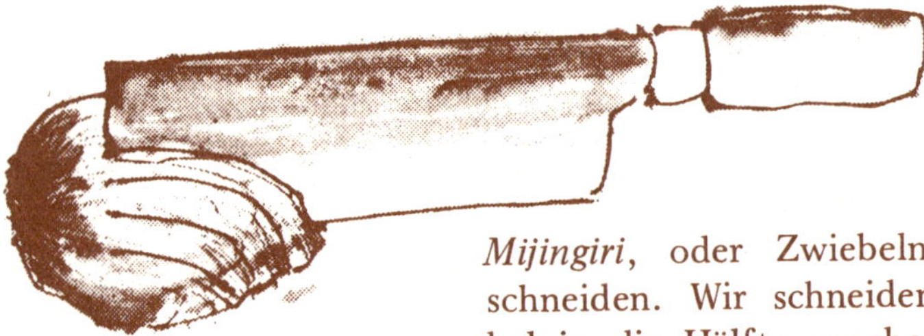

Mijingiri, oder Zwiebeln in Würfel schneiden. Wir schneiden die Zwiebel in die Hälfte, machen dann Einschnitte der Länge nach in die Zwiebelhälfte, bis etwa 1cm vor dem Wurzelende, und dann schneiden wir sie der Breite nach in kleine Würfel.

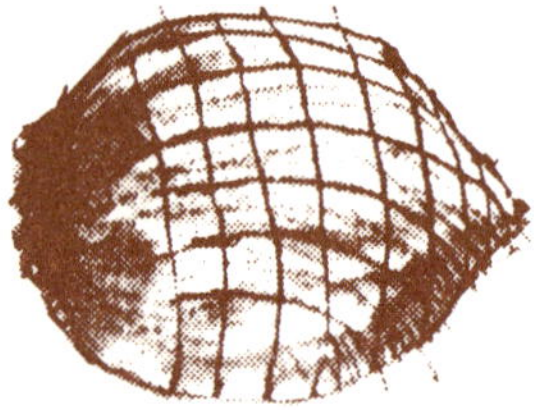

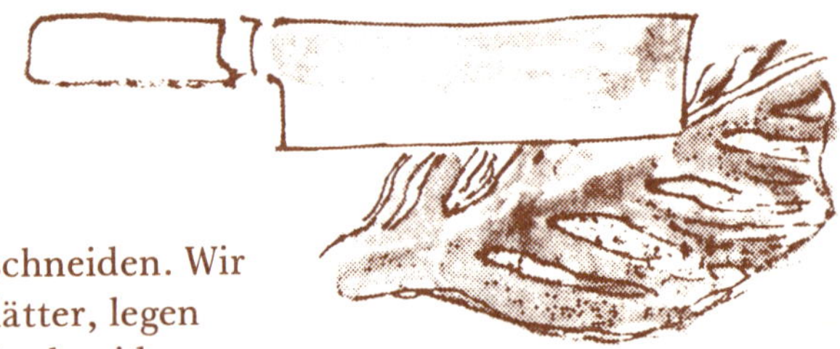

Blätter in Streifen schneiden. Wir teilen die ganzen Blätter, legen sie aufeinander und schneiden sie in dünne Streifen.

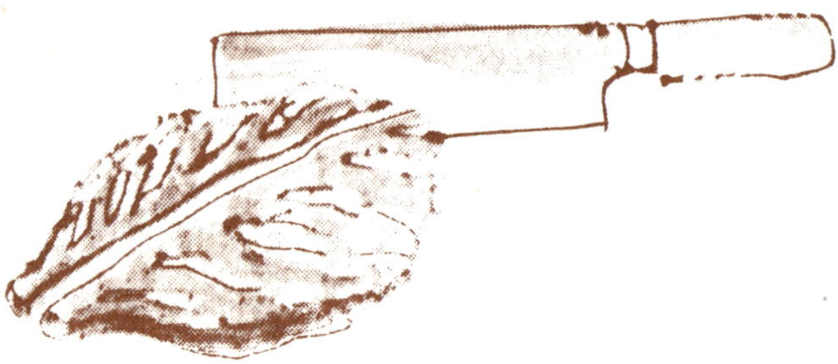

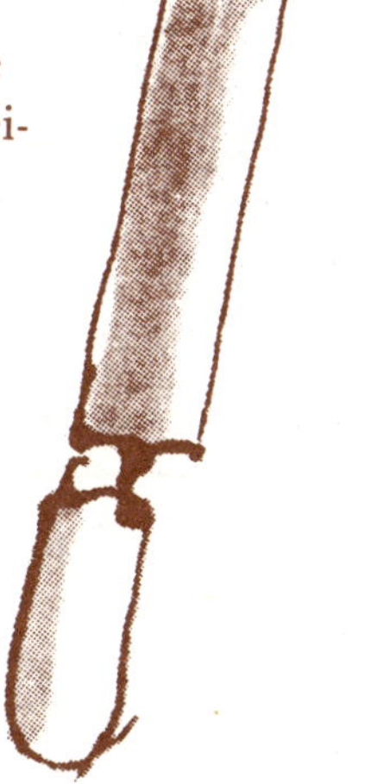

Sasagaki, oder Späne schneiden. Wir schneiden, als ob wir einen Bleistift spitzen, am Ende der Rübe beginnend, dünne oder dicke Späne, und machen nach jedem Schnitt eine leichte Drehung.

Hanagata, oder Blütenformen. Wir schneiden 4 oder 5 kleine Keile der Länge nach in das Gemüse, und dann schneiden wir Scheiben.

Das allumfassende Gesetz

Unser Rüstzeug für das Verständnis der Natur und für die Kunst der Speisenzubereitung ist das Gesetz der einander ergänzenden Gegensätze. *Yin* und *Yang* sind die Pole von Ausdehnung und Zusammenziehen, weiblich und männlich, Winter und Sommer, Passivität und Aktivität. Wir teilen Nahrungsmittel ein entsprechend der unten angeführten Eigenschaften.*

* Eine Liste über die *yin/yang*-Qualitäten von Lebensmitteln ist auf Seite 55

	Yin	*Yang*
Biologisch	Gemüse	Tier
Landwirtschaft	Salat	Getreide
Wuchsrichtung	nach oben	nach unten
Reifezeit	Sommer	Herbst, Winter
Anbaugebiet	tropisches Klima	gemäßigtes Klima
Farbe	purpur, grün	rot
Wassergehalt	hoch	niedrig
Gewicht	leicht	schwer
Geschmack	süß, sauer, würzig	salzig, bitter
Element	Kalium	Natrium
Vitamin	C	A,D,K

Jede natürliche Nahrung enthält ein einzigartiges Gleichgewicht von *yin* und *yang*. Es sind immer beide Elemente vorhanden. Das Verhältnis von *yin* zu *yang* in braunem Reis (5:1) kommt dem idealen Gleichgewicht des Menschen nahe, und jemand, der diesen vollkommen gesunden Zustand erreicht hat, kann sich theoretisch gänzlich aus diesem einen Getreide ernähren, wenn es richtig gekocht wird. Er müßte nichts anderes hinzufügen. Alle anderen Lebensmittel sind entweder mehr *yin* oder mehr *yang* im Verhältnis zum idealen Gleichgewicht des Menschen. Wenn wir das Prinzip bei der Zubereitung und Zusammenstellung der Nahrung anwenden, erweitern wir den Horizont des Menschen durch "yangisieren" von Lebensmitteln, die im rohen

Zustand *yin* sind, und ungünstig für das gesunde Gleichgewicht, und "yinisieren" von Lebensmitteln, die im rohen Zustand zu *yang* sind. Durch Kochen verwandeln wir die Natur sanft, um sie unseren Bedürfnissen anzupassen; wir vergrößern unsere Freiheit, und bleiben doch innerhalb der Grenzen der biologischen und ökologischen Gesetze.

Die *yin-* oder *yang-* Eigenschaften von Nahrungsmitteln sind niemals an sich gut oder schlecht. Es ist das Gleichgewicht, worauf es ankommt. Das Gleichgewicht ist abhängig von der Quantität und der Qualität unserer Zutaten und am meisten von unserem Geschick bei der Zubereitung. Wir müssen unsere Nahrungsmittel kennenlernen und die Zubereitungsarten entdecken, die unseren persönlichen Bedürfnissen am besten entsprechen.

Die vier Grundtechniken des makrobiotischen Kochens – der Gebrauch von Salz, Feuer, Druck und Zeit – neutralisieren den Säuregehalt oder ziehen überschüssige Flüssigkeit aus der rohen Nahrung. Mit anderen Worten, Kochen macht unsere Kost mehr *yang*. Wir wenden unsere Kenntnis der *yin* oder *yang* Qualitäten einer Zutat an, wenn wir darüber entscheiden, wie wir sie zubereiten und würzen und bei der Wahl der Zusammenstellung mit anderen Nahrungsmitteln. *Yang-* Gemüse (Wurzeln, zum Beispiel) brauchen weniger Salz und weniger Hitze, als *yin-* Gemüse. Durch zu langes Kochen wird unser Essen zu yang; wenn wir nicht lange genug kochen, bleibt es zu *yin*. Das Würzen mit Salz, *Miso* oder *Shoyu* "yangisiert" unser Essen, während es "yinisiert" wird, wenn wir Salz weglassen, und die Wassermenge erhöhen. *Yang*-Gemüse vertragen sich allgemein am besten mit *Yin*-Gemüsen; sie ergänzen einander. Wenn wir diese einfachen Grundsätze in unserer Küche anwenden, verändern wir die Qualität der rohen Nahrung und machen *yin*-Zusätze mehr *yang* und *yang*-Zutaten mehr *yin*.

Wir essen ausgeglichene Mahlzeiten, um in einer gesunden Harmonie mit unserer Umgebung zu bleiben und unser tägliches Leben mit Freude erfüllen zu können. Winter und trübes Wetter sind *yin*; wir bleiben damit im Gleichgewicht, wenn wir selbst verhältnismäßig *yang* werden, indem wir die entsprechenden Zutaten für unsere Kost wählen, und sie gut kochen und würzen. 50 - 70 Prozent unserer täglichen Kost kann Getreide sein. Eine sommerliche, heiße und trockene Umgebung ist *yang*, wir müssen unser Gleichgewicht nach *yin* ausrichten und feuchte, leicht gekochte und sparsam gesalzene Gerichte essen. In diesem Fall verwenden wir 20 - 50 Prozent Getreide für unser tägliches Menue, mit leichten Blattgemüsen und Früchten. Wir beobachten den Wandel der Jahreszeiten und die täglichen Veränderungen des Wetters, sowie auch des körperlichen Zustands, um die Zutaten und die Zubereitungsart richtig auszuwählen.

Lebendige Ökologie

Wörtlich aus dem Griechischen übersetzt heißt "Makrobiotik" das große Leben. Makro bezieht sich auf das makrokosmische Universum, den unendlichen Schoß, aus dem der Bios oder die biologische Evolution entsteht, Makro-bios beinhaltet das Gesetz, das das gesamte Universum zu einer Ganzheit zusammenfügt. Nach diesem Gesetz leben (ausgedrückt durch *yin* und *yang*), ist der Weg, um Gesundheit, Freude und Erfüllung zu erlangen. Praktische Makrobiotik ist der Versuch, diese schwer faßbare Ordnung der Natur zu begreifen, und es jedem Menschen zu ermöglichen, sie im täglichen Leben anzuwenden. Dadurch bemühen wir uns, eine Zivilisation von freien und glücklichen Menschen zu schaffen, die in Harmonie mit ihrer Umgebung leben. Wir glauben, daß der Mensch, zusätzlich zu den Pflanzen, die direkt vom Verdauungssystem aufgenommen werden, vom Licht der Sonne, von Luft, Wasser und der Erde ernährt wird. Wir betonen die Wichtigkeit der Nahrung, die in unserer Umgebung und unserem Klima wächst, d.h. in einem Radius von etwa 1000 km. Es folgen sieben einfache Richtlinien, die die makrobiotische Auffassung zusammenfassen. Sie basieren alle auf dem östlichen Umweltverständnis, das ausgedrückt ist in dem überlieferten Satz: *Der Mensch und die Erde sind Nicht-Zwei.*

1. Hauptnahrungsmittel

Getreide ist unsere Grundnahrung. Rundkörniger brauner Reis ist optimal ausgewogen, besonders für Menschen in gemäßigten Klimazonen und auf Meereshöhe. In Gebirgsgegenden essen wir mehr Weizen oder Buchweizen. Wir haben eine reichhaltige Auswahl von Grundnahrungsmitteln zur Verfügung (Reis, Buchweizen, Weizen, Hirse, Gerste, Roggen, Hafer und Mais), wir wählen, was in der Gegend wächst, und was in unserem Land der Tradition nach gegessen wurde. Am besten sollte das Getreide biologisch angebaut und frei von chemischem Dünger und giftigen Spritzmitteln sein.

Welches Korn wir auch wählen, es sollte ganz verwendet werden. Die reich vorkommenden Vitamine und Mineralien in seinen äußeren Schalen spielen eine wichtige Rolle bei der Verdauung der Kohlehydrate, aus denen seine Masse besteht. Gemahlen oder anders bearbeitet ergibt Getreide eine unvollkommene Nahrung, die ihres vollen Wertes beraubt ist, den feinen Anpassungsmechanismus des Körpers belastet und ökologisch unwirtschaftlich ist. Außer den Vitaminen und Mineralien verlieren wir die nicht analysierbare Essenz der Ganzheit. Pflanzt man ein ganzes Korn in die Erde, wird ein Halm wachsen, der viele weitere hervorbringt. Vergräbt man ein gemahlenes Korn, kann man es pflegen wie man will, es wird niemals keimen. Es hat sein Leben verloren.

2. Zusätzliche Nahrungsmittel

Unsere zweite Grundnahrung besteht aus frischen örtlich angebauten Gemüsen und Früchten. Sie ist zweitrangig in Bezug darauf, daß ihre Bemessung sich nach der Menge des Getreides, der Hauptnahrung, richtet. Wir verwenden alle Teile des Gemüses, und achten, wenn möglich darauf, daß es natürlich gedüngt und gepflegt wurde. Wir wählen unter angebautem und wildwachsendem Gemüse, das in unserer Gegend heimisch ist. Meeresgemüse sind reich an Jod und anderen wichtigen Mineralien und können in die Kost miteingeschlossen werden, sogar dann, wenn man weit vom Meer entfernt wohnt. Jeder von uns hat in Form des Blutes und der Körperflüssigkeit ein Meer in sich. Es mag eine kleine Weile dauern, aber wenn man sich einmal an den einzigartigen Geschmack der verschiedenen Algen gewöhnt hat, erscheinen sie einem immer köstlicher. Wir können lernen, sie jeden Tag zu verwenden.

Unser täglicher Speisezettel dreht sich hauptsächlich um Getreide und Gemüse. Aber wir wünschen in unserer Mahlzeit vielleicht eine Suppe oder einen Salat, etwas vom Tier oder Früchte miteinzubeziehen. Suppen sind eine gute Art, Flüssigkeit zu sich zu nehmen, und besonders *Miso*-Suppe ist eine hervorragende Quelle von Eiweiß und Energie. Auch Bohnen sind voll wertvollem Eiweiß und ergänzen das aus dem Getreide. Frische Salate sind köstlich erfrischend im Sommer und können zu jeder Jahreszeit eine Beilage von Fisch oder Geflügen ausgleichen.

Man bedenke, daß alle Nahrungsmittel erlaubt sind, außer, der Körper verbietet sie. Wir müssen lernen, seine Zeichen zu erkennen. Wenn wir tierische Nahrung zubereiten möchten, denken wir daran, daß ihr Verhältnis zur übrigen Mahlzeit zweitrangig sein sollte. Am wichtigsten dabei ist, daß wir sie richtig zubereiten und mit den dazupassenden Speisen zu Tisch bringen. Weil Fisch und andere Meerestiere im Vergleich zu am Land lebenden Tieren *yin* sind, sind sie leichter auszugleichen, und deshalb ziehen wir sie dem Fleisch vor. Wenn solche tierische Nahrung einen kleinen Teil einer Mahlzeit ausmacht, die hauptsächlich aus Getreide und Gemüse besteht, dann ist das kräftigend. Wenn wir Eier verwenden, versuchen wir darauf zu achten, daß sie von Hühnern kommen, die mit natürlichem Futter aufwachsen. Geflügel kann wohl gelegentlich genossen werden, aber da es sehr *yang* ist, muß man es sorgsam ausgleichen. Fleisch und Eier sollten so sehr wie nur möglich ohne chemische Verunreinigungen sein. Und auch Milchprodukte, besonders Ziegenkäse und Ziegenmilch – beide *yang*, während Milchprodukte im allgemeinen *yin* sind – können ihren Platz in einer makrobiotischen Mahlzeit haben, wenn sie entsprechend eingepaßt werden.

Frische einheimische Früchte essen wir zu ihrer Erntezeit. Äpfel und Erdbeeren sind ideal, auch andere Beeren und Melonen können an einem heißen Sommertag wunderbar erfrischend sein.

3. Gewürze

Makrobiotische Gewürze bestehen vorwiegend aus natürlichem Meersalz, *Miso* (Sojabohnenpaste), *Shoyu* (natürliche Sojasoße) und unraffinierten pflanzlichen Ölen. Ein ideales ausgewogenes Verhältnis in unseren Mahlzeiten ist fünf Teile Öl zu einem Teil Salz. Die Einnahme von zwei Eßlöffeln Öl pro Tag ist das empfohlene Maximum. Der Gebrauch von Gewürzen muß in Übereinstimmung sein mit dem Wetter, der geographischen Lage, unserer individuellen Arbeitsleistung und unseren Bedürfnissen. In nördlichen Gegenden würzen wir mit ein klein wenig mehr Salz und Öl als in warmen südlichen Klimazonen. Wir brauchen mehr Salz und Öl, wenn wir schwere körperliche Arbeit leisten. Erwachsene, deren Körper zuviel Kalium und einen Mangel an Natrium haben, brauchen mehr Salz, während die, die zuviel Natrium und nicht genug Kalium haben, wenig, oder in extremen Fällen sogar gar kein Salz brauchen. Man unterschätze nie die Bedeutung von Salz in der Ernährung, besonders natürliches Meersalz, das viel stärker ist, als gewöhnliches Kochsalz. Ein Mangel kann zu Müdigkeit führen, ein Überschuß zu einem starren nervösen Gefühl und Schlaflosigkeit.

4. Die Zubereitung von Gemüsen und Früchten

Natürlich gedüngte und ungespritzte Gemüse und Früchte brauchen nur unter fließendem kalten Wasser gereinigt werden. Wir bürsten sie dabei mit einer Naturborstenbürste (*Tawashi*). Wir schälen sie nur dann, wenn sie gewachst worden sind, um damit ihr Leben auf Supermarktregalen zu verlängern. Wir verwenden alles, verschwenden nichts. Wir schneiden und kochen Gemüse mit einem Sinn für Harmonie.

5. Das Tao des Essens

Essen muß gut gekaut werden, jeder Mundvoll zwischen 50 bis hundert mal. Richtige Einspeichelung ist zur Verdauung von Getreiden unerläßlich, weil Kohlehydrat, der Hauptbestandteil, durch ein Enzym (Ptyalin) verdaut wird, das im Mund vorkommt. Zur besseren Verdauung geht man vor von *yang* und *yin*. Wir beginnen mit der Suppe, und/oder ein paar Bissen Getreide, dann nehmen wir abwechselnd Getreide und die Beilagen, die am meisten *yang* sind. Wenn wir das ausgekostet haben, gehen wir zum nächsten über und kehren immer zum Getreide als dem Schwerpunkt zurück. Wir beenden die Mahlzeit mit dem Dessert und Getränk. Wir sollten niemals essen, bis wir ganz satt sind. Wenn wir vom Tisch aufstehen, sollte immer noch Platz für ein kleines bißchen mehr sein.

6. Auf dem Pfad der Natur

Die modernen Methoden des Anbaus, der Verarbeitung, Konservierung und Verteilung von Nahrungsmitteln haben unser Bewußtsein von der Bedeutung der Jahreszeiten und unserer Verbindung mit der Erde und dem Wasser geschwächt. Aus dem ursprünglichen Veredeln von Nahrung wurde ein Entfernen von lebenswichtigen Nährstoffen, bei abgepackter Nahrung werden Chemikalien zugefügt, um ihr Leben zu verlängern (nicht notwendigerweise das unsrige), und Farbstoffe, um sie für das Auge gefälliger zu machen. Es ist möglich, auf einer Neujahrsparty Tomaten und Gurken zu servieren, obwohl diese in gemäßigten Zonen Sommerfrüchte sind. Sie wurden entweder von weit her geholt, oder unter künstlichen Bedingungen gezogen. Ich wundere mich immer wieder, wie viele Menschen in Bergen und Wäldern "zurück zur Natur" kehren wollen, und dann tiefgefrorenes Gemüse, Fleisch und Schokolade aus ihren Rucksäcken holen.

Um Gesundheit und Glück zu erhalten,vermeide man Industrienahrung, Auszugsmehle und raffinierten Zucker. Diese denaturierten Nahrungsmittel beanspruchen und erschöpfen die Reserven des Körpers in seinem Bestreben, ein basisches Gleichgewicht im Blut aufrechtzuerhalten und sie seinen wirklichen Bedürfnissen anzupassen. Man halte sich in der Regel fern von den Extremen von *yin* und *yang*: raffiniertem Zucker, künstlichen Chemikalien, Drogen auf der einen, und Fleisch auf der anderen Seite. Es stimmt, daß sie zusammengenommen ein Gleichgewicht bilden, aber dies ist kein ideales oder gesundes. Wenn man von Kaffee abhängig ist, befreie man sich davon, da er nur stimulierend wirkt, und keinen Nährwert hat, und man vermeide kommerziellen Tee, der künstliche Farbstoffe enthält, die krebserregend sein können. Um ein gründlicheres Verständnis dafür zu bekommen, warum diese Nahrungsmittel schädlich sind, schlage man in den Büchern nach, die in der Bibliographie angeführt sind.

Ob man auf dem Land oder in der Stadt wohnt, es ist erstaunlich, wie schnell und ganz von selbst Körper und Geist mit den Zyklen der Natur wieder in Einklang kommen, einfach dadurch, daß man einheimische vollwertige Nahrung zu sich nimmt, die auf makrobiotische Weise ausgewählt und zubereitet wird.

7. Freude am Essen

Das Gesetz der Natur heißt Wandlung. Makrobiotisches Leben, Essen und Kochen muß im Fluß sein mit dem Lauf der Zeit. Unser Körper und eine jede seiner Zellen wandelt sich mit den Jahreszeiten, von Tag zu Tag, ja mit jedem Augenblick. Unsere Nahrungsbedürfnisse wandeln sich mit ihnen. Jede Mahlzeit ist den Bedürfnissen entsprechend anders zu gestalten. Man soll beim Kochen und Essen nicht unbeweglich sein. Laßt uns schöpferisch sein und das Leben genießen. Diese Rezepte sind als Anregung für den Anfang gedacht, und zwar nur als sanfter Anstoß für die eigene schöpferische Selbstentfaltung. Nach ein- oder zweimaligem Ausprobieren sollte man sie auf den persönlichen Geschmack und die Bedürfnisse der Familie abstimmen. Nützen wir die Freiheit, im Einklang mit der Natur zu uns selbst zu finden.

Praktische Ratschläge

1. Die Ausrüstung der Küche

Eine gut ausgestattete Küche bringt Erfolg. Nach einer sorgsamen Auswahl der Zutaten sollten die Geräte zu ihrer richtigen Vorbereitung fürs Kochen zur Hand sein: ein feines Maschensieb zum Waschen von Getreide, Bohnen und Kernen; eine Naturborstenbürste *(Tawashi)*, um Gemüse zu bürsten; ein wenigstens 2,5 cm dickes unlackiertes Schneidebrett und ein schweres japanisches Allzweckmesser *(Hocho)*, um Gemüse sauber, schnell und leicht zu schneiden; ein *Suribachi*, oder ein mit Rillen versehener Tonmörser, für das Zermahlen von Samen und zum Pürieren; und eine Reibe aus rostfreiem Stahl oder Porzellan mit einem feinen Teil, um Rettich oder Ingwer zu reiben.

Töpfe aus *yang*-Material (Ton, Gußeisen, rostfreier Stahl, Emaille) führen zu den besten Ergebnissen. Ein Druckkochtopf aus rostfreiem Stahl oder Porzellan-Emaille ist in einer makrobiotischen Küche unentbehrlich. Ein oder zwei gußeiserne Pfannen und schwere Kasserollen sind am besten zum Sautieren (in wenig Öl schnell braten) und zum Darren (Rösten ohne Öl). Ein großer Suppentopf mit einem fest sitzenden Deckel ist gut geeignet für Nudeln und Suppen, oder zum Dämpfen von Gemüse. Ein Drahtnetz oder eine Asbestplatte zwischen dem Topf und der Flamme verhindern das Anlegen oder Anbrennen des Kochguts. Ein *Wok*, eine chinesische Gemüsepfanne, ist gut zum Frittieren und für Kurzgerichte, und ein Ölsieb hilft beim Herausfischen von Gemüse oder Fisch-*Tempura*-Stückchen aus dem heißen Öl. Ein Bambus- oder Metallsieb ist nützlich, um Nudeln oder leicht gekochtes Gemüse abtropfen zu lassen. Kasserollen, Brotformen, ein Backblech und ein Pinsel sind notwendig zum Backen.

Zum Umrühren sind hölzerne Geräte am besten, weil sie die Oberfläche von Töpfen und Pfannen nicht zerkratzen oder verletzen. Sie können auch zum Anrichten verwendet werden. Man sollte auch mehrere Paar lange Holzstäbchen verschiedener Größe zur Hand haben.

2. Vorrat von Grundnahrungsmitteln

Grundnahrungsmittel sollte man immer vorrätig haben; es ist unangenehm, nichts im Haus zu haben, wenn unerwartete Gäste kommen:

Brauner Reis und anderes Getreide. Rundkörniger brauner Reis ist am besten, weil er mehr *yang* ist als der langkörnige. Auch andere Körner sollten im Haus sein (Buchweizen, Hirse, Haferflokken, etc).

Mehl. Mehl wird für Brot, Pfannkuchen und Soßen gebraucht. Vollweizenmehl ist unentbehrlich, ein bißchen Mais, Reis und Buchweizenmehl gibt Gebackenem zusätzlich Farbe, Geschmack und Aroma.

Nudeln. Mehrere Pakete Vollweizennudeln und Buchweizennudeln (ohne Eier hergestellt) im Schrank ermöglichen schnelle und einfache Gerichte für die hungrigen unerwarteten Gäste.

Bohnen. Hülsenfrüchte sind reich an Eiweiß, das das des Getreides ergänzt. Die winzigen roten *Azuki*bohnen sind am meisten *yang* und haben einen einzigartigen köstlichen Geschmack. Wir sollten unsere Lieblingssorten immer vorrätig haben.

Algen. Meeresgemüse werden getrocknet, bevor sie verpackt werden und lassen sich deshalb gut aufbewahren. Bei Menschen aus dem Westen, die mit Algen gerade anfangen, sind die fadenförmigen *Hijiki* angeblich am beliebtesten. Die dunkelvioletten *Nori*-Blätter brauchen nur leicht geröstet zu werden. *Wakame* ist köstlich in Suppen und Salaten, und *Kombu* ganz wichtig als Suppengrundlage.

Trockenfrüchte, Nüsse und Kerne (ganz oder als Mus). Diese Köstlichkeiten sind praktisch für Nachspeisen oder Snacks. Die Früchte müssen an der Sonne getrocknet und dürfen nicht geschwefelt sein.

Bancha Tee. Das ist ein japanischer grüner Tee, der nicht gefärbt ist. Er ist das wichtigste und am meisten verwendete Getränk in der Makrobiotik.

Kuzu. Kuzu ist ein Stärkemehl zum Eindicken von Soßen und Desserts. Man kann es durch Pfeilwurzelmehl ersetzen, welches aber mehr *yin* ist.

Kanten. Kanten oder Agar-Agar ist eine Gelantine aus dem Meer und wird zum Gelieren von Desserts verwendet.

Chirimen. Das sind winzige getrocknete Fische, die Suppenbrühen einen besonderen Geschmack verleihen. Sie können auch in einem *Suribachi* zermahlen werden und dann als Gewürz über Reis und Gemüse gestreut werden.

Gewürze und andere Zutaten.

Meersalz. Wir verwenden unraffiniertes weißes Meersalz, das am besten ist, weil es alle die Spurenelemente enthält, die übrigbleiben, nachdem das Meerwasser verdunstet ist. Wir verwahren es in einem luftdicht verschlossenen Behälter.

Miso. Miso-Paste ist eine Mischung von gekochten Sojabohnen, Getreide und Salz, das mit einem Enzym vier Tage fermentiert wird, und dann wenigstens 1 1/2 Jahre reifen muß (außer *Kome-Miso*, welches weniger lang reift). *Hatcho-Miso* ist am stärksten: es ist dunkelbraun und sehr salzig und wird am besten im Winter verwendet. *Mugi-Miso* wird mit Gerste gemacht, es ist leichter als *Hatcho* und kann das ganze Jahr über verwendet werden. *Kome-Miso* wird mit Reis und viel weniger Salz gemacht. Es ist ideal im Sommer und gut für Kinder und ältere Menschen.

Shoyu. Das ist die traditionell gemachte Sojasauce aus natürlichen Zutaten (Sojabohnen, Fermenten, gedarrtem Weizen, Salz und Wasser). *Shoyu* wird auf natürliche Weise wenigstens 18 Monate gereift. Es ist salzig und intensiv im Geschmack und wird als Gewürz beim Kochen und bei Tisch verwendet.

Umeboshi. Das sind kleine Pflaumen, die mindestens zwei Jahre in einer Salzlauge eingelegt werden. Die Pflaumen und ihr Saft (S. 325) werden als Gewürz anstelle von Salz verwendet.

Öl. Wir verwenden unraffiniertes natürliches Sesam-, Maiskeim-, Soja-, oder Sonnenblumenöl. Diese hochwertigen kaltgepressten Öle sind hervorragend beim Kochen und Backen.

Gomasio. Gomasio (S. 243) ist eine Mischung aus geröstetem Sesam und Salz, zusammen in einem *Suribachi* zerrieben. Es ist wunderbar auf Reis und anderem Getreide und paßt zu fast allem gut.

Kräuter und Gewürze. Weil Gewürze ziemlich *yin* sind, werden sie in der Makrobiotik nur sparsam verwendet. Natürlich sind sie nicht völlig ausgeschlossen, eine Prise Zimt oder Saffran können einem Gericht einen wundervollen Akzent geben. Auch Kräuter, wie zum Beispiel Basilikum und Thymian können in einem makrobiotischen Gericht ihren Platz finden.

3. Sparsames Wirtschaften

Makrobiotische Mahlzeiten sollten grundsätzlich so wenig wie möglich kosten. Wir sollten lernen, nur soviel zuzubereiten, daß es keine Reste oder Abfall gibt. Wir kaufen mit Bedacht ein und kaufen unverderbliche Vorräte, wenn sie billig sind. Wir lassen eine Flamme nie unbenutzt brennen und nutzen unsere Zeit gut aus.

4. Weises Vorausplanen

Bevor wir zu kochen beginnen, überlegen wir uns die ganze Mahlzeit und jeden Schritt ihrer Zubereitung ganz genau. Wir stellen uns die Zutaten der Reihenfolge nach bereit und halten die Kochgeräte in erreichbarer Nähe. Wir entzünden keine Flamme, bevor die Zutaten bereitstehen und lassen kein Wasser unnötig verkochen.

Wir achten darauf, daß Töpfe und Pfannen nach jedem Gebrauch sorgfältig gereinigt und gut getrocknet werden und wie neu strahlen. Gute Pflege von robusten Geräten verlängert ihre Lebensdauer. Außerdem kann man kein erfolgreicher Koch sein, wenn man einen angebrannten Topf benutzt oder einen, an dessen Seite noch Reste von verbranntem Essen kleben.

Wir halten unsere Küche sauber und ordentlich. Vorratsschränke sind Ausdruck des persönlichen Ordnungssinns. Wenn wir an den Schrank gehen, sollten wir Töpfe oder Pfannen, Messer oder Gewürze immer am selben Platz finden. Wir halten unser Gemüsemesser immer sauber und scharf, damit wir beste Arbeit leisten können. Wenn ein Messer stumpf ist, wird das Hackbrett bald kaputt gehen. Ein guter Koch schafft ein Atmosphäre von Ordnung und Sorgfalt in seiner Küche.

Gesundes Leben

Mein Mann entwickelte sieben Stufen als Maßstab zur Bewertung der Gesundheit eines Menschen und seines Fortschritts in der Makrobiotik. Sie sollten uns selbst beschreiben, wenn wir die Diät korrekt befolgen.

1. *Keine Müdigkeit* – Auch wenn wir die ganze Nacht durchgearbeitet haben, können wir am nächsten Tag wieder an die Arbeit gehen.
2. *Ein guter Appetit* – Wir können das einfachste Essen völlig genießen, und auch nur ein Tropfen Wasser kann uns das größte Vergnügen bereiten.
3. *Guter Schlaf* – Unser Schlaf ist tief. Wenige Minuten, nachdem wir unseren Kopf aufs Kissen gelegt haben, schlafen wir ein. Wir werfen uns im Bett nicht hin und her, träumen nicht und können ohne die Hilfe eines Weckers zu einer vorherbestimmten Zeit ganz von selbst aufwachen. Wir erwachen völlig erfrischt nach vier oder fünf Stunden Schlaf.
4. *Gute Laune* – Von morgens bis abends ist das Leben eine Freude, für die wir tiefe Dankbarkeit empfinden. Wir fürchten nichts und sind dankbar für alles. Ein Mißgeschick wandeln wir mit froher Zuversicht in eine günstige Gelegenheit.
5. *Ein gutes Gedächtnis* – Wir vergessen nichts, und unsere Fähigkeit, die Namen einer wachsenden Zahl von Freunden zu erinnern, verbessert sich mit dem Alter.
6. *Gutes Urteilsvermögen und kluge Handlungsweise* – Wir treffen alle Entscheidungen zuversichtlich und schnell. Unsere Bewegungen sind geschickt und anmutig.
7. *Streben nach Gerechtigkeit* – Wir halten unsere Versprechen und sind immer gewissenhaft. Nie lügen oder betrügen wir, und wir bewerten die Taten höher als Worte. Wir leben ein selbstloses Leben auf der Suche nach Schönheit, Wahrheit und Gerechtigkeit. Das ist der Weg zum Glück.

Die ersten drei Stufen sind physiologischer Art, die nächsten drei sind psychologisch. Jedoch, wenn wir nur diese sechs verwirklichen, müssen wir die Beherrschung der makrobiotischen Lebensweise erst noch gänzlich vervollkommnen. Aber wenn wir wahrhaftig mit uns selbst sind, und uns unsere Fehler eingestehen, dann besteht durchaus die Möglichkeit, daß wir schließlich in allem Erfolg haben. Denn die Beherrschung der Makrobiotik ist nicht auf physiologische und psychologische Eigenschaften beschränkt. Wahre Gesundheit zeigt sich in der Erfüllung der siebten Stufe. Sie drückt einen geistigen Zustand aus, der sich in einer selbstlosen Haltung gegen unsere Mitmenschen und in der Qualität und Richtung unseres Lebens widerspiegelt. Dies zu erreichen hängt von unserem Geisteszustand, dieser wiederum von der Verfassung unseres Körpers ab. Beide werden durch unser Essen geschaffen und erhalten. Wenn wir seine Wichtigkeit betonen, sollten wir bedenken, daß unsere Ziele Weisheit, Menschlichkeit, Harmonie und Freude sind. Wenn wir das Gesetz der Natur mit Hingabe befolgen, für Freude und Leid gleichermaßen dankbar sind, und den Wunsch haben, den höchsten Ausdruck unseres Menschseins zu verwirklichen, dann können wir in der Makrobiotik Erfolg haben. Es ist niemals zu spät.

Der Anfang

Der Wandel von einer natürlichen, pflanzlich orientierten Ernährung zu bearbeiteten tierischen Nahrungsmitteln ist während der letzten zwei- bis dreihundert Jahre ganz allmählich vor sich gegangen. Ebenso sollte ein Rückkehr zu traditionellem Essen, auf Getreide und Gemüse basierend ganz allmählich vor sich gehen.

Ein Verdauungssystem, das an die übliche westliche Eßweise gewöhnt ist, kann oft nicht gleich den vollen Nährwert von Getreide und Gemüse ausnützen. Also sollten wir die Umstellung zur makrobiotischen Lebensweise langsam vollziehen.

Zunächst ersetzen wir Fleisch durch Fisch und Geflügel. Wir essen davon jedoch immer weniger, wenn sich unsere Bedürfnisse und unser Geschmack verändern. Wir versuchen, Industrienahrung und Drogen, weißen Zucker, Kaffee und künstlich gefärbten Tee gleich von Anfang an wegzulassen. Anstatt dessen erfreuen wir uns an frischem Gemüse, Getreidekaffee und natürlichem Kräuter- oder Getreidetee. Wenn wir Lust auf etwas Süßes haben, verwenden wir Honig. Wir müssen jedoch bedenken, daß Honig ein tierisches Produkt ist, ein konzentrierter Zucker, der im Körper einer Biene hergestellt wird, und sollten aufhören, ihn regelmäßig zu verwenden, wenn unser Bedürfnis danach nicht mehr so stark ist.

Ich empfehle den Menschen, die zu *yang* sind (rotes Gesicht, stämmige Körperform, agressiv), die tägliche Kost mehr nach *yin* auszurichten und die Menge der tierischen Nahrung im richtigen Verhältnis zu Gemüsen und Früchten zu reduzieren. Menschen die sehr *yin* sind (blaß, zerbrechlich, passiv) können mehr *yang* werden, wenn sie anfänglich mehr Tierisches in ihre Nahrung miteinbeziehen und die Menge von Früchten verringern. Wir schaffen ein neues körperliches und geistiges Gleichgewicht durch eine ausgleichende Einnahme von natürlicher Nahrung, die wir nach den Gesetzen von *yin* und *yang* auswählen und zubereiten. So werden wir gut vorankommen auf dem Weg zur Wiedererlangung von Gesundheit, Lebenskraft und einem großartigen Sinn für

Harmonie.

Wir trinken genug, um unseren Durst zu löschen. Der beste Maßstab für die angemessene tägliche Flüssigkeitszufuhr ist die Häufigkeit des Urinierens. Unsere Norm ist drei mal täglich für Männer und vier mal täglich für Frauen. Wenn wir zu viel trinken, verringern wir die Salzmenge beim Kochen, und überlegen, welche anderen *yang*-Zutaten wir vielleicht im Übermaß zu uns nehmen.

Wenn wir daran denken, jeden Bissen Nahrung fünfzig bis hundertmal zu kauen, dann brauchen wir keine Kalorien zu zählen. Wenn makrobiotisches Essen richtig zubereitet und mit Freude gegessen wird, wird das natürliche Körpergewicht aufrechterhalten.

Wir sollten aktiv sein. Tägliche körperliche Arbeit ist unerläßlich zur Wiedergewinnung von körperlicher Stärke und Ausdauer. Tägliche geistige Übung ist notwendig, um unser Urteilsvermögen zu schärfen und höheres geistiges Bewußtsein zu erreichen. Mit der Makrobiotik haben wir die Gelegenheit, eine ausgeprägte Feinfühligkeit und ein wacheres Bewußtsein zu erreichen. Für die meisten ist es ein unschätzbarer und unerläßlicher Schritt auf dem Weg zu Gesundheit, Glück und Selbstverwirklichung. Aber es geht nicht von alleine; wir müssen einen bewußten Schritt machen, unsere Gedanken, Gefühle und Handlungen mit dem natürlichen Lebensfluß in Einklang zu bringen. Körperliche oder geistige Faulheit ist tabu. Wir sollten unsere wiedererstarkte Energie zum größtmöglichen Nutzen gebrauchen.

Schließlich sollten wir, wenn wir anfangen und auch später, wenn wir immer mehr mit der neuen Lebensform vertraut werden, daran denken, daß alle Extreme sich in ihr Gegenteil wandeln, und daß Anpassungsfähigkeit der Schlüssel zum Erfolg ist. Laßt uns Essen für die Wiedererlangung und Erhaltung unserer Gesundheit, unseres Glücks und vor allem unserer Freiheit, auch die einfachsten uns von der Natur gewährten Freuden wirklich ganz und gar zu genießen.

Die Träger des Lebens

Eine ausgeglichene Ernährung aus Getreide, Bohnen, frischem Gemüse, Nüssen, Kernen und Früchten stattet uns mit allen notwendigen Nährstoffen aus. Dies sind die besten* Quellen von Vitaminen, Mineralien, Eiweiß, Öl und Kohlehydraten aus unseren Hauptnahrungsmitteln:

* nach dem Gewicht einer normalen Portion

VITAMINE

Vitamin A:	Grüne Blattgemüse, Löwenzahnblätter, Karotten, Petersilie, Grünkohl, Salat, Kresse, Spinat
Vitamin B_1:	Mandeln, Kelp, Sojabohnen, brauner Reis, Bohnen, Linsen
Vitamin B_2:	Sonnenblumenkerne, Reiskleie, Sojabohnen, Erdnüsse, Bohnen, Hirse, Weizen, Roggen, Sesamsaat
Vitamin C:	Petersilie, Kresse, Kraut, Rote Rüben, Möhrenkraut
Vitamin D:	getrockneter Fisch, einige Gemüse (Sonne ist die beste Quelle für dieses Vitamin)
Vitamin E:	Reis und alle Vollgetreide, Nüsse, Bohnen, grüne Blattgemüse
Vitamin F:	pflanzliche Öle, Oliven- und Sesamöl
Vitamin K:	Grüne Blattgemüse (Kraut, Petersilie, Spinat), Vollreis (K wird auch von der Darmflora produziert.)

MINERALIEN

Kalzium:	Sesamsaat, Algen, grünes Gemüse (Brunnenkresse, Löwenzahn), Nüsse, Sonneblumenkerne
Magnesium:	Algen, Sojabohnen, Linsen, grüne Blattgemüse
Phosphor:	Getreide, Algen, Nüsse, Bohnen
Kalium:	Algen, Sojabohnen, Trockenfrüchte, Nüsse, Gemüse
Eisen:	Algen, Sesamsaat, grüne Gemüse, Bohnen, Vollreis
Jod:	Algen, grüne Gemüse
Natrium:	Algen, grüne Blattgemüse, Trockenfrüchte

EIWEISS

Getreide, Bohnen, Nüsse und verschiedene Gemüse enthalten alle lebensnotwendigen Aminosäuren. *Miso* und *Shoyu*, reine Sojaprodukte, sind besonders reichhaltig an diesen wichtigen Nährstoffen.

FETTE UND ÖLE

In der Makrobiotik verwenden wir grundsätzlich Öle und Fette, die ungesättigt sind. Wir beziehen die meisten Fette aus dem unraffinierten Pflanzenöl, das wir zum Kochen und Backen verwenden. Unter den Getreiden hat Hafer den höchsten Fettanteil, während kleinere Mengen in fast jedem Gemüse vorkommen.

KOHLEHYDRATE

Natürlicher Zucker findet sich in Fülle im Getreide, Gemüse, in Früchten und Nüssen.

Menuevorschläge

Herbst und Winter

I.

FRÜHSTÜCK:	MITTAG:	ABEND:
Goldener Porridge	*Mori Soba* mit Gemüse	Eierpudding *(Chawan-mushi)*
Leicht sautierte Blattgemüse	Gedämpfte Broccoli	Vollreis mit Pilzen
Vollweizenbrot	Getränk	Schwarze Bohnen
Bancha-Tee		Kürbis à la Mode
		Gepreßter Salat
		Getränk

II.

FRÜHSTÜCK:	MITTAG:	ABEND:
Buchweizenbrei	Schnelle *Ozoni*	Vollreis mit Gemüse
Zwiebeln	Getränk	*Bancha*-Tee
Puri		
Reistee		

III.

FRÜHSTÜCK:	MITTAG:	ABEND:
Vollreisporridge mit *Gomasio*	Gemüsesuppe	Buchweizennockerln in Bulgur mit Gemüse
Gedämpftes Gemüse	Gebratene Reisfladen	Lachskroketten
Ohsawa-Brot	Milchsaurer Rettich	Gekochter Salat
Getreidekaffee	Getränk	Winterpudding
		Bancha-Tee

IV.

FRÜHSTÜCK	MITTAG:	ABEND:
Wakame-Miso-Suppe mit *Tofu*	Gebratene Buchweizen-nudeln mit Gemüse	*Gyoza* in klarer Brühe
Haferbrei	Gedämpfter Rettich	Gebratener Reis auf chin. Art
Kraut mit Sesam	*Bancha*-Tee	Karotten *Yuzu-su*
Gerstentee		Frischer Salat
		Getränk

V.

FRÜHSTÜCK:
Vollweizenbrei
Zwiebel*nitsuke* mit
Miso
Chapati
Bancha-Tee

MITTAG:
Hefebrot
Frisches Erdnußmus
gepreßter Salat
Getränk

ABEND:
Miso-Suppe
Kascha-Kroketten
Tofu mit *Kuzu*-Soße
Sautiertes Gemüse
Getränk

VI.

FRÜHSTÜCK:
Buchweizen-
pfannkuchen
Apfelbutter
Getreidekaffee

MITTAG:
Gebratener Reis
Gedämpfte Blattgemüse
Getränk

ABEND:
Bohnensuppe
Gitterkuchen mit Reis-
füllung
Karotten und Kletten-
wurzel *Kimpira*
Gurkensalat mit *Wakame*
Getränk

VI.

FRÜHSTÜCK:
Polenta auf jap. Art
Sautiertes Gemüse mit
falscher Bechamelsoße
Karintoschnecken
Reistee

MITTAG:
Weizennudeln
mit Rettich
Milchsaurer Chinakohl
Getränk

ABEND:
Zucchini-*Miso*-Suppe
Hirsefladen mit *Kuzu*-Soße
Gedämpfter Blumenkohl
und Broccoli
Frischer Salat mit
Mayonnaise
Getränk

Frühling und Sommer

I.

FRÜHSTÜCK:
Getreideflocken mit
Zwiebeln und *Gomasio*
Gedämpfte Broccoli
Chapati
Gerstentee

MITTAG:
Weizennudeln mit
Currysoße und Gemüse
Gepreßter Salat
Getränk

ABEND:
Mugi-Miso-Suppe
Brauner Reis mit
Adukibohnen
Rettich-*Nitsuke*
Gekochte Senfpflanzen
Milchsaurer Chinakohl
Getränk

II.

FRÜHSTÜCK:
Reisbrei (ungeröstet)
Sautierte Zucchini
Ohsawa-Brot mit *Tahin*
Getreidekaffee

MITTAG:
Reisfladen mit *Umeboshi*
Weiße Karottenspeise
Rettich und Gurken, milchsauer eingelegt
Getränk

ABEND:
Chinesischer Eintopf
Bulghur
Gebackener Fisch mit falscher Bechamelsoße
Gedämpfter Kürbis
Frischer Salat
Kastanien-Apfelkuchen
Bancha-Tee

III.

FRÜHSTÜCK:
Maisschnitten
Endivien-*Nitsuke* mit Sesam
Wakame-Miso-Suppe mit *Tofu*
Reistee

MITTAG:
Gemüsesalat
Ohsawa-Brot mit *Tahin*
Getränk

ABEND:
Bouillabaisse mit Gemüse
Brauner Reis mit Kastanien
Chinakohlrouladen
Karotten mit grünen Bohnen und *Tofu*
Getränk

IV.

FRÜHSTÜCK:
Buchweizenpfannkuchen mit *Adzuki*-Kastanien Pürree
Löwenzahnkaffee

MITTAG:
Nori-Rollen
Schalotten-*Nitsuke*
Getränk

ABEND:
Sojabohnen-Suppe
Maiskolben
Frischer Salat
Ohsawa-Brot mit *Tahin*
Getränk

V.

FRÜHSTÜCK:
Ohsawa-Brot mit Kürbis-Erdnußaufstrich
Huflattich-*Nitsuke*
Getreidekaffee

MITTAG:
Gemüsepfannkuchen
Gekochter Salat
Getränk

ABEND:
Klare Brühe mit Reisklößchen
Brauner Reis
Chinesische Frühlingsrollen
Schalotten mit Sesam
Chrysanthemen-Zwiebeln
Getränk

VI.

FRÜHSTÜCK:
Vollreisporridge mit Maiskernen
Kraut und Karotten-*Nitsuke*
Vollweizentoast
Bancha-Tee

MITTAG:
Sommer *Soba*
Gedämpfte Blattgemüse
Getränk

ABEND:
Mugi-Miso-Suppe mit Gemüse
Brauner Reis mit Bohnen
Überbackene Rüben
Salat
Getränk

VII.

FRÜHSTÜCK:
Gersten-Porridge
Gurken mit *Miso* und Sesam
Karinto
Bancha-Tee

MITTAG:
Kalter Borscht
Ohsawa-Brot
Frischer Salat
Getränk

ABEND:
Cous-Cous mit Gemüse
Hijiki mit Sesam
Löwenzahn-*Nitsuke*
Getränk

Liste der täglichen Nahrungsmittel

YIN:
Stark ▽▽▽
mittel ▽▽
mäßig ▽

YANG:
Stark △△△
mittel △△
mäßig △

GETREIDE
Mais ▽
Roggen
Gerste
Hafer
Weizen
Reis △
Buchweizen △△

GEMÜSE
Aubergine ▽▽▽
Tomate
Süßkartoffel (Batate)
Kartoffel
Japanische Pilze *(Shitake)*
Bohnen (außer *Adzuki)*
Gurken
Spinat
Spargel
Artischocke
Bambussprossen
Pilze
Zuckererbsen ▽▽
Sellerie
Blumenkohl
Broccoli
Rotkohl
Rote Rübe
Weißkohl
Löwenzahnblätter △
Salat
Endivie
Huflattich
Zwiebel
Knoblauch
Petersilie
Kürbis △△
Karotte
Schwarzwurzel
Grünkohl
Feldrübe
Rettich
Klettenwurzel
Kresse
Löwenzahnwurzel
Jinenjo △△△

FISCH
Auster ▽
Venusmuschel
Tintenfisch
Karpfen
Miesmuschel
Heilbutt
Hummer
Forelle
Scholle
Seezunge
Lachs △
Garnele
Hering
Sardine
Kaviar △△

TIERISCHE NAHRUNG
Schnecke ▽ ▽
Frosch
Schwein
Rind
Pferd
Hase
Huhn ▽
Taube △
Ente
Truthahn
Eier △ △
Fasan △ △ △

MILCHPRODUKTE
Yoghurt ▽ ▽ ▽
Sauerrahm
Sahne
Quark
Butter
Kuhmilch ▽ ▽
Camembert
Gruyère
Roquefort △
Edamer
Ziegenmilch △ △

FRÜCHTE
Ananas ▽ ▽ ▽
Mango
Pampelmuse
Banane
Feige
Orange
Birne
Pfirsich ▽ ▽
Lemone
Melone
Mandel
Erdnuß
Kashew
Haselnuß
Olive ▽
Kirsche
Erdbeere △
Kastanie
Apfel △ △

GETRÄNKE
Synthetisch gefärbter
Tee ▽ ▽ ▽
Kaffee
Künstlich gesüßte
Getränke
Fruchtsaft
Wein
Bier ▽ ▽
Mineralwasser
Sprudel
Wasser
Thymiantee
Beifuß △
Zichore
Getreidekaffee
Löwenzahnwurzelkaffee
Klettenwurzeltee
Mu-Tee △ △
Ginseng △ △ △

VERSCHIEDENES
Zucker ▽ ▽ ▽
Honig
Melasse
Margarine
Kokosöl ▽ ▽
Erdnußöl
Olivenöl
Sojaöl
Sonnenblumenöl ▽
Maisöl
Sesamöl
Distelöl

Vollgetreide & Mehl

VOLLGETREIDE UND MEHL

Getreide: Die Hauptnahrung

Ein Gaumen, der die Bedürfnisse des Körpers erspürt, ist eines der größten Geschenke der Natur. Wenn die Geschmacksnerven an denaturierter, künstlicher Nahrung Gefallen finden, dann arbeiten sie im Widerspruch zu den wahren Interessen des Wesens, dem sie dienen sollten. Wenn der Geschmack in gesundem Einklang steht mit den wirklichen Bedürfnissen des Körpers, dann schmeckt die Nahrung, die die Natur für uns vorgesehen hat, immer ganz wunderbar. Ein gesunder Gaumen ist für jeden erreichbar, aber er muß gehegt und gepflegt werden. Wenn wir mit der allmählichen Änderung unserer Eßgewohnheiten einen ersten Schritt machen, wird dieser kostbare Sinn wiedererwachen für die unendliche Feinheit der Natur und uns wie ein zuverlässiger Kompaß durch die Welt der Nahrung führen.

Yin oder *yang*, auf kleiner Flamme oder mit Druck gekocht, unser Getreide sollte immer köstlich und für die Bedürfnisse des Tages immer genau richtig werden. Je mehr wir uns selbst und die, für die wir kochen, kennenlernen, und je mehr wir unser Urteilsvermögen über Nahrung und Zubereitung verfeinern, umso mehr werden wir einen vorbildlichen und zufriedenstellenden Kochstil entwickeln. Das Getreide des Tages sollte diesem Stil entsprechen, und auch der Jahreszeit, dem Wetter und unseren Aktivitäten angepaßt sein. Mit der Vertiefung unseres Selbstbewußtseins und dem vermehrten Gespür für die Harmonie mit der Umgebung werden all diese Faktoren zu einer selbstverständlichen Einheit verschmelzen. Wenn sie wie von selbst in den Mahlzeiten zum Ausdruck kommen, dann ist man einen Riesenschritt auf dem Weg zum Meisterkoch vorwärtsgekommen und ist nicht mehr darauf angewiesen, in diesem Buch nachzuschlagen.

Die erste Kunst, die es zu entwickeln gilt, ist, Vollreis geschmackvoll zuzubereiten. Natürlich kann jeder einen Topf Reis kochen, aber nicht jeder kann ihn wirklich gut kochen. Wenn der Reis gestern zu hart und heute zu weich war, so müssen wir das hinnehmen als eine Lektion für den Mangel an Harmonie und Beherrschung des Lebens, aber wir dürfen den Mut nicht verlieren. Für ein zuverlässiges Resultat müssen wir die Wassermenge sorgfältig abmessen und die Hitze regulieren. Genauso wichtig ist unsere Einstellung. Wir betreten die Küche in ruhiger Gemütsverfassung ohne Ablenkung und konzentrieren uns genauso, wie wir es für jede andere Meditation tun würden. Die Hingabe, die wir für diese Kunst entwickeln, wird nicht nur für uns selbst und unsere Familien, sondern für die ganze Menschheit zum Nutzen sein. Unsere Küche, der Mittelpunkt des Hauses, soll schöpferische Freude ausstrahlen.

Der braune Reis

Wir sollten lernen, zum Reiskochen einen Druckkochtopf zu verwenden. Mit Druck kochen geht schneller und hilft Energie sparen. Es gewährt auch eine bessere Kontrolle über die Konsistenz des gekochten Getreides. Man braucht weniger Wasser als in einem normalen Topf und man kann weniger falsch machen. Und vielleicht am wichtigsten ist, daß Kochen mit Druck das köstliche Aroma des Getreides voll zur Geltung bringt.

In den folgenden Rezepten wird man angewiesen, den Druckkochtopf auf großer Flamme aufzusetzen, um schnell den vollen Druck zu erreichen. Druckkochtöpfe sind mit einem Ventil für den entsprechenden Druck ausgestattet. Wenn das Ventil das Erreichen des vollen Drucks anzeigt, legt man ein Drahtnetz oder eine Asbestplatte unter den Topf und stellt die Flamme klein. So läßt man es garkochen, und achtet dabei immer darauf, daß der Druck während der Kochzeit aufrechterhalten bleibt. Man nimmt den Topf vom Feuer, nimmt den Deckel erst ab, wenn der Druck gesunken ist und rührt behutsam um. Die Körner, die näher am Feuer waren, sind mehr *yang* als die, die weiter davon entfernt waren. Wir vermischen sie und lassen den Reis dann einige Minuten ungestört stehen, um ihn vollends in Harmonie zu bringen.

Es ist vom Klima abhängig, wie man einen Druckkochtopf benützt. In Japan ist das Klima feucht und der Reis wächst im Wasser. Verglichen mit dem trockenen Reis, der in den trockeneren Klimazonen Amerikas und Europas wächst, ist der japanische Reis *yin*, und braucht bei seiner Zubereitung weniger Wasser. Außerdem läßt man den Druckkochtopf nur knapp eine Minute stehen, nachdem man ihn vom Feuer genommen hat. Dann läßt man den Dampf schnell entweichen, damit er nicht zurück ins Getreide geht. In Amerika und Europa kann man den Druck langsam absinken lassen, damit der abkühlende Dampf dem Getreide Feuchtigkeit zusetzt. Man kann beide Techniken ausprobieren und selbst beurteilen, welche jeweils geeigneter ist.

Je mehr Wasser man pro Tasse Reis, oder anderes Getreide nimmt, desto weicher wird der Reis werden. Je weniger Wasser man zufügt, desto härter wird er sein. Nach der Erfahrung vieler Jahre habe ich herausgefunden, daß ein Verhältnis von 1 1/3 Teilen Wasser zu einem Teil Reis (mit Druck gekocht) als eine brauchbare Norm gelten kann. Man muß jedoch bedenken, daß eine mathematische Formel in Wirklichkeit nur eine grobe Annäherung liefern kann. Frisch geernteter Reis zum Beispiel enthält immer mehr Feuchtigkeit als Reis, der längere Zeit aufbewahrt worden ist, und braucht deshalb weniger Wasser zum Kochen. Man beachte auch, wenn man nur eine oder zwei Tassen Reis kocht, daß das Wasser schneller zum Kochen kommt und verdampft, bevor das Getreide genug Feuchtigkeit aufnehmen kann. Damit der Reis nicht zu hart wird, wenn man nur eine kleine Menge kocht, ist es ratsam, ein bißchen mehr Wasser zu verwenden (1 1/2 Tassen pro Tasse Reis). Wenn der Reis den Topf über die Hälfte füllt, wird die größere Menge Wasser, die man zugibt, langsam zum Kochen kommen und die Reiskörner nehmen vielleicht mehr Wasser auf, als man beabsichtigt, und werden zu weich. Deshalb wird bei größeren Mengen Reis die Wassermenge verringert. Es ist sehr hilfreich zu wissen, in welchem Ausmaß unser Druckkochtopf Hitze aufnimmt und hält, und das erreichen wir durch geduldiges und sorgsames Beobachten.

Wir salzen Reis (und jedes andere Getreide) leicht, damit sein voller Geschmack zur Geltung kommt. Jeder kann seine Portion mit *Gomasio* nachwürzen, falls er es salziger wünscht. Aber wenn ein Gericht einmal angerichtet ist, kann man es nicht mehr weniger salziger machen; also vorsichtig würzen!

Kindern und älteren Erwachsenen serviert man am besten einen weichen, feuchten und schwach gesalzenen Reis. Junge und Erwachsene mittleren Alters mögen ihn gewöhnlich lieber härter und salziger. Wenn man für eine Familie kocht, muß man nicht für jeden einen extra Topf kochen. Wir versuchen, das ideale Mittelmaß zu finden.

Wir waschen den Reis (und anderes Getreide, Kerne, Samen und Bohnen) immer vor dem Kochen. Dazu geben wir den Reis in ein feines Sieb und spülen ihn unter fließend kaltem Wasser mit leichtem Umrühren, bis das Wasser klar abläuft. Oder wir geben den Reis gleich in den Topf, bedecken ihn mit Wasser und rühren ihn mit der Hand in einer kreisförmigen Bewegung, und entfernen Schalen oder andere Teilchen, die an die Oberfläche kommen und schütten ihn durch ein Sieb ab. Drei oder vier mal waschen sollte genügen. Wenn wir verschiedene Getreide zusammen kochen, oder Getreide mit Bohnen oder Kernen/Samen, waschen wir jede Zutat einzeln, bevor wir sie im Topf zusammenbringen.

Manche Rezepte verlangen das Rösten oder Sautieren von Getreide oder Mehl, damit es süßer und mehr *yang* wird. Zum Rösten nehmen wir eine kalte Pfanne. Zum Sautieren erhitzen wir die Pfanne, bis ein Tropfen Wasser, den wir hineinspritzen, vorm Verdampfen umhertanzt; dann bestreichen wir die Pfanne gleichmäßig mit Öl. Das Öl ist heiß genug, wenn es sich gleichmäßig über die Oberfläche der Pfanne verteilt hat. Inzwischen haben wir auch die Zutaten zur Hand genommen. Wenn das Öl raucht, sind Öl und Pfanne zu heiß.

Der Boden des Druckkochtopfs kann leicht ansetzen, wenn wir Reis darin gekocht haben. Der gelbliche Reis, der direkt am Boden ist, ist am meisten yang und reich an Mineralien, die sich während des Kochens abgesetzt haben. Das Angelegte läßt sich leicht entfernen, wenn man den Topf gleich nach dem Anrichten mit kaltem Wasser einweicht.

Manche ziehen den Geschmack von einfach gekochtem Getreide dem unter Druck gekochten vor. Es ist nicht notwendig, daß Getreide immer unter Druck gekocht wird, auf den folgenden Seiten gibt es Rezepte, in denen Getreide auch normal gekocht oder gebacken wird. Wir sollten der Entwicklung unseres Geschmacksinns vertrauen, und uns nicht auf eine bestimmte Kochweise beschränken. Jede hat ihre Berechtigung, je nach Ort, Klima und Jahreszeit. Um das Abenteuer des Entdeckens in dieser feinen Kunst zu genießen, sollten wir auf einem weiten Feld experimentieren, und dabei sowohl Erfolg als auch Versagen akzeptieren, denn nur so lernen wir.

Brauner Reis (mit Druck gekocht) für 4 Personen

2 Tassen gewaschener Vollreis
3 Tassen Wasser
1/4 Teelöffel Meersalz, oder 1 *Umeboshi*, oder 1 Eßlöffel *Shoyu*

Alle Zutaten werden in den Druckkochtopf gegeben, der Deckel zugemacht, und auf großer Flamme bis zum vollen Druck erhitzt. Dann schieben wir ein Drahtnetz unter den Topf und lassen den Reis auf kleiner Flamme 40 Minuten kochen. Wir nehmen den Topf vom Feuer und lassen den Druck langsam absinken. Dann nehmen wir den Deckel ab und rühren mit einem Holzlöffel, der mit kaltem Wasser befeuchtet wurde, damit er nicht klebt, behutsam um. Vor dem Anrichten soll der Reis zugedeckt noch 5 Minuten stehen.

Brauner Reis (einfach gekocht) für 4 Personen

2 Tassen gewaschener Vollreis
4 Tassen Wasser
1/4 Teelöffel Meersalz

Der Reis wird leichter und lockerer, wenn man ihn in einem schweren Topf kocht. Die Zutaten werden auf großer Flamme schnell zum Kochen gebracht. Dann schieben wir ein Drahtnetz darunter, stellen die Flamme ziemlich klein, verschließen den Topf mit einem gutsitzendem Deckel, und lassen 20 Minuten kochen. Wenn fast alles Wasser aufgesogen ist, stellen wir die Flamme ganz klein und lassen ihn weitere 30 Minuten kochen. Bevor wir den Topf vom Feuer nehmen, stellen wir die Flamme noch kurz (bis 10 zählen) auf mittlere Hitze. Der Reis wird mit zwei Holzgabeln aufgelockert und 5 Minuten zugedeckt stehen gelassen.

Möchte man den Reis trockener haben, kann man, bevor man den Deckel aufsetzt, zum Aufsaugen der Feuchtigkeit ein Tuch über den Topf legen, so daß die Tuchenden leicht über den Rand hinaushängen.

Wenn man anstelle eines Druckkochtopfes einen gewöhnlichen Topf nimmt, stellt man ein Gewicht von 1/2 Kilo auf den Deckel.

Brauner Reis (gebacken) für 4 Personen

2 Tassen gewaschener Vollreis
3 Tassen kaltes oder kochendes Wasser
1/4 Teelöffel Meersalz, oder 1 Eßlöffel *Shoyu*

Das Backrohr wird auf 175 Grad vorgeheizt. Wir geben den Reis in eine schwere Pfanne und rösten ihn über mittlerer Hitze bei ständigem Umrühren, bis er trocken und schön braun ist. Dann geben wir ihn in eine Kasserrole (oder einen anderen fürs Backrohr geeigneten Topf) und geben Wasser und Salz dazu. Zudecken und 50 Minuten backen lassen. Behutsam umrühren und vor dem Anrichten noch 5 Minuten stehen lassen.

Gerösteter Reis

für 5 - 6 Personen

3 Tassen gewaschener Vollreis
3 Tassen Wasser
1/2 Teelöffel Meersalz

Wir rösten den Reis im Druckkochtopf bei ständigem Umrühren, bis er eine volle braune Farbe hat. Wasser und Salz zugeben, und schnell über großer Hitze bis zum vollen Druck erhitzen. Dann legen wir ein Drahtnetz unter, stellen die Flamme klein und lassen 40 Minuten kochen. Den Topf vom Feuer nehmen, und den Druck langsam absinken lassen. Deckel abnehmen, behutsam durchrühren, und vor dem Anrichten zugedeckt noch 5 Minuten stehen lassen.

Um dieses Gericht noch mehr zu yangisieren, kann man den Reis in einem Eßlöffel Sonnenblumen- oder Sesamöl rösten bevor man die anderen Zutaten dazugibt.

Reisbrei

für 5 Personen

1 Tasse gewaschener Vollreis
10 Tassen Wasser
1/2 Teelöffel Meersalz

Der Reis wird in einem schweren Topf geröstet, bis er schön braun ist; dabei ständig umrühren, damit er gleichmäßig darrt. Wasser und Salz zugeben und über großer Flamme schnell zum Kochen bringen. Dann schieben wir ein Drahtnetz unter den Topf, stellen die Flamme ziemlich klein, verschließen den Topf mit einem gutsitzenden Deckel und lassen 2 bis 3 Stunden kochen. Vom Feuer nehmen und abkühlen lassen. Den lauwarmen Reis geben wir in die Mitte eines etwa 60 cm^2 großen Tuchs aus ungebleichtem Mousseline, nehmen die Tuchenden hoch und drehen das Ganze zu einem Sack zusammen. Über einem Topf pressen wir den Saft heraus. Wenn der Inhalt des Sackes trocken ist, öffnen wir ihn, nehmen ihn heraus und verwahren ihn, um später Reisfladen (S. 67) daraus zu machen.

Um den Reisbrei mit Druck zu kochen, nehmen wir 1 Tasse Reis, 1/2 Teelöffel Salz und 5 Tassen Wasser. Wir erhitzen ihn schnell bis zum vollen Druck, und kochen ihn über einem Drahtnetz 45 Minuten auf kleiner Flamme. Dann lassen wir den Dampf entweichen, nehmen den Deckel ab, und geben weitere 5 Tassen Wasser dazu. Unbedeckt lassen wir ihn einmal kurz aufkochen, nehmen den Topf vom Herd und lassen ihn abkühlen. Dann den lauwarmen Reis in die Mitte des Mousselinetuchs geben, die Enden zum Sack zusammendrehen, den Sack über einen Topf halten und den Saft auspressen.

Wenn wir von dem Saft eine Suppe machen wollen, rühren wir 4 - 5 Tassen Wasser hinein und kochen es kurz auf. Wir salzen die Suppe nach Geschmack und servieren sie mit gerösteten Brotbröckchen und einem Sträußchen Petersilie.

Für eine dünne Suppe oder einen Tee geben wir 10 Tassen Wasser dazu und lassen es kurz aufkochen.

Dieses Gericht wird mehr *yang*, wenn wir den Reis in 1 Eßlöffel Öl rösten und nur eine Prise Salz zugeben. Es wird mehr *yin*, wenn der Reis überhaupt nicht geröstet wird.

ABWANDLUNG: Wenn man in Naturkostläden oder makrobiotischen Geschäften abgepacktes Reisbreimehl findet, rührt man eine Tasse davon mit 4 Tassen Wasser und 1/4 Teelöffel Salz an, und bringt es unter ständigem Rühren, um Klumpen zu vermeiden, zum Kochen. Oder man sautiert das Mehl in 1/2 Eßlöffel Öl, läßt es abkühlen, und rührt langsam das kalte Wasser hinein. Unter Rühren über großer Flamme zum Kochen bringen, die Flamme kleinstellen und den Topf mit einem gutsitzenden Deckel verschließen. Auf einem Drahtnetz 30 - 40 Minuten kochen lassen (mit Druck 20 Minuten). Für 4 Personen.

Reisfladen (Musubi) *für 7 Personen*

5 Tassen gewaschener Vollreis
7 Tassen Wasser
1 Teelöffel und eine Prise Meersalz
2 Eßlöffel Sojamehl
2 Blätter *Nori*
Petersilsträußchen

Reis, Wasser und 1 Teelöffel Salz werden in den Druckkochtopf gegeben und auf großer Flamme bis zum vollen Druck er-

hitzt. Wir legen ein Drahtnetz unter den Topf und lassen den Reis auf kleiner Flamme 40 Minuten kochen. Den Topf vom Feuer nehmen und den Dampf entweichen lassen. Mit einem feuchten Holzlöffel rühren wir behutsam um und lassen den Reis zugedeckt ungestört stehen, bis er auf Zimmertemperatur abgekühlt ist.

Wir befeuchten die Hände mit kaltem Wasser (um ein Kleben zu verhindern) und formen 7 Tassen von dem gekochten Reis in 14 dreieckige Stücke, etwa 1/2 cm dick. Aus den restlichen 3 Tassen Reis machen wir quadratische oder runde Fladen. Sieben Dreiecke legen wir zur Seite, geben eine Prise Salz an das Sojamehl, darin wälzen wir die anderen 7 Dreiecke und bedecken sie sorgfältig mit dem Mehl.

Wir rösten die *Nori*-Blätter leicht einige Sekunden, indem wir sie über kleiner Flamme hin und herbewegen, bis sie knusprig sind. Wir schneiden jedes Blatt in 4 Streifen und wickeln jeweils einen Streifen um die Mitte der viereckigen oder runden *Musubis*. (Die Hände dabei die ganze Zeit ein bißchen feucht halten). Dann richten wir alle *Musubis* auf einer schönen Platte an, und dekorieren sie mit Petersilsträußchen. Wunderbar für Parties, Picknicks oder als Proviant.

ABWANDLUNGEN: A. Aus jeder Tasse Reis zwei Bällchen machen, eine *Umeboshi* in die Mitte geben und in leicht geröstetes Nori wickeln.

B. Die Fladen in einer mit Öl bestrichenen Pfanne auf mittlerer Hitze nicht zugedeckt leicht anbraten.

Brauner Reis mit Sesam

Für 5 - 6 Personen

1/4 Tasse Sesam
3 Tassen gewaschener Vollreis
4 Tassen Wasser
1/4 Teelöffel Salz

Die Sesamsaat in einem Sieb waschen, abtropfen lassen und das Sieb mit einem trockenen Schwamm abtupfen, um überschüssiges Wasser wegzunehmen. In einer schweren Pfanne rösten wir den Sesam bei mittlerer Hitze, rühren dabei ständig und schütteln die Pfanne, damit die Samen gleichmäßig heiß werden. Wenn die Samen leicht braun sind und duften, nehmen wir sie vom Feuer und geben sie mit dem Reis, Wasser und Salz in den Druckkochtopf. Über großer Hitze bringen wir ihn zum vollen Druck, legen ein Drahtnetz unter und lassen 40 Minuten auf kleiner Flamme kochen. Wir nehmen den Topf vom Feuer, lassen den Druck langsam absinken und nehmen den Deckel ab. Mit einem feuchten Holzlöffel behutsam umrühren, wieder zudecken und vorm Anrichten noch 5 Minuten stehen lassen.

ABWANDLUNGEN: Den Reis kochen. 10 Minuten bevor der Reis fertig ist, rösten wir den Sesam, nehmen ihn vom Feuer und hacken ihn mit einem schweren Messer auf einem Holzbrett klein. Nun den Deckel vom Topf nehmen und behutsam umrühren. Die Sesamsamen mit langen Holzstäbchen untermischen. Wieder zudecken und 5 Minuten stehen lassen. Wenn dieses Gericht heiß serviert wird, entströmt ihm ein wundervolles Aroma. Das Verhältnis von Reis und Sesam kann man dem Geschmack anpassen.

Brauner Reis mit Kastanien

für 6 Personen

3 Tassen gewaschener Vollreis
1/2 Tasse geschälte Kastanien
4 1/2 Tassen Wasser
1/2 Teelöffel Meersalz

Man kann frische oder getrocknete Kastanien verwenden. Alle

Zutaten werden im Druckkochtopf schnell zum Kochen gebracht. Wenn der volle Druck erreicht ist, legen wir ein Drahtnetz unter, und lassen auf kleiner Flamme 40 Minuten kochen. Den Topf vom Feuer nehmen und den Druck langsam absinken lassen. Dann nehmen wir den Deckel ab und rühren mit einem feuchten Holzlöffel behutsam um. Vor dem Anrichten 5 Minuten zugedeckt stehen lassen.

Brauner Reis mit Gerste

für 4 Personen

1 1/2 Tassen gewaschener Vollreis
1/2 Tasse gewaschene Gerste
2 2/3 Tassen Wasser
1/4 Teelöffel Meersalz

Wir geben alle Zutaten in einen Druckkochtopf und bringen sie über großer Hitze schnell zum Kochen. Wenn der volle Druck erreicht ist, legen wir ein Drahtnetz unter und lassen auf kleiner Flamme 40 Minuten kochen. Wir nehmen den Topf vom Feuer und lassen den Druck langsam absinken. Dann nehmen wir den Deckel ab, rühren mit einem feuchten Holzlöffel behutsam um und lassen das Getreide vorm Anrichten noch 5 Minuten zugedeckt stehen.

ABWANDLUNG: Man kann die Gerste durch 1/2 Tasse frische Maiskörner ersetzen. Die Wasser und Salzmenge bleibt gleich.

Brauner Reis mit Hirse

für 6 Personen

3 Tassen gewaschener Vollreis
1 Tasse gewaschene Hirse
5 Tassen Wasser
1 Teelöffel Meersalz

Wir geben alle Zutaten in einen Druckkochtopf und bringen sie über großer Flamme schnell zum Kochen. Wenn der volle Druck erreicht ist, legen wir ein Drahtnetz unter und lassen auf kleiner Flamme 40 Minuten kochen. Wir nehmen den Topf vom Feuer und lassen den Druck langsam absinken. Dann nehmen wir den Deckel ab, rühren mit einem feuchten Holzlöffel behutsam um und lassen das Getreide vorm Anrichten noch 5 Minuten zugedeckt stehen.

Brauner Reis mit ganzen Weizenkörnern

für 4 Personen

1 1/2 Tassen gewaschener Vollreis
1/2 Tasse Weizenkörner, gewaschen und über Nacht eingeweicht
5 Tassen Wasser
1/4 Teelöffel Meersalz

Wir geben alle Zutaten in einen Druckkochtopf und bringen sie über großer Flamme schnell zum Kochen. Wenn der volle Druck erreicht ist, legen wir ein Drahtnetz unter und lassen auf kleiner Flamme 1 bis 1 1/2 Stunden kochen. Wir nehmen den Topf vom Feuer und lassen den Druck langsam absinken; oder lassen den Dampf schnell entweichen. Dann nehmen wir den Deckel ab, rühren mit einem feuchten Holzlöffel behutsam um und lassen das Getreide vorm Anrichten noch 5 Minuten zugedeckt stehen.

ABWANDLUNG: Anstatt der Weizenkörner kann man 1/2 Tasse ganzen Hafer (über Nacht eingeweicht) verwenden und wie oben zubereiten.

Brauner Reis mit Adzuki-Bohnen

für 10 Personen

5 Tassen gewaschener Vollreis
1/2 Tasse gewaschene *Adzuki* Bohnen
7 Tassen Wasser
3/4 Teelöffel Meersalz

Wir geben die Zutaten in einen Druckkochtopf und bringen sie über großer Flamme schnell zum Kochen. Wenn der volle Druck erreicht ist, schieben wir ein Drahtnetz unter und lassen auf kleiner Flamme 40 Minuten kochen. Wir nehmen den Topf vom Feuer und lassen den Druck langsam absinken; oder wenn das Gericht trockener sein soll, lassen wir den Dampf schnell entweichen. Dann nehmen wir den Deckel ab und rühren mit einem feuchten Holzlöffel behutsam um. Vor dem Anrichten lassen wir das Getreide noch 5 Minuten zugedeckt stehen.

Für die Zubereitung in einem normalen Topf kochen wir erst die Bohnen in 1 1/2 Tassen Wasser, bis sie schrumplig sind, etwa 20 Minuten. Wir gießen sie ab und bringen sie mit dem Reis, 10 Tassen Wasser und 3/4 Teelöffel Salz zum Kochen. Wir legen ein Drahtnetz unter, verschließen den Topf mit einem gutsitzenden Deckel und kochen auf kleiner Flamme 40 bis 50 Minuten. Dann nehmen wir den Reis vom Feuer und lockern ihn mit zwei Holzgabeln leicht auf. Vorm Anrichten 5 Minuten zugedeckt stehen lassen.

Brauner Reis mit Pinto-Bohnen (gescheckte Bohnen)

für 6 Personen

1/2 Tasse Pinto Bohnen
3 Tassen gewaschener Vollreis
ungefähr 4 Tassen Wasser
1 Teelöffel Meersalz

Die Bohnen werden in zwei Tassen Wasser gekocht, bis sie weich und schrumplig sind, etwa 30 Minuten. Dann gießen wir sie durch ein Sieb über einer Schale ab, und heben das Kochwasser auf. Wir geben Reis, Bohnen und Salz in einen Druckkochtopf, geben das Wasser, in dem die Bohnen gekocht wurden, dazu, und soviel frisches Wasser, daß es zusammen 4 Tassen ergibt. Wir bringen es über großer Hitze schnell zum Kochen. Wenn der volle Druck erreicht ist, legen wir ein Drahtnetz unter und kochen auf kleiner Flamme 40 Minuten. Dann nehmen wir den Topf vom Feuer und lassen den Druck langsam absinken. Behutsam rühren wir mit einem feuchten Holzlöffel um und lassen es zugedeckt noch 5 Minuten vor dem Anrichten stehen.

ABWANDLUNG: Statt der Bohnen kann man 1/2 Tasse Kichererbsen nehmen. Man weicht sie über Nacht ein oder kocht sie mit 3 Teilen Wasser im Druckkochtopf, bevor man sie mit dem Reis zusammengibt und wie oben zubereitet.

Brauner Reis mit Sojabohnen

für 10 Personen

5 Tassen gewaschener Vollreis
1/2 Tasse Sojabohnen, gewaschen und über Nacht eingeweicht
6 1/2 Tassen Wasser
1 Teelöffel Meersalz

Wir geben die Zutaten in einen Druckkochtopf und bringen sie über großer Hitze schnell zum Kochen. Wenn der volle Druck erreicht ist, schieben wir ein Drahtnetz unter und lassen auf kleiner Flamme 40 Minuten kochen. Wir nehmen den Topf vom Feuer und lassen den Druck schnell entweichen. Mit einem feuchten Holzlöffel rühren wir behutsam um und lassen es vor dem Anrichten noch 5 Minuten zugedeckt stehen.

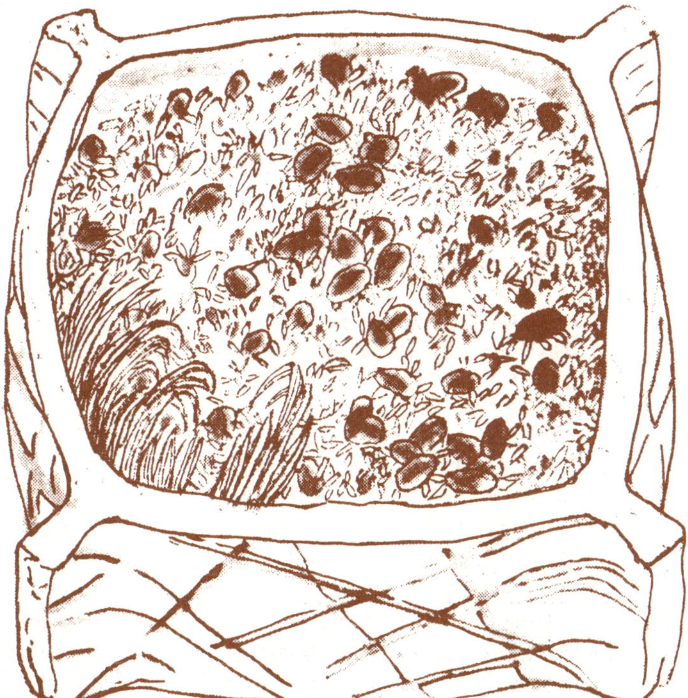

Brauner Reis mit Hokkaido-Kürbis

für 6 Personen

3 Tassen gewaschener Vollreis
100 g Hokkaido Kürbis, geschält und in Würfel geschnitten
3 1/2 Tassen Wasser
1/2 Teelöffel Salz
2 Teelöffel gehackte Petersilie

Die ersten vier Zutaten werden im Druckkochtopf über großer Flamme schnell zum Kochen gebracht. Wenn der volle Druck erreicht ist, legen wir ein Drahtnetz unter und kochen auf kleiner Flamme 40 Minuten. Den Topf vom Feuer nehmen und den Druck langsam absinken lassen; oder schnell den Dampf entweichen lassen. Mit einer falschen Bechamelsoße (S.254) und gehackter Petersilie anrichten.

Brauner Reis mit Gemüse

für 10 Personen

5 Tassen gewaschener Vollreis
6 1/2 Tassen Wasser
1 1/2 Teelöffel und eine Prise Meersalz
2 Eßlöffel Sonnenblumen- oder Sesamöl
1 kleine Karotte, in zündholzgroße Stückchen geschnitten (*Sengiri* S. 26)
1 Tasse Lotoswurzel, in Viertelscheiben geschnitten (*Ichogiri* S. 28)
1/2 Tasse gleiche Teile *Shoyu* und Wasser
Das Grüne einer Karotte
1 Blatt *Nori*

Reis, Wasser und 1/2 Teelöffel Salz werden im Druckkochtopf über großer Flamme schnell zum Kochen gebracht. Wenn der volle Druck erreicht ist, legen wir ein Drahtnetz unter und kochen auf kleiner Flamme 40 Minuten. Den Topf vom Feuer nehmen und den Druck langsam absinken lassen.

Während der Reis kocht, setzen wir eine schwere Pfanne aufs Feuer und bestreichen sie mit 1 Eßlöffel Sesamöl. Wir sautieren die Karottenstückchen darin auf mittlerer Hitze und rühren sie dabei um, damit sie gleichmäßig mit Öl bedeckt werden und nicht anbrennen. Nach 2 bis drei Minuten bestreuen wir sie mit einer Prise Salz, decken sie zu und lassen sie noch 1 bis zwei Minuten kochen. Dann nehmen wir den Deckel ab und geben soviel Wasser zu, daß die Karotten bedeckt sind, und stellen die Flamme klein. Zugedeckt lassen wir sie kochen, bis sie weich sind und das Wasser aufgesogen oder verdunstet ist, etwa 10 bis 15 Minuten. Falls noch Flüssigkeit vorhanden ist, die Karotten aber schon weich sind, nehmen wir den Deckel ab, und lassen es weiterkochen, bis sie ganz verdunstet ist.

Dann erhitzen wir eine andere Pfanne und bestreichen sie mit dem restlichen Eßlöffel Sesamöl. Wir geben die Lotoswurzel hinein und sautieren sie auf kleiner Flamme 1 bis 2 Minuten, dabei rühren wir leicht um. Dann bedecken wir das Gemüse mit gleichen Teilen *Shoyu* und Wasser, decken die Pfanne zu und lassen es 15 Minuten kochen, bis die Lotoswurzel weich ist und die Flüssigkeit aufgesogen oder verdunstet ist.

Dann bringen wir in einem kleinen Topf über großer Hitze Wasser zum Kochen und geben 1 Teelöffel Salz dazu. Wir legen das Karottenkraut hinein und kochen es, bis die Stengel weich sind, etwa 1 bis 2 Minuten. Wir tauchen das Kraut in kaltes Wasser, um den Kochprozeß zu unterbrechen und die Farbe zu fixieren, lassen es in einem Sieb abtropfen, und hacken es klein.

Wir nehmen den Deckel vom Reis und rühren behutsam um. Mit langen Holzstäbchen mischen wir die Karotten, die Lotoswurzelstückchen und das Karottenkraut vorsichtig unter und lassen das Ganze zugedeckt noch 5 Minuten stehen.

Kurz vor dem Anrichten rösten wir das *Nori*-Blatt durch Hin- und Herbewegen über kleiner Flamme, bis es knusprig ist. Wir zerkrümeln es und streuen es über die einzelnen Portionen Gemüsereis.

Brauner Reis mit Pilzen

für 4 Personen

2 Tassen gewaschener Vollreis
1/4 Teelöffel Meersalz
3 1/4 Tassen Wasser
4 *Shitake* (getrocknete japanische Pilze), in kaltem Wasser eingeweicht, oder 8 - 10 frische Pilze in leicht gesalzenem Wasser gewaschen
1 Teelöffel Sesamöl
1/2 Eßlöffel *Shoyu*

Reis, Salz und 3 Tassen Wasser werden im Druckkochtopf auf großer Flamme schnell zum Kochen gebracht. Wenn der volle Druck erreicht ist, legen wir ein Drahtnetz unter und kochen auf kleinem Feuer 40 Minuten. Den Topf vom Feuer nehmen und den Druck langsam absinken lassen.

Die harten Stiele der eingeweichten Shitake Pilze entfernen und die breiten Köpfe fein schneiden. Bei frischen Pilzen die Stiele und Köpfe fein schneiden. Dann erhitzen wir eine schwere Pfanne und bestreichen sie mit 1 Teelöffel Sesamöl. Darin werden die Pilze bei mittlerer Hitze 3 Minuten sautiert und leicht umgerührt. Wir geben 1/4 Tasse Wasser und 1/2 Eßlöffel *Shoyu* dazu und kochen das Ganze zugedeckt auf kleinem Feuer 5 Minuten. Anschließend kochen wir es noch unbedeckt weiter, bis alle Flüssigkeit verdunstet ist.

Wir nehmen den Deckel vom Reis und rühren behutsam um. Mit langen Holzstäbchen mischen wir die sautierten Pilze darunter, und lassen es zugedeckt noch 5 Minuten stehen. Wir servieren das Gericht warm und duftend.

Brauner Reis mit Garnelen

für 4 Personen

2 Tassen gewaschener Vollreis
3 Tassen Wasser
1/4 Teelöffel Meersalz
1 Eßlöffel Sesamöl
1 kleine gehackte Zwiebel
4 mittelgroße Garnelen, aus der Schale genommen, die Vene, die am Rücken entlangläuft, entfernt, und in kleine

Stücke geschnitten
1 Eßlöffel *Shoyu*

Wir bringen Reis, Wasser und Salz im Druckkochtopf schnell auf großer Flamme zum Kochen. Wenn der volle Druck erreicht ist, legen wir ein Drahtnetz unter und kochen auf kleiner Flamme 40 Minuten.

Etwa 10 Minuten, bevor der Reis fertig ist, setzen wir eine schwere Pfanne aufs Feuer und bestreichen sie mit 1 Eßlöffel Sesamöl. Darin wird die Zwiebel bei mittlerer Hitze sautiert, bis sie leicht braun ist, etwa 4 oder 5 Minuten, dabei rühren wir behutsam um. Wir geben die Garnelen dazu und sautieren weitere 1 bis 2 Minuten. Mit *Shoyu* würzen und die Flamme abdrehen.

Wenn der Reis fertig ist, drehen wir die Flamme ab und lassen den Dampf schnell entweichen. Wir lassen den Topf am Herd stehen, nehmen den Deckel ab und rühren leicht um. Behutsam mischen wir die Zwiebel-Garnelen-Mischung darunter, setzen den Deckel wieder auf und lassen den Topf ungestört 5 Minuten stehen, damit er die Hitze des Metallbrenners und des Drahtnetzes aufnimmt. Dieses leichte Dämpfen läßt den Geschmack und das Aroma der Garnelen gleichmäßig durch den Reis ziehen.

Norirollen mit Reis und Gemüsefüllung (Norimaki)

für 5 Personen

3 1/2 Tassen gewaschener Vollreis
5 Tassen Wasser
1 1/4 Teelöffel und zwei Prisen Meersalz
2 Eßlöffel Orangensaft
1 mittelgroße Karotte
1 mittelgroße Lotoswurzel
1 1/3 Eßlöffel Sesamöl
1 bis 2 Eßlöffel *Shoyu*
20 grüne Bohnen, gewaschen und entfädelt
4 Blätter *Nori*

Reis, Wasser und 1/4 Teelöffel Salz werden im Druckkochtopf über großer Flamme schnell zum Kochen gebracht. Wenn der volle Druck erreicht ist, legen wir ein Drahtnetz unter und lassen auf kleiner Flamme 40 Minuten kochen. Dann nehmen wir den Topf vom Feuer, lassen den Druck langsam absinken und rühren behutsam um. Wir geben den Reis auf eine große nicht-metallische Platte oder in eine breite flache Schale, gießen sofort den Orangensaft darüber und mischen es sorgfältig. Damit der Reis schnell auf Zimmertemperatur abkühlt, fächeln wir ihn.

Während der Reis kocht, wird das Gemüse vorbereitet. Die Karotten und Lotoswurzeln vierteln wir der Länge nach und schneiden dann jedes Viertel in etwa 1 cm dicke Streifen. Wir erhitzen eine schwere Pfanne und bestreichen sie mit 1 Teelöffel Öl. Die Karotten werden darin auf mittlerer Hitze 1 bis 2 Minuten sautiert, dabei rühren wir leicht um, damit sie gleichmäßig vom Öl bedeckt werden und nicht anbrennen. Wir geben 2 Eßlöffel Wasser dazu und kochen es zugedeckt auf kleiner Flamme 15 Minuten. Dann würzen wir mit einer Prise Salz. Falls dann noch Flüssigkeit vorhanden ist, kochen wir unbedeckt weiter, bis sie verdunstet ist. Die Karotten nehmen und beiseite stellen.

Wir erhitzen nun eine andere Pfanne und bestreichen sie mit 1 Eßlöffel Öl. Die Lotoswurzel darin auf kleiner Flamme unter sachtem Umrühren 2 bis 3 Minuten sautieren. Dann geben wir soviel Wasser dazu, daß das Gemüse davon bedeckt ist und lassen es zugedeckt 10 Minuten dünsten. Dann nehmen wir den Deckel ab, würzen mit *Shoyu* und kochen weiter, bis die ganze Flüssigkeit aufgesogen oder verdunstet ist. Die Lotoswurzel vom Feuer neh-

men und beiseite stellen.

In einem kleinen Topf Wasser (genug um die Bohnen gerade zu bedecken) auf großem Feuer zum Kochen bringen und 1 Teelöffel Salz zugeben. Wir geben die Bohnen hinein und kochen sie 4 bis 5 Minuten, bis sie leuchtend grün und weich sind, aber noch einen Biß haben. Dann geben wir sie gleich in kaltes Wasser, um den Kochprozeß zu unterbrechen und ihre Farbe zu fixieren und lassen sie in einem Sieb abtropfen. Mit einer Prise Salz bestreuen.

Um nun alle Zutaten zu vereinen, rösten wir die *Nori* Blätter nur auf einer Seite über einer kleinen Flamme mehrere Sekunden, sie hin und herbewegend. Wir legen jeweils ein *Nori* Blatt auf ein Holzbrett oder ein *Sudare*, eine Bambusplatte. Wir teilen den Reis in 4 Portionen, legen jeweils eine Portion auf ein Noriblatt und lassen vorne und hinten einen 2,5 cm breiten Rand frei. Nun legen wir eine doppelte Reihe Karotten in die Mitte auf den Reis, 5 grüne Bohnen und eine doppelte Reihe Lotoswurzelstreifen über die Karotten. Wir befeuchten die freigelassenen Ränder und das Gemüse leicht mit Wasser und rollen das Ganze mit der Hand oder mit Hilfe der Matte zu einer festen etwa 4 cm dicken Rolle zusammen. Dann wird die Rolle aus der Bambusmatte herausgenommen. Genauso verarbeiten wir die restlichen Zutaten.

Mit einem scharfen Messer schneiden wir die *Norimaki* in 2 bis 4 cm dicke Scheiben. Wenn wir das Messer jedesmal mit einem sauberen feuchten Tuch abwischen, erhalten wir saubere Schnitte. Die Rollen werden als Teil einer Mahlzeit anstelle von einfachem Reis oder als Beilage serviert.

Porridge aus braunem Reis

für 4 Personen

1 Tasse gewaschener Vollreis
4 Tassen Wasser
1/2 Teelöffel Meersalz

Die Zutaten werden im Druckkochtopf über großer Flamme schnell zum Kochen gebracht. Wenn der volle Druck erreicht ist, legen wir ein Drahtnetz unter und kochen auf kleiner Flamme 30 bis 40 Minuten. Wir nehmen den Topf vom Feuer und lassen den Druck langsam absinken. Den Deckel dürfen wir erst abnehmen, wenn der Topf ausgekühlt ist, sonst geht der Inhalt über. Wir rühren das Wasser auf der Oberfläche behutsam in den Reis hinein, was den Porridge schimmern läßt, und servieren ihn heiß.

ABWANDLUNG: Wir rösten den Reis im Druckkochtopf unter ständigem Umrühren tiefbraun. Dann geben wir 2 Eßlöffel gewaschene *Adzuki* Bohnen, 4 Tassen Wasser und 1/2 Teelöffel Salz dazu und bringen es auf großer Flamme schnell zum Kochen. Wenn der volle Druck erreicht ist, schieben wir ein Drahtnetz unter den Topf und lassen auf kleiner Flamme 30 bis 40 Minuten kochen. Vom Feuer nehmen und den Druck langsam absinken lassen. Wenn der Topf abgekühlt ist, nehmen wir den Deckel ab und rühren um. Dieses Gericht heißt *Omedeto.*

Porridge aus braunem Reis und Mais

6 Personen

2 Tassen gewaschener Vollreis
1/4 Tasse frische Maiskörner
12 Tassen Wasser
1 Teelöffel Meersalz

Alle Zutaten werden im Druckkochtopf auf großer Flamme schnell zum Kochen gebracht. Wenn der volle Druck erreicht ist, legen wir ein Drahtnetz unter und kochen auf kleiner Flamme 30 bis 40 Minuten. Den Topf vom Feuer nehmen und den Druck langsam absinken lassen. Wenn der Topf abgekühlt ist, öffnen wir ihn vorsichtig und rühren behutsam um. Falls notwendig, wärmen wir den Porridge vorm Anrichten nochmals auf.

Goldener Porridge

für 5 oder 6 Personen

2 Tassen gewaschener Vollreis
200 g Hokkaido Kürbis geschält und in Würfel geschnitten
12 Tassen Wasser
1 Teelöffel Meersalz

Alle Zutaten werden in einem schweren Topf bei großer Hitze zum Kochen gebracht. Dann schieben wir ein Drahtnetz unter den Topf, verschließen ihn mit einem gutsitzenden Deckel und lassen auf kleiner Flamme 4 Stunden kochen, dabei rühren wir gelegentlich um. Wenn alles Wasser aufgesogen oder verdunstet ist, und der Reis immer noch nicht weich ist, gibt man mehr Wasser dazu und kocht weiter.

Für eine kürzere Zubereitung dieses Porridge kann man ihn 1 1/2 Stunden mit Druck kochen. Dann nimmt man den Topf vom Feuer, läßt den Druck langsam absinken und den Topf abkühlen, bevor man ihn vorsichtig öffnet. Vorm Anrichten rührt man ihn behutsam um. Ein wunderbares Heilmittel gegen Müdigkeit.

Porridge aus braunem Reis mit Gemüse und Miso

für 5 Personen

2 Tassen gewaschener Vollreis
10 Tassen Wasser
2 Eßlöffel Sesamöl
1 mittelgroße Zwiebel, in dünne Sicheln geschnitten (*Mawashigiri* S. 29)
85 g würfelig geschnittener Rettich
1 kleine würfelig geschnittene Karotte
2 Eßlöffel *Miso*, mit 1/2 Tasse Wasser dünn angerührt

Wir bringen Reis und Wasser im Druckkochtopf über großer Flamme schnell zum Kochen. Wenn der volle Druck erreicht ist, legen wir ein Drahtnetz unter und kochen 30 bis 40 Minuten. Den Topf vom Feuer nehmen, den Druck langsam absinken und den Topf abkühlen lassen. Wenn wir den Reis vom Feuer genommen haben, beginnen wir mit der Zubereitung des Gemüses.

Wir erhitzen eine schwere Pfanne und bestreichen sie mit Öl. Darin sautieren wir die Zwiebel auf mittlerer Hitze; dabei leicht umrühren, bis der starke Zwiebelgeruch aufhört. Dann geben wir den Rettich dazu und sautieren ihn 1 Minute, dann die Karotte und vermischen die Zutaten. Auf kleiner Flamme sautieren wir alles 10 bis 15 Minuten, und rühren dabei leicht um. Jetzt geben wir das angerührte *Miso* dazu, bringen das Gemüse kurz zum Kochen, und drehen die Flamme ab.

Vorsichtig öffnen wir den Porridgetopf und ziehen das *Miso*-Gemüse unter. Wir setzen den Topf zurück aufs Feuer und lassen auf kleiner Flamme nochmal 2 bis 3 Minuten kochen. Die einzelnen Portionen bestreuen wir mit gehackter Brunnenkresse und gerösteten Noribröseln oder *Gomasio*. Zu diesem Gericht paßt am besten eine Beilage aus gedämpftem oder gekochtem Rettich (S. 98) und gekochtem grünen Gemüse. Dieser Porridge hält einen auch am kältesten Tag des Jahres warm.

Gebratener Reis mit Karotten und Sesam

für 5 Personen

1 gehäufter Eßlöffel gewaschener Sesam
1 1/2 Eßlöffel Sonnenblumenöl
1 kleine Karotte, in zündholzgroße Stückchen geschnitten (*Sengiri* S. 26)
1/4 Teelöffel Meersalz oder 1 Teelöffel *Shoyu*
4 Tassen gekochter brauner Reis
1 oder 2 Eßlöffel gehackte Petersilie

Wir rösten die Sesamsaat in einer schweren Pfanne bei mäßiger Hitze einige Minuten, rühren sie dabei ständig um und schütteln die Pfanne, um ein gleichmäßiges Erhitzen zu erzielen. Wenn die Samen leicht braun werden und duften, nehmen wir sie vom Feuer und stellen sie zur Seite.

Wir erhitzen die Pfanne wieder (falls notwendig) und bestreichen sie mit 1 Teelöffel Sonnenblumenöl. Darin sautieren wir die Karottenstückchen bei mittlerer Hitze 2 bis 3 Minuten und bewegen sie dabei ständig, damit sie gleichmäßig vom Öl bedeckt werden. Mit Salz oder *Shoyu* würzen, den Sesam dazugeben und die Flamme abdrehen.

Wir erhitzen eine andere Pfanne, bestreichen sie mit dem restlichen Eßlöffel Öl und sautieren den Reis darin bei mittlerer Hitze 1 bis 2 Minuten. Wir mischen die Sesam-Karotten dazu und lassen es auf kleiner Flamme zugedeckt 20 Minuten kochen. Dann nehmen wir den Deckel ab und lassen es 2 bis 3 Minuten kochen. Mit gehackter Petersilie bestreut servieren.

Brauner Reis mit Zwiebel-Tempura für 5 Personen

5 Tassen gekochter Vollreis
1 Tasse gehackte Zwiebel
2 Prisen Meersalz
Öl zum Frittieren
1/2 Tasse ungebleichtes weißes Mehl (Type 550)
ungefähr 1/3 Tasse Wasser

In einer großen Schale vermischen wir Reis, Zwiebel und eine Prise Salz. Mit leicht angefeuchteten Händen formen wir aus jeder Tasse der Reis-Zwiebelmischung 2 eiförmige Ovale. Damit sie auch sicher gar werden, drücken wir die Ovale glatt, daß sie nicht dicker als 1 1/2 cm sind. Wir füllen einen schweren Topf oder eine Fritteuse etwa 7 bis 8 cm hoch mit Öl und erhitzen es auf 180 Grad. Während das Öl heiß wird, machen wir aus dem Mehl, Wasser und einer Prise Salz einen dünnen Teig. Wir tauchen die Ovale in den Teig, bedecken sie damit gründlich, legen sie ins heiße Öl und backen sie heraus, bis sie goldbraun und knusprig sind. Vorm Servieren werden die Stücke zum Abtropfen auf ein Drahtrost oder auf saugfähiges Papier gelegt.

Gebratener Reis auf chinesische Art für 5 Personen

2 Teelöffel Sonnenblumen- oder Sesamöl
1/2 Tasse gehackte Zwiebel
1/4 Tasse gehackte Karotte
1/3 Tasse Zuckererbsen
1/2 Teelöffel Meersalz
4 Tassen gekochter Vollreis

Wir erhitzen eine schwere Pfanne und bestreichen sie mit Öl. Darin sautieren wir die Zwiebel auf mittlerer Hitze unter ständigem Umrühren, bis sie glasig sind, etwa 2 bis 3 Minuten. Dann geben wir zuerst die Karotten, dann die Erbsen dazu, und sautieren sie zusammen weitere 1 bis 2 Minuten. Wir salzen das Gemüse und geben den Reis dazu. Um Klumpen aufzulösen, brechen wir den Reis mit einem Holzlöffel im Schachbrettmuster durch, dann lassen wir ihn zugedeckt auf kleiner Flamme 15 Minuten kochen, und unbedeckt nochmal 5 Minuten. Vorm Anrichten rühren wir ihn behutsam um.

Kroketten aus braunem Reis

ergibt 15 Kroketten

5 Tassen gekochter Vollreis
1 Tasse gehackte Zwiebeln
1 Tasse gewürfelte Karotten
1 Prise Meersalz
1 Tasse Vollweizenmehl (Type 1700) oder ungebleichtes weißes Mehl (Type 550)
Öl zum Frittieren
2 Tassen Semmelbrösel oder Maisgrieß

Wir geben den Reis in eine große Schale und lösen die Körner mit einem angefeuchteten Reislöffel auseinander. Dann mischen wir die gehackte Zwiebel und die Karottenwürfel in den Reis hinein und geben Salz und soviel Mehl dazu, daß das Ganze zusammenhält. Aus einer Tasse der Mischung formen wir jeweils 2 Kroketten und legen sie beiseite.

Wir füllen einen schweren Topf oder eine Fritteuse 7 - 8 cm hoch mit Öl und erhitzen es auf 165 Grad. Wir rollen die Kroketten in den Bröseln oder dem Maismehl und bedecken sie gründlich damit. und legen sie sofort ins heiße Öl. Wir frittieren sie, bis sie durch und goldgelb und knusprig sind. Vorm Anrichten auf einem Drahtnetz oder einem saugfähigen Papier abtropfen lassen.

ABWANDLUNG: Wir geben in eine vorgeheizte Pfanne knapp 1 cm hoch Sonnenblumen- oder Sesamöl und braten die Kroketten unbedeckt bei mittlerer Hitze.

Gitterkuchen mit Reisfüllung

für 4 Personen

3 Tassen Vollweizenmehl (Type 1700)
3/4 Teelöffel Meersalz
8 Eßlöffel Sesamöl
ungefähr 1 1/2 Tassen Wasser
1 Eßlöffel gewaschener Sesam
3 Tassen gekochter Vollreis

In einer großen Schale vermischen wir das Mehl gründlich mit 1/2 Teelöffel Salz, dann geben wir 7 Eßlöffel Öl dazu und reiben es zwischen den Handflächen gleichmäßig hinein. Langsam geben wir soviel Wasser dazu, daß der Teig zusammenhält und kneten ihn leicht für 8 bis 10 Minuten. Wir teilen den Reis in zwei Portionen, von denen eine ein wenig größer ist als die andere. Die größere wird auf einem mit Mehl eingestaubten Brett zu einem Kreis ausgerollt, der ein wenig größer ist, als die flache Kuchenform, etwa 20 cm im Durchmesser. Dann wird der Teig behutsam in die eingeölte Form gelegt. Nun rollen wir den restlichen Teig aus und schneiden ihn für ein Gitter in schmale Streifen.

Wir rösten die Sesamsaat in einer schweren Pfanne bei mäßiger Hitze, bis sie leichtbraun sind und duften, dabei rühren wir sie ständig um. Wir nehmen sie vom Feuer und hacken sie mit einem schweren Messer fein. Die gehackten Samen werden in eine Schale gegeben und mit 1/4 Teelöffel Salz gut vermischt.

Eine andere Pfanne wird erhitzt und mit 1 Eßlöffel Öl bestrichen. Wir geben den Reis hinein und sautieren ihn 3 Minuten. Dabei rühren wir um, damit die Körner gleichmäßig vom Öl bedeckt werden. Dann stellen wir das Feuer ab, bestreuen den Reis mit der Sesamsalzmischung und rühren sie gleichmäßig hinein.

Wir heizen das Backrohr auf 175 Grad vor. Dann füllen wir den Teigboden mit dem Reis, legen die Teigstreifen in einem Gittermuster obenauf und drücken die Ränder des Gitters mit dem Bodenteig zusammen. Wir bestreichen den Teig leicht mit Öl und backen den Kuchen, bis er leicht braun ist, etwa 30 Minuten. Dann nehmen wir den Kuchen aus der Form und lassen ihn vorm Servieren ein bißchen abkühlen.

Süßer brauner Reis mit Adzuki-Bohnen

für 10 Personen

5 Tassen süßer Vollreis*, gewaschen
1/2 Tasse *Adzuki* Bohnen
2 Eßlöffel gerösteter Sesam
5 Tassen Wasser
1 1/2 Teelöffel Meersalz

Die Zutaten werden bei großer Hitze in einem Druckkochtopf schnell zum Kochen gebracht. Wenn der volle Druck erreicht ist, legen wir ein Drahtnetz unter und lassen auf kleiner Flamme 20 Minuten kochen. Wir stellen das Feuer ab und lassen den Reis noch 10 Minuten ungestört stehen und leicht dämpfen. Dann nehmen wir ihn vom Herd und lassen den Druck langsam absinken; oder lassen den Dampf schnell entweichen. Wir verrühren ihn behutsam und lassen ihn zugedeckt 5 Minuten stehen. Mit *Gomasio* bestreut servieren. Ein wunderbares Partygericht oder eine Köstlichkeit für besondere Gelegenheiten.

* Die Körner vom süßen Vollreis sind kurz und kräftig. Diese Reisart hat eine viel klebrigere Konsistenz als normaler brauner Reis. In Japan ist sie üblicherweise Feiertagen und Festen vorbehalten. Süßer brauner Reis wird auch verwendet, um Reiswein (*Sake*) und *Omochi* zu machen.

Omochi (Reiskuchen)

ergibt 1 Kilo

6 Tassen gewaschener süßer Vollreis
5 1/2 Tassen Wasser
1/2 bis 1 Teelöffel Meersalz

Die Zutaten werden in einem Druckkochtopf auf großer Hitze schnell zum Kochen gebracht. Wenn der volle Druck erreicht ist, schieben wir ein Drahtnetz unter und kochen auf kleiner Flamme 20 Minuten. Wir nehmen den Topf vom Feuer und lassen den Druck langsam absinken. Dann geben wir den Reis aus den Druckkochtopf in eine große Holzschale (falls vorhanden). Mit einem großen Holzstößel (*Surikogi*) wird der Reis eine Stunde oder länger kräftig geschlagen, bis die äußere Schale aufbricht und eine Paste entsteht. Um ein Kleben zu verhindern, besprengen wir die Reismassen und den unteren Teil des Stößels oder Schlagholzes mit Wasser. Von Zeit zu Zeit soll man den Reis mit einer starken kreisförmigen Bewegung zermahlen. Wenn keine einzelnen Körner mehr zu erkennen sind, ist der Teig fertig.

Mit angefeuchteten Händen werden jeweils aus einer Tasse Teig 2 Kuchen geformt, 8 mal 5 cm und knapp 1 cm dick, oder auch 4 Kuchen aus einer Tasse. Falls der Teig zu feucht ist, geben wir eben so viel Mehl aus süßem Reis hinzu, daß er zusammenhält. Wir servieren sie frisch oder in der Pfanne geröstet, mit *Shoyu* nach Belieben gewürzt; oder wir geben sie in eine Suppe, 5 Minuten, bevor sie fertig ist. Um sie aufzubewahren werden sie kaltgestellt oder getrocknet.

Omochi bereiten große Freude auf Parties oder geselligen Zusammenkünften, oder ergeben ein schnelles Mittagessen.

ABWANDLUNG: *Ohagi* (Reisklößchen) sind schneller und leichter herzustellen als *Omochi*, weil nicht der ganze Teig zu einer Paste geschlagen werden muß. Wir bereiten sie genauso zu wie *Omoshi*, der Reis wird aber nur so lange geschlagen, bis ungefähr die Hälfte davon zu einer Paste geworden ist. Mit einem feuchten Reislöffel mischen wir die ganzen Körner und den Reis zusammen. Mit angefeuchteten Händen werden aus jeder Tasse *Ohagi*-Teig 4 Kugeln geformt. Diese können dann in einer Mischung aus Sojamehl und Salz gerollt oder mit *Adzuki*-Mus (S. 168) bestrichen werden. Sie sind köstlich, mit einem Pürree aus Kürbis oder Süßkartoffeln bestrichen, oder in einer Sesampaste, die leicht mit *Shoyu* gewürzt ist, gerollt. Für Parties kann man viele verschiedene Arten dekorativ auf einer großen Platte anrichten.

* siehe Fußnote in vorhergehendem Rezept

Soja Omochi

für 5 Personen

5 Tassen frischer *Omoshi*teig
Sesamöl
3 Eßlöffel Sojamehl
1 Prise Salz

Mit feuchten Händen werden 2 bis 3 Kuchen (8 mal 5 und knapp 1 cm dick) jeweils aus einer Tasse Teig geformt. Die Kuchen werden dann in einer leicht mit Sesamöl bestrichenen schweren Pfanne gebraten; oder über offenem Feuer gegrillt.

Wir vermischen das Mehl gründlich mit dem Salz, tauchen die gebratenen oder gegrillten Reiskuchen in heißes Wasser und wälzen sie dann sorgfältig im Mehl. Es werden pro Person 2 Soja *Omochi* serviert.

Rettich-Omochi

für 10 Personen

5 Tassen frischer *Omochi*teig
3 Eßlöffel feingeriebener Rettich
2 1/2 Teelöffel *Shoyu*

Mit leicht feuchten Händen werden jeweils aus einer Tasse Teig 4 Kugeln geformt. Wir gießen *Shoyu* auf den Rettich und vermischen es sorgfältig, setzen kleine Häufchen davon, etwa 1/2 Eßlöffel, auf jeden der 10 Teller und legen 2 *Omochi*kugeln pro Person dazu. Der Rettich wird zum Dippen verwendet.

Walnuß-Omochi

für 5 Personen

2 1/2 Tassen frischer *Omochi*teig
18 geschälte Walnüsse
1 bis 3 Eßlöffel Wasser
1 Teelöffel *Shoyu*

Mit leicht feuchten Händen werden jeweils aus einer Tasse Teig 4 Kugeln geformt. Die Walnüsse werden in einer schweren Pfanne über mittlerer Hitze unter ständigem Rühren geröstet, bis sie leicht angeröstet sind und duften. Dann hacken wir sie mit einem schweren Messer fein und verrühren sie in einem *Suribachi* unter Zugabe von Wasser zu eine Paste. Damit werden die *Omochi*kugeln bestrichen und jeweils 2 pro Person serviert.

ABWANDLUNG: Es werden 5 Kuchen (8 mal 5 und knapp 1 cm dick) aus dem *Omochi*teig geformt und in jeden Kuchen 1 oder 2 ganze Walnüsse gesteckt. Wir servieren die Reiskuchen, und lassen jeden selbst mit *Shoyu* nach Geschmack würzen.

Omochi mit schwarzem Sesam

für 5 Personen

5 Tassen frischer *Omochi*teig
3 Eßlöffel gewaschener schwarzer Sesam
2 Eßlöffel Wasser
2 Teelöffel *Shoyu*
1 Blatt *Nori*

Mit leicht feuchten Händen werden jeweils aus einer Tasse *Omochi*teig 2 Kuchen (8 mal 5 und knapp 1 cm dick) geformt und beiseite gesetzt. In einer schweren Pfanne rösten wir die Sesamsamen bei mittlerer Hitze mehrere Minuten, bis sie leicht angeröstet sind und duften, dabei bewegen wir sie ständig. In einem *Suribachi* werden sie nur leicht gemahlen, so daß die Kerne zwar zerdrückt werden, nicht aber ihr Öl herausgepresst wird. Wir geben Wasser und *Shoyu* dazu und verrühren es zu einer Paste.

Wir rösten das *Nori*blatt auf einer Seite, indem wir es über einer kleinen Flamme hin und herbewegen, bis es knusprig ist. Dann wird es mit einer Schere in zwei Hälften geschnitten. Die Hälften werden aufeinandergelegt und quer in drei Streifen geschnitten.

Wir bestreichen die Reiskuchen mit der Sesampaste, legen einen Streifen Nori um die Mitte eines jeden Kuchen und servieren 2 Kuchen pro Person.

Schnelle Ozoni

für 5 Personen

5 Tassen frischer *Omochi*teig
Sesamöl
4 Tassen *Kombu Dashi* (S. 221)
2 Eßlöffel *Shoyu*
2 Eßlöffel *Chirimen Iriko* (getrocknete kleine Fische)
1 Schalotte, in dünne Scheibchen geschnitten

Mit leicht feuchten Händen formen wir aus jeweils einer Tasse *Omochi*teig 2 Kuchen (8 mal 5 cm und knapp 1 cm dick). Wir braten die Kuchen in einer leicht eingeölten Pfanne an und legen sie beiseite.

Die *Kombu Dashi* wird zum Kochen gebracht und mit *Shoyu* gewürzt. Wir kochen sie nochmals ganz kurz auf und stellen das Feuer ab. Dann legen wir jeweils 2 gebratene Reiskuchen in die Eßschalen, teilen die Fischchen darin auf und gießen die heiße Brühe darüber. Wir servieren sie mit den schwimmenden Schalottenringen.

ABWANDLUNG: Anstelle der Fischchen kann man auch 1 Teelöffel *Gomasio* in jede Schale geben, kochendes Wasser darübergießen und mit geriebenem geröstetem *Nori* bestreuen.

Algen-Omochi

für 5 Personen

5 Tassen frischer *Omochi*teig
Sesamöl
2 Blätter Nori

Mit leicht feuchten Händen formen wir aus jeweils einer Tasse *Omochi*teig 2 Kuchen (8 mal 5 cm und knapp 1 cm dick). Die Reiskuchen werden in einer leicht mit Sesamöl bestrichenen Pfanne angebraten oder über offenem Feuer gegrillt.

Wir rösten das *Nori* auf einer Seite, indem wir es über einer kleinen Flamme hin und herbewegen, bis es knusprig ist. Mit einer Schere schneiden wir ein Blatt in Hälften übereinander, und schneiden sie quer in 3 Streifen. Einen Streifen *Nori* wickeln wir jeweils um die Mitte eines Reiskuchens, und dann servieren wir sie.

Diese leicht gebratenen Reiskuchen sind hervorragend geeignet als Proviant für Ausflüge. Sie schmecken frisch und köstlich, wenn sie über einem Picknickfeuer nochmals geröstet werden.

ABWANDLUNG: 3 Eßlöffel Sesammus *(Tahin)* werden mit 2 Eßlöffeln Wasser und 1 Teelöffel *Shoyu* zu einer Paste verrührt und auf die gebratenen Reiskuchen gestrichen, bevor sie in das *Nori* gewickelt werden.

Anderes Getreide

Es ist gut, die Getreidesorten abzuwechseln, um den Mahlzeiten eine nahrhafte Vielfalt zu geben. Wir servieren leichter zubereitetes Getreide während der *yang* Jahreszeiten und schwerere in *yin* Zeiten. Wir sollten gut kauen, den einzigartigen Geschmack der verschiedenen Getreidearten auskosten und dankbar sein für den ganz besonderen Nährwert, den sie uns geben.

Gerste

für 5 Personen

1 Tasse gewaschene Gerste
3 Tassen Wasser
1/2 Teelöffel Meersalz

Die Zutaten werden in einem schweren Topf über großer Flamme schnell zum Kochen gebracht. Wir legen ein Drahtnetz unter den Topf und verschließen ihn mit einem gutsitzendem Deckel. Auf kleinem Feuer wird die Gerste 30 bis 40 Minuten gekocht. Dann nehmen wir den Topf vom Feuer und lockern sie mit zwei Holzgabeln auf. Zugedeckt lassen wir sie vor dem Anrichten 5 Minuten stehen. Dieses Gericht ist leicht *yin* und besonders erfrischend im Sommer.

ABWANDLUNGEN: A. Die Gerste wird über mittlerer Hitze unter ständigem Umrühren tiefbraun gedarrt. Dann kochen wir sie wie oben.

B. Für Gerstenporridge kochen wir 1 Tasse Gerste in 4 bis 5 Tassen Wasser mit 1 Teelöffel Salz 1 1/2 Stunden in einem schweren Topf. Vor dem Servieren leicht umrühren.

Buchweizengrütze (Kasha)

für 5 Personen

1 Eßlöffel Sesamöl
2 Tassen gewaschene Buchweizengrütze
3 Tassen kochendes Wasser
1/4 Teelöffel Meersalz

Wir erhitzen eine schwere Pfanne und bestreichen sie mit dem Öl. Darin sautieren wir die Buchweizengrütze bei mittlerer Hitze, 5 Minuten, wenn sie vorgeröstet ist, 10 Minuten wenn nicht. Dabei rühren wir ständig um, damit sie gleichmäßig erhitzt. Wir geben das kochende Wasser und das Salz dazu, legen ein Drahtnetz unter und kochen zugedeckt auf kleiner Flamme 15 Minuten. Dann stellen wir die Flamme ab, lockern die Grütze mit einer Holzgabel auf, und lassen sie mehrere Minuten ungestört stehen. Mit *Gomasio* und leicht gekochtem Blattgemüse servieren.

ABWANDLUNG: Für Buchweizenporridge kochen wir 1 Tasse sautierte Grütze mit 3 Tassen kochendem Wasser und 1/4 Teelöffel Salz zugedeckt 20 Minuten. Vorm Anrichten behutsam umrühren.

Buchweizennockerl (Soba Gaki)

für 5 Personen

1 Tasse Buchweizenmehl
1 1/4 bis 1 1/2 Tassen kochendes Wasser

Wir gießen das Wasser in das Mehl, und rühren dabei mit 4 langen Holzstäbchen kräftig um (damit es nicht so sehr klebt). Wir machen aus dem Teig 10 kleine Nockerln von etwa 2 1/2 cm Durchmesser. Sie werden in einen kleinen Topf mit kochendem Wasser gegeben und 2 bis 3 Minuten gekocht. Die Nockerl werden als Beilage serviert und mit *Shoyu* nach Geschmack gewürzt.

ABWANDLUNG: Wir bereiten eine klare Suppe zu, indem wir 4 Tassen *Kombu Dashi* zum Kochen bringen und mit 2 Eßlöffeln *Shoyu* würzen. Dann legen wir jeweils 2 Nockerl in die Suppenschalen und gießen die Suppe darüber. Mit dünnen Schalottenringen und kleinen Stückchen von geröstetem *Nori* garnieren.

Kashakroketten

ergibt 8 Kroketten

3 kleine *Shitake*, oder 6 frische Pilze
5 grüne Bohnen, gewaschen und entfädelt
1/2 Teelöffel und 1 Prise Meersalz
1 mittelgroße und gehackte Zwiebel
2 Tassen gekochte Buchweizengrütze
3/4 Tassen ungebleichtes weißes Mehl (Type 550)
Öl zum Frittieren
ungefähr 1/2 Tasse Wasser
2 Tassen Semmelbrösel oder Maisgries

Die *Shitake* werden 20 bis 30 Minuten in kaltem Wasser eingeweicht, dann die harten Stiele entfernt und die Köpfe feingeschnitten. Falls frische Pilze verwendet werden, wäscht man sie in gesalzenem Wasser und schneidet sie dann fein. In einem kleinen Topf bringen wir gerade soviel Wasser, daß die grünen Bohnen damit bedeckt werden, zum Kochen und geben eine Prise Salz dazu. Dann geben wir die Bohnen hinein und kochen sie, bis sie leuchtend grün und weich sind, aber noch einen Biß haben. Wir gießen sie durch ein Sieb ab, lassen sie abkühlen und schneiden sie dann fein in schräge Scheiben.

Wir mischen *Shitake*, Bohnen und Zwiebel sorgfältig, geben 1/2 Teelöffel Salz, und, falls nötig, soviel Mehl dazu, daß die Mischung zusammenhält.

Wir füllen einen schweren Topf oder eine Fritteuse 7 bis 8 cm hoch mit Öl und erhitzen es auf 175 C. Dann vermischen wir das restliche Mehl mit soviel Wasser, daß es einen dünnen Teig ergibt, und geben eine Prise Salz dazu. Die Kroketten werden in den Teig getaucht und dann in den Bröseln gerollt und sorgfältig damit bedeckt. Dann geben wir sie sofort ins heiße Öl und frittieren sie, bis sie durchgebacken und goldgelb und knusprig sind. Anschließend werden sie zum Abtropfen auf ein Drahtrost oder ein saugfähiges Papier gelegt.

Buchweizencreme

für 2 Personen

1 Teelöffel Sesamöl
2 gehäufte Eßlöffel Buchweizenmehl
2 Tassen Wasser
1/4 Teelöffel Meersalz oder 1 Teelöffel *Shoyu*
1 Eßlöffel dünne Schalottenringe

Wir erhitzen eine schwere Pfanne und bestreichen sie mit Öl. Darin sautieren wir das Buchweizenmehl bei mittlerer Hitze 1 bis 2 Minuten und rühren dabei ständig um. Wir nehmen es vom Feuer und lassen es abkühlen, stellen dann die Pfanne wieder aufs Feuer, rühren das Wasser hinein und bringen es zum Kochen. Unter ständigem Umrühren kochen wir die Creme auf kleinem Feuer und lassen sie dick werden. Dann würzen wir sie mit Salz oder *Shoyu*. Mit den Schalottenringen garnieren.

ABWANDLUNG: Um die Creme süßer zu machen, rühren wir 1/4 Tasse sautierte Zwiebel hinein, während sie kocht.

Bulgur (gedämpfter Weizen)

für 5 Personen

3 Eßlöffel Sesamöl
2 Tassen gewaschener Bulgur
4 Tassen kochendes Wasser
1/3 Teelöffel Meersalz

Wir erhitzen einen schweren Topf und bestreichen ihn mit Öl. Darin sautieren wir den Bulgur bei mittlerer Hitze unter ständigem Umrühren 2 bis 3 Minuten. Dann rühren wir das kochende Wasser hinein, salzen und decken den Topf mit einem gutsitzenden Dekkel zu. Wir legen ein Drahtnetz unter und kochen auf kleiner Flamme 15 Minuten. Wir nehmen den Topf vom Feuer, lockern den Bulgur mit 2 Holzgabeln auf und lassen ihn einige Minuten stehen. Mit einer Soße aus Zwiebeln, Karotten und einer Prise Curry angerichtet schmeckt er köstlich.

Für die hungrigen unerwarteten Gäste ist dieses köstliche, schnell und einfach zubereitete Gericht bestens geeignet.

Bulgur mit Gemüse

für 5 Personen

2 Tassen gewaschener Bulgur
4 Tassen Wasser
1 Teelöffel und 2 Prisen Salz
1 Prise Thymian
1 Eßlöffel Sonnenblumen- oder Sesamöl
1 kleine Zwiebel, in dünne Halbmonde geschnitten
1/2 kleine gewürfelte Karotte
1/2 mittelgroße gewürfelte rote Rübe
2 Eßlöffel gehackte Petersilie

Wir rösten den Bulgur in einem schweren Topf bei mittlerer Hitze 3 bis 4 Minuten, und rühren dabei ständig um. Wir nehmen ihn vom Feuer und lassen ihn abkühlen, dann rühren wir das Wasser hinein, und geben eine Prise Salz und eine Prise Thymian dazu. Über großem Feuer bringen wir das Ganze zum Kochen, legen ein Drahtnetz unter, und stellen die Flamme klein. Wir decken den Topf mit einem gutsitzenden Deckel zu und lassen 20 Minuten kochen.

Während der Bulgur kocht, erhitzen wir eine Pfanne und bestreichen sie mit Öl. Darin sautieren wir die Zwiebeln auf mittlerer Hitze unter leichtem Umrühren solange, bis ihr starker Geruch aufhört. Dann geben wir die Karotte dazu und sautieren beides zusammen weitere 1 bis 2 Minuten. Wir bedecken das Ganze mit Wasser, geben eine Prise Salz dazu und dünsten es zugedeckt auf kleiner Flamme, bis das Gemüse weich, und das Wasser aufgesogen und verdunstet ist, etwa 20 Minuten. Falls noch Flüssigkeit vorhanden ist, das Gemüse aber schon weich ist, nehmen wir den Deckel ab und lassen es weiterkochen, bis es trocken ist.

Dann bringen wir in einem kleinen Topf Wasser zum Kochen und geben 1 Teelöffel Salz dazu. Die roten Rüben werden hineingelegt, wieder zum Kochen gebracht und gekocht, bis sie weich sind, etwa 10 Minuten. In einem Sieb abtropfen lassen.

Wenn der Bulgur fertig ist, nehmen wir den Deckel ab und lockern ihn mit einer Gabel auf. Wir ziehen das sautierte Gemüse und die roten Rüben unter und servieren es mit gehackter Petersilie bestreut.

Bulgur-Kroketten

ergibt 10 oder 12 Kroketten

3 Tassen gekochter Bulgur
1/2 Tasse gehackte Zwiebel
1/4 Tasse gehackte Karotte
1/4 Teelöffel und eine Prise Meersalz
1/2 Tasse Vollweizenmehl (Type 1700)
Öl zum Frittieren
1 Tasse ungebleichtes weißes Mehl (Type 550)
ungefähr 2/3 Tasse Wasser
2 Tassen Semmelbrösel oder Maisgrieß

Bulgur, Zwiebel und Karotten werden gut miteinander vermischt. Dann geben wir eine Prise Salz und soviel Vollweizenmehl dazu, daß es zusammenhält. Wir formen jeweils aus einer Tasse Bulgur 3 bis 4 Kroketten und legen sie beiseite.

Wir füllen einen schweren Topf oder eine Fritteuse 7 bis 8 cm hoch mit Öl und erhitzen es auf 175 Grad. Dann vermischen wir das ungebleichte Mehl mit soviel Wasser, daß es einen dünnen Teig ergibt, und geben 1/4 Teelöffel Salz dazu. Wir tauchen die Kroketten in den Teig, rollen sie dann gründlich in den Bröseln, und geben sie sofort in das heiße Öl. Wir frittieren sie, bis sie durchgebacken sind und goldgelb und knusprig. Dann legen wir sie zum Abtropfen auf ein Drahtrost oder auf saugfähiges Papier.

Überbackener Bulgur

für 2 bis 3 Personen

- 4 Eßlöffel Sesamöl
- 1 Tasse gewaschener Bulgur
- 2 Tassen kochendes Wasser
- 1 1/2 Teelöffel und eine Prise Meersalz
- 1 mittelgroße gehackte Zwiebel
- 10 grüne Bohnen, gewaschen und entfädelt
- 2 Eßlöffel ungebleichtes weißes Mehl (Type 550)
- 1 Tasse kaltes Wasser

Wir erhitzen 1 Eßlöffel Öl in einer schweren Pfanne und sautieren den Bulgur darin auf mittlerer Hitze unter ständigem Umrühren 3 bis 4 Minuten, dann rühren wir das kochende Wasser hinein und würzen mit 1/4 Teelöffel Salz. Über großer Flamme bringen wir es zum Kochen, schieben ein Drahtnetz unter und kochen auf kleiner Flamme zugedeckt 20 Minuten, dann stellen wir die Flamme ab.

Wir erhitzen eine schwere Pfanne und bestreichen sie mit 1 Eßlöffel Öl. Darin sautieren wir die Zwiebel über mittlerer Hitze leicht braun etwa 4 bis 5 Minuten. Wir bestreuen sie mit einer Prise Salz, drehen die Flamme ab und stellen sie beiseite.

In einem kleinen Topf bringen wir soviel Wasser, daß die Bohnen damit bedeckt werden, zum Kochen und geben 1 Teelöffel Salz dazu. Wir legen die Bohnen hinein, bringen es wieder zum Kochen, und kochen sie, bis sie leuchtend grün und gerade weich sind. Dann fischen wir sie mit einem Schlitzlöffel heraus und tauchen sie sofort in kaltes Wasser, um den Kochprozess zu unterbrechen und ihre Farbe zu fixieren. Wir lassen sie in einem Sieb abtropfen, wenn sie abgekühlt sind, schneiden wir sie in feine schräge Streifen.

Wir bereiten eine falsche Bechamelsoße zu: eine Pfanne wird erhitzt und mit dem restlichen 2 Eßlöffeln Öl bestrichen, das Mehl hineingerührt und 3 Sekunden gekocht und umgerührt. Wir nehmen es vom Feuer, lassen es abkühlen, setzen es wieder aufs Feuer zurück, rühren 1/2 Tasse Wasser hinein und rühren weiter, bis die Soße glatt ist. Dann geben wir das restliche Wasser dazu, bringen es zum Kochen und lassen es auf kleinem Feuer 10 Minuten kochen, dabei rühren wir ständig um. Wir würzen die Soße mit 1/4 Teelöffel Salz, oder nach Geschmack.

Wir heizen das Backrohr auf 175 Grad vor. Dann geben wir den Bulgur in eine leicht geölte Auflaufform und bedecken ihn mit dem Gemüse. Die Soße wird darübergegossen und 2 bis 3 Tropfen Öl daraufgeträufelt. Wir backen ihn schön braun, etwa 20 Minuten.

Maiskolben

für 5 Personen

5 mittelgroße Maiskolben, die Blätter und Fäden entfernt
Wasser
1 Prise Meersalz

Wir bedecken den Boden eines Topfes 5 bis 8 cm hoch mit Wasser und bringen es zum Kochen. Dann geben wir die Maiskolben hinein, bringen es wieder zum Kochen und würzen es mit einer Prise Salz. Die Maiskolben werden zugedeckt gekocht, bis sie weich sind, etwa 10 Minuten. Dann drehen wir die Flamme ab und lassen sie vorm Anrichten noch ein paar Minuten stehen.

Will man sie im Druckkochtopf kochen, nimmt man etwa 2 cm Wasser. Man fügt eine Prise Salz zu, gibt die Maiskolben hinein und deckt den Topf zu. Zum Kochen bringen, wenn der volle Druck erreicht ist, ein Drahtnetz unterlegen und 3 Minuten auf kleiner Flamme kochen. Dann die Flamme abdrehen und den Druck langsam absinken lassen.

Um die Maiskolben zu backen, heizt man das Backrohr auf 230 Grad vor. Die Maiskolben werden in die Blätter zurückgegeben, nachdem man die seidigen Fäden entfernt hat, oder man wickelt sie in Aluminiumfolie ein. 10 bis 15 Minuten backen.

Frühstückspolenta

für 4 Personen

1 Teelöffel Sonnenblumen- oder Maisöl
1 Tasse Polenta (Maismehl)
4 Tassen kochendes Wasser
1 Teelöffel Meersalz

Eine schwere Pfanne wird erhitzt und mit Öl bestrichen. Darin wird der Polenta bei mittlerer Hitze unter ständigem Umrühren sautiert, bis er goldgelb ist und duftet, etwa 5 Minuten, dann wird langsam das Wasser hineingerührt und gesalzen. Der Topf wird mit einem gutschließenden Deckel zugedeckt, ein Drahtnetz untergeschoben und auf kleiner Flamme 30 Minuten gekocht. Wir rühren behutsam um und lassen das Ganze vor dem Anrichten noch einige Minuten stehen.

Maisschnitten

für 6 bis 8 Personen

1 Eßlöffel Sonnenblumen- oder Maisöl
2 Tassen Polenta (Maismehl)
8 Tassen *Kombu Dashi* (S. 221)
1 Teelöffel Meersalz

Wir erhitzen eine schwere Pfanne und bestreichen sie mit Öl. Darin sautieren wir den Polenta unter ständigem Umrühren, bis er goldgelb ist und duftet, etwa 5 Minuten. Dann nehmen wir ihn vom Feuer und lassen ihn abkühlen, wir setzen ihn wieder aufs Feuer zurück, geben langsam die *Kombu Dashi* dazu, und rühren bis er glatt ist. Wir rühren weiter und bringen ihn bei mäßig hoher Hitze zum Kochen. Wir salzen, verschließen den Topf mit einem gutsitzenden Deckel, legen ein Drahtnetz unter und kochen auf kleiner Flamme 40 Minuten bis 1 Stunde, dabei rühren wir gelegentlich um. Falls der Polenta schnell dick wird, rühren wir mehr *Kombu Dashi* oder Wasser hinein.

Wenn er fertig ist, gießen wir ihn in eine mit kaltem Wasser ausgespülte Form und lassen ihn abkühlen und hart werden. Wenn er kalt ist, stürzen wir ihn vorsichtig und schneiden ihn in Scheiben. Mit Sesambutter bestrichen als köstliche Beilage servieren.

Ich entdeckte diesen einfachen Leckerbissen auf dem Land in Italien.

Ländlicher Polenta auf japanische Art (Oneri)

für 5 bis 7 Personen

2 Tassen Polenta (Maismehl)
5 Tassen *Kombu Dashi*
1 Teelöffel Meersalz
2 Eßlöffel *Shoyu*
1 Schalotte, in dünne Ringe geschnitten

Wir rösten den Polenta in einem schweren Topf unter ständigem Umrühren, 5 bis 10 Minuten. Nachdem er ein bißchen abgekühlt ist, gießen wir langsam die *Kombu Dashi* hinein und rühren bis er glatt ist. Unter Weiterrühren bringen wir ihn auf mäßiger Flamme zum Kochen. Wir würzen mit Salz und *Shoyu*, setzen einen gutschließenden Deckel darauf, legen ein Drahtnetz unter und kochen ihn 40 bis 45 Minuten auf kleiner Flamme, dabei rühren wir gelegentlich um. Falls der Polenta schnell dick wird, rühren wir noch ein bißchen Wasser dazu. Nach 40 Minuten sollte der Polenta dick genug sein, so daß man ihn herauslöffeln kann. Wir servieren ihn lals Beilage mit Schalottenringen garniert.

Hirse mit Adzukibohnen (Omedeto) für 5 Personen

1/3 Tasse gewaschene *Adzuki* Bohnen
7 Tassen Wasser
1 Tasse gewaschene Hirse
1/2 Teelöffel Salz

Die *Adzuki* Bohnen werden in einer Tasse Wasser gekocht, bis sie schrumplig sind, etwa 20 Minuten. Dann geben wir sie mit der Hirse, den restlichen 6 Tassen und dem Salz in einen schweren Topf und bringen es schnell zum Kochen. Wir legen ein Drahtnetz unter, setzen einen gutschließenden Deckel auf und kochen auf kleiner Flamme 1 Stunde. Dann rühren wir behutsam um und lassen es vorm Anrichten noch einige Minuten stehen.

Kous-Kous (gedämpfter Weizen mit Gemüse)
für 5 Personen

1 Tasse getrocknete Kichererbsen, über Nacht in Wasser eingeweicht
6 Tassen Wasser
3 Teelöffel und 1 Prise Meersalz
2 Tassen Kous-Kous
3 Eßlöffel Olivenöl
2 kleine Zwiebeln, in dicke Halbmonde geschnitten
1 kleine gewürfelte Karotte
15 cm^2 großes Stück *Kombu*, mit einem trockenen Tuch abgewischt
2 Lorbeerblätter, (wahlweise)
8 kleine Rosenkohlköpfchen
1/2 Blumenkohl, in die Röschen zerteilt
Petersilsträußchen

Die Kichererbsen werden in einem Druckkochtopf mit 3 Tassen Wasser bei großer Hitze schnell zum Kochen gebracht. Wenn der volle Druck erreicht ist, legen wir ein Drahtnetz unter, und kochen 40 Minuten auf kleiner Flamme. Dann nehmen wir den Topf vom Feuer und lassen den Druck langsam absinken.

Wir bringen die restlichen Tassen Wasser in einem schweren Topf zum Kochen und geben eine Prise Salz dazu. Dann rühren wir langsam den Kous-Kous hinein, kochen ihn 4 bis 5 Minuten, drehen die Flamme ab, decken ihn zu, und lassen ihn 10 Minuten am Herd leise dämpfen. Danach nehmen wir den Deckel ab, lockern ihn mit 2 Holzgabeln leicht auf und stellen ihn beiseite.

Will man ihn im Druckkochtopf kochen, bringt man gleiche Teile Kous-Kous und Wasser mit 1 Prise Salz schnell zum Kochen, schiebt ein Drahtnetz unter und kocht auf kleiner Flamme 5 Minuten. Dann vom Feuer nehmen und den Druck langsam absinken lassen. Leicht auflockern, wieder zudecken und beiseite stellen.

Wir erhitzen eine schwere Pfanne und bestreichen sie mit dem Öl. Darin sautieren wir die Zwiebel über mittlerer Hitze 5 Minuten, und rühren dabei sacht um. Dann mischen wir die Karotten und die gekochten Kichererbsen dazu und sautieren weitere 1 bis 2 Minuten. Wir geben den *Kombu*-Streifen dazu, bedecken alles gut mit Wasser und bringen es zum Kochen. Wir würzen mit einem Teelöffel Salz, geben die Lorbeerblätter dazu (falls sie verwendet werden), bedecken den Topf und kochen auf kleiner Flamme, bis das Gemüse und die Kichererbsen ganz weich sind, etwa 30 Minuten. Wenn man möchte, kann man die *Kombu* Alge auch schon nach 5 Minuten Kochzeit herausnehmen.

Wir bringen in einem kleinen Topf auf großer Flamme Wasser zum Kochen und geben 1 Teelöffel Salz dazu. Der Rosenkohl wird hineingegeben, wieder zum Kochen gebracht und 3 bis 5 Minuten gekocht, bis er leuchtend grün und gerade weich ist. Wir nehmen ihn mit einem Schlitzlöffel heraus und tauchen ihn sofort in kaltes Wasser, um den Kochprozeß zu unterbrechen und seine Farbe zu fixieren. Dann lassen wir ihn in einem Sieb abtropfen. Dann bringen wir nochmal Wasser in einem kleinen Topf zum Kochen, geben 1 Teelöffel Salz dazu und legen die Röschen vom Blumenkohl hinein. Wieder zum Kochen bringen und kochen, bis sie weich sind, aber noch einen Biß haben, etwa 3 Minuten. Wir nehmen sie heraus, tauchen sie in kaltes Wasser, und lassen sie in einem Sieb abtropfen.

Wenn die Kichererbsen und das Gemüse fertig sind, mischen wir Rosenkohl und Blumenkohl hinein. Wir würzen mit Salz nach Geschmack, kochen nocheinmal kurz auf und stellen die Flamme ab.

Wir richten Kous-Kous auf einer großen Platte an und geben das Gemüse und seinen Saft darüber. Mit Petersilsträußchen garnieren wir das Ganze.

Kokoh (Getreidemilch)

für 4 Personen

1 Teelöffel Sonnenblumen- oder Sesamöl
1 Tasse Kokoh*
5 Tassen Wasser
1/2 Teelöffel Meersalz
3 Eßlöffel geröstete Brotbröckchen
Petersilsträußchen

Wir erhitzen eine schwere Pfanne und bestreichen sie mit dem Öl. Darin sautieren wir das Kokoh bei mittlerer Hitze, bis es duftet, dabei rühren wir ständig um, damit es gleichmäßig röstet.

Dann nehmen wir die Pfanne vom Feuer und lassen es abkühlen. Nun rühren wir langsam das Wasser hinein und salzen. Unter Rühren bringen wir es zum Kochen und setzen einen gutschließenden Deckel auf. Wir schieben ein Drahtnetz unter, und kochen auf kleiner Flamme, 30 bis 40 Minuten, dabei rühren wir gelegentlich um, dann richten wir es mit den Brotkrusteln und Petersilsträußchen an.

* Kokoh ist eine nahrhafte Mischung aus geröstetem und feingemahlenem Reis, süßem Reis, Hafermehl, Sojabohnen und Sesam und wird in makrobiotischen Geschäften und Naturkostläden angeboten. Es kann als Frühstücksgericht oder als Tee serviert werden und wird als Grundstoff für Nachspeisen und zum Backen verwendet.

Hirse

für 5 Personen

1 Teelöffel Sesamöl
1 Tasse gewaschene Hirse
4 Tassen Wasser
1/4 Teelöffel Meersalz

Wir erhitzen eine schwere Pfanne und bestreichen sie mit dem Öl. Darin sautieren wir die Hirse bei mittlerer Hitze, bis sie leicht braun ist und duftet, dabei rühren wir ständig um. Wir nehmen die Pfanne vom Feuer und lassen sie abkühlen, dann rühren wir langsam das Wasser hinein, salzen und bringen es schnell zum Kochen. Über einem Drahtnetz kochen wir sie zugedeckt 30 Minuten auf kleiner Flamme. Wir rühren sie behutsam um und lassen sie vorm Anrichten noch 5 Minuten stehen.

Hirse ist sehr *yang* und wird am besten im Winter gegessen.

Hirse-Beignets

für 4 bis 5 Personen

1/2 Tasse Hirsemehl
1/2 Tasse Vollweizenmehl (Type 1700)
1 Prise Meersalz
2 Eßlöffel Sesamöl
1 kleine gehackte Zwiebel

ungefähr 1/2 Tasse Wasser
Öl zum Frittieren
Petersilsträußchen

Die ersten drei Zutaten werden in einer großen Schüssel gut vermischt. Dann geben wir das Öl dazu und verreiben es gleichmäßig mit den Handflächen. Jetzt mischen wir die Zwiebel hinein und soviel Wasser, daß ein dicker Teig daraus wird.

Wir füllen einen schweren Topf oder eine Fritteuse 7 bis 8 cm hoch mit Öl und erhitzen es auf 180 Grad. Dann wird der Teig eßlöffelweise in das heiße Öl gegeben und herausgebacken, bis er knusprig und goldbraun ist, nachher zum Abtropfen auf ein Drahtrost oder saugfähiges Papier gelegt. Pro Person servieren wir 2 bis 3 Stücke mit je einem Eßlöffel geriebenen Rettich, der leicht mit *Shoyu* gewürzt ist, zum Tunken, und mit Petersilsträußchen garniert.

Hirsefladen mit Kuzusoße

für 5 Personen

3 Tassen gekochte Hirse
1 mittelgroße gehackte Zwiebel
1/2 kleine gehackte Karotte
1 Prise Meersalz
1/2 Tasse Vollweizenmehl
Sonnenblumen- oder Sesamöl
1 Eßlöffel *Kuzu*
1/2 Tasse Wasser
1 Tasse *Kombu Dashi* (S. 221)

Die ersten drei Zutaten werden gründlich miteinander vermischt und gesalzen. Falls notwendig fügen wir soviel Mehl zu, daß der Teig zusammenhält. Dann machen wir 10 Fladen daraus. Den Boden einer schweren Pfanne bedecken wir 1 cm hoch mit Öl und braten die Fladen über mittlerer Hitze, die Pfanne wird dabei nicht zugedeckt.

Das *Kuzu* wird im Wasser aufgelöst und mit der *Kombu Dashi* in einem kleinen Topf 3 bis 4 Minuten gekocht, bis es dick ist; dabei immer umrühren. Dann wird es über die Fladen gegossen.

Getreideflocken

für 4 Personen

1 Tasse Haferflocken (oder Hirse-, Roggen-, Weizen- oder Reisflocken)
2 Eßlöffel Sonnenblumen- oder Sesamöl
1 kleine gehackte Zwiebel
3 Tassen kochendes Wasser
1/2 Teelöffel Meersalz

Die Flocken werden in einem schweren Topf 5 Minuten gedarrt (trocken geröstet), oder in einem Eßlöffel Öl sautiert, bis sie leicht gebräunt sind. Dabei muß ständig gerührt und die Pfanne geschüttelt werden, damit die Flocken gleichmäßig erhitzen und nicht anbrennen. Dann nehmen wir die Pfanne vom Feuer und lassen sie abkühlen.

Wir erhitzen eine Pfanne und bestreichen sie mit dem restlichen Öl. Darin wird die Zwiebel unter leichtem Umrühren 3 bis 4 Minuten sautiert. Wir geben die Zwiebel zu den Flocken, gießen das Wasser hinein und salzen. Bei mittlerer Hitze wird das Ganze zum Kochen gebracht und dabei ständig gerührt. Wir setzen einen gutschließenden Deckel auf, schieben ein Drahtnetz unter und kochen auf kleiner Flamme 30 Minuten. Die Flockenspeise wird mit *Gomasio* angerichtet.

Vollweizencreme

für 4 Personen

1 Eßlöffel Sonnenblumen- oder Sesamöl
1 Tasse Vollweizenmehl (Type 1700)
4 Tassen Wasser
1/4 Teelöffel Meersalz

Wir erhitzen einen schweren Topf und bestreichen ihn mit dem Öl. Darin sautieren wir das Mehl bei mittlerer Hitze, bis sein Duft entströmt, dabei rühren wir ständig. Dann nehmen wir es vom Feuer und lassen es abkühlen. Langsam rühren wir das Wasser hinein, salzen und bringen es zum Kochen. Wir schieben ein Drahtnetz unter und verschließen den Topf mit einem gutschliessenden Deckel. Auf kleiner Flamme kochen wir 30 Minuten und rühren dabei gelegentlich um.

Wenn man mit Druck kochen will, röstet oder sautiert man das Mehl im Druckkochtopf. Wenn es abgekühlt ist, Wasser und Salz zugeben und über großer Flamme schnell zum Kochen bringen. Wenn der volle Druck erreicht ist, wird ein Drahtnetz untergelegt und 45 Minuten auf kleiner Flamme gekocht. Dann wird der Topf vom Feuer genommen. Wenn der Druck ganz abgesunken ist, behutsam umrühren.

Grieß (Harudi)

für 4 oder 5 Personen

3 Eßlöffel Sesamöl
1 Tasse Grieß
2 1/2 Tassen Wasser
1 mittelgroße Süßkartoffel
1 Prise Meersalz
2 Eßlöffel Sesam
4 oder 5 Kamelien- oder Chrysanthemenblätter

Wir erhitzen das Öl in einem schweren Topf, geben den Grieß dazu, und sautieren ihn bei mittlerer Hitze, bis er goldbraun ist und duftet, etwa 10 bis 15 Minuten. Nachdem er abgekühlt ist, rühren wir langsam das Wasser hinein, und bringen es zum Kochen. Wir kochen den Grieß zugedeckt auf kleiner Flamme 35 Minuten.

Wir schälen die Süßkartoffel und dämpfen sie 10 Minuten bei großer Hitze. Dann wird sie püriert und gesalzen. Wenn der Grieß fertig ist, rühren wir die Süßkartoffel hinein und kochen beides zusammen weitere 1 bis 2 Minuten.

Dann wird die Sesamsaat bei mittlerer Hitze leicht braun unter ständigem Umrühren geröstet, bis ihr Duft entströmt. Die Samen werden dann auf den Boden einer Pudding- oder Auflaufform gestreut, der Grieß darübergegossen und fest mit dem Rücken eines Holzlöffels hineingedrückt. Wenn er abgekühlt und fest geworden ist, stürzen wir ihn vorsichtig und richten einzelne Portionen auf den Kamelien- oder Chrysanthemenblättern an.

Ich entdeckte dieses Gericht in Indien,wo der Grieß in der Milch vom Wasserbüffel gekocht und mit Zucker gesüßt wird.

Nudeln

Mehl ist am besten verdaulich in Form von Nudeln. Nudeln können auf vielfache Weise verwendet werden: als Zugabe zu frischen Salaten oder Suppen, oder gemischt mit Sautiertem Gemüse. Sie heben den Geschmack und das Aroma aller Speisen. Man kann sie dampfend heiß, oder im Sommer eiskalt servieren. Hier sind ein paar Grundrezepte, die sich ohne Schwierigkeiten weiterentwickeln lassen.

Hausgemachte Buchweizennudeln (Soba)

für 4 bis 5 Personen

1/2 kg Buchweizenmehl
1 Teelöffel Meersalz
1 geschlagenes Ei
ungefähr 1/2 Tasse Wasser
Buchweizenmehl zum Einstauben

Das Buchweizenmehl wird mit dem Salz in einer großen Schüssel gut vermischt, das geschlagene Ei hineingerührt, und soviel Wasser, daß es einen halbtrockenen Teig ergibt. Wir kneten ihn wenigstens 20 Minuten, bis er steif und glatt ist. Auf einem eingemehlten Brett rollen wir ihn 1/4 cm dick zu einem Rechteck aus und stauben ihn gründlich ein. Dann falten wir den Teig auf ein Viertel zusammen und schneiden ihn in dünne Streifen.

Wir bringen gut 2 Liter ungesalzenes Wasser zum Kochen, und legen, wenn es sprudelt, die Nudelstreifen hinein. Über großem Feuer bringen wir das Ganze wieder zum Kochen, und gießen sofort 1 Tasse kaltes Wasser hinein. Diesen Vorgang wiederholen wir zweimal: zum Kochen bringen und jeweils 1 Tasse kaltes Wasser hineingießen. (Wenn man kaltes Wasser zugibt, wird der innere Kern der Nudeln gar, bevor die Außenseite verkocht. Wenn die Nudeln zum dritten Mal kochen (nach der ersten Kaltwasserzugabe), stellen wir die Flamme ab, gießen die Nudeln in ein Sieb und bewahren das Kochwasser auf. Die Nudeln werden sofort mit fließend kaltem Wasser abgeschreckt, dabei trennen wir sie voneinander und kühlen sie gründlich ab. Dann stellen wir sie in dem Sieb zum Abtropfen beiseite. Man kann die Nudeln auch mit einem sauberen Tuch trockentupfen.

Wir würzen das Kochwasser mit *Shoyu* und gießen es über die Nudeln. Oder wir heben das Wasser zum Backen auf und servieren die Nudeln mit einer *Tsuke-jiru* Soße zum Tunken.

Überbackene Buchweizennudeln (Mori soba Gratin)

für 5 Personen

6 Tassen Wasser
250 g Buchweizennudeln
1/2 Laib chinesischer *Dow-fu*, oder 5 Eßlöffel gehackter *Seitan*
2 Eßlöffel Sesamöl
1 kleine Zwiebel, in dünne Sicheln geschnitten (*Mawashigiri* S. 29)
1/2 kleine Karotte, in dünne Viertelscheiben geschnitten (*Ichogiri* S. 28)
1 Prise Meersalz
2 Eßlöffel ungebleichtes weißes Mehl (Type 550)
1 Teelöffel feingehackte Zitronenschale
Petersilsträußchen

Wir bringen 4 Tassen Wasser zum Kochen und geben die Nudeln in das sprudelnde Wasser. Über großer Flamme lassen wir es wieder aufwallen, und gießen 1 Tasse kaltes Wasser dazu. Sobald das Wasser wieder zum Kochen gekommen ist, drehen wir die Flamme ab und schütten die Nudeln in ein Sieb. Wir schrecken sie mit kaltem Wasser ab, bis sie gründlich abgekühlt sind, dann stellen wir sie in dem Sieb zum Abtropfen beiseite.

Wenn man chinesischen *Dow-fu* verwendet, frittiert man ihn im heißen Öl, bis er knusprig ist, läßt ihn auf saugfähigem Papier abtropfen, und schneidet ihn dann in dünne Streifen. Eine schwere Pfanne wird erhitzt und mit 1 Eßlöffel Öl bestrichen. Darin wird die Zwiebel bei mittlerer Hitze sautiert, bis sie leicht angebräunt ist, etwa 5 Minuten, dabei rühren wir sanft um. Dann werden die Karotten und der *Dow-fu* oder *Seitan* druntergemischt und weitere 2 bis 3 Minuten sautiert. Wir streuen eine Prise Salz darüber und stellen die Flamme ab.

Wir erhitzen wieder ein Pfanne und bestreichen sie mit dem restlichen Öl. Wir geben das Mehl dazu und sautieren es bei mittlerer Hitze bis es leicht angebräunt ist, etwa 3 bis 4 Minuten, dabei rühren wir ständig um. Wir nehmen es vom Feuer und lassen es abkühlen, oder stellen den Boden der Pfanne in kaltes Wasser. Dann rühren wir die restliche Tasse Wasser hinein, stellen die Pfanne wieder aufs Feuer, und kochen die Soße unter stetem Rühren, bis sie am Pfannenrand Blasen wirft, etwa 1 bis 2 Minuten.

Wir heizen das Backrohr auf 220 C vor. Die Nudeln werden in eine leicht geölte Auflaufform gegeben und mit dem Gemüse bedeckt. Darauf gießen wir die Soße und tropfen 2 bis 3 Tropfen Sesamöl darüber. Wir backen das Ganze, bis es schön braun ist, etwa 20 Minuten, dann garnieren wir es mit der gehackten Zitronenschale und den Petersiliensträußchen.

Buchweizennudeln mit Gemüse für 5 Personen

1/2 Kilo Buchweizennudeln*
5 *Maki-yuba*** (wahlweise)
3 Tassen *Kombu Dashi* (S. 221)
3 Eßlöffel *Shoyu*
1 Teelöffel Meersalz
20 grüne Bohnen, gewaschen und entfädelt
1 kleine Karotte, in feine schräge Scheiben geschnitten
3 Schalotten, in 2,5 cm lange schräge Stücke geschnitten

* Fertige japanische Nudeln sind sehr salzig und brauchen nicht in Salzwasser gekocht werden.

** *Maki-yuba* sind kleine Kuchen aus Sojabohnen Gluten, man kann sie in orientalischen Lebensmittelgeschäften oder makrobiotischen Läden kaufen.

Wir bringen 2 Liter ungesalzenes Wasser zum Kochen und geben die Nudeln in das sprudelnde Wasser. Auf großer Flamme lassen wir sie wiederaufwallen und gießen sofort 1 Tasse kaltes Wasser hinein. Diesen Vorgang wiederholen wir 2 mal: zum Kochen bringen und jeweils 1 Tasse kaltes Wasser hineingießen. Wenn die Nudeln zum 3. Mal zum Kochen kommen (nach der ersten Kaltwasserzugabe), stellen wir das Feuer ab, schütten die Nudeln in ein Sieb und schrecken sie sofort mit kaltem Wasser ab, dabei trennen wir sie voneinander und kühlen sie gründlich ab. Dann stellen wir das Sieb mit den Nudeln zum Abtropfen beiseite.

Die *Maki-yuba* werden in kaltem Wasser eingeweicht, dann in einem Topf mit *Kombu-Dashi* bedeckt, mit *Shoyu* gewürzt und zum Kochen gebracht. Nachdem sie 5 Minuten gekocht haben, werden sie in einem Sieb zum Abtropfen zur Seite gestellt.

In einem kleinen Topf bringen wir Wasser schnell zum Kochen und geben 1/2 Teelöffel Salz dazu. Die Bohnen werden hineingegeben, wieder zum Kochen gebracht und gekocht, etwa 3 bis 4 Minuten. Dann fischen wir sie mit einem Schlitzlöffel heraus und tauchen sie sofort in kaltes Wasser, um den Kochprozeß zu unterbrechen und ihre Farbe zu fixieren. Wir lassen abtropfen und schneiden sie dann quer in die Hälfte. In einem Sieb stellen wir sie zur Seite.

Nochmal bringen wir in einem kleinen Topf Wasser zum Kochen, geben den restlichen 1/2 Teelöffel Salz zu und dann die Karottenscheibchen. Wir bringen sie wieder zum Kochen und kochen sie 2 bis 3 Minuten. Dann tauchen wir sie sofort in kaltes Wasser und lassen sie in einem Sieb abtropfen.

Um die Nudeln aufzuwärmen, schütten wir einen Topf heißes Wasser darüber. Dann werden sie auf die einzelnen Eßschalen aufgeteilt und das Gemüse und die *Maki-yuba* darübergegeben. Wir garnieren sie mit den Schalottenscheiben und servieren eine *Tsuke-jiru* Tunke dazu.

Yaki Soba

für 4 Personen

Öl zum Frittieren
4 *Maki-yuba* (wahlweise)
4 Handvoll gekochte Buchweizennudeln
1 Eßlöffel Sonnenblumenöl
1 mittelgroße Zwiebel, in dünne Sicheln geschnitten, *Mawashigiri* (S. 29)
1 kleine Karotte, in zündholzgroße Stückchen geschnitten, (*Sengiri*, S. 26)
2 Eßlöffel *Kuzu*
1 Eßlöffel *Shoyu*
2 Eßlöffel gehackte Petersilie

Wir füllen einen schweren Topf oder eine Fritteuse 7 bis 8 cm hoch mit Öl und erhitzen es auf 180 C. Die *Maki-yuba* werden darin frittiert, bis sie aufgegangen und knusprig sind, dann lassen wir sie auf saugfähigem Papier abtropfen. Als nächstes frittieren wir jeweils eine Handvoll Nudeln goldgelb und knusprig, legen sie auf das saugfähige Papier zum abtropfen und bewahren sie im warmen Backrohr bei 56 C auf.

Wir erhitzen eine schwere Pfanne und bestreichen sie mit dem

Öl. Darin sautieren wir die Zwiebel bei mittlerer Hitze 2 bis 3 Minuten, dabei rühren wir sanft um. Dann geben wir die Karotte und die *Maki-yuba* dazu und sautieren beides nochmal 3 Minuten. Wir bedecken alles mit Wasser und bringen es zum Kochen. Auf kleiner Flamme zugedeckt dünsten lassen, bis das Gemüse weich ist, etwa 10 bis 15 Minuten.

Das *Kuzu* wird in 1/4 Tasse Wasser aufgelöst und glattgerührt und dann in das Gemüse hineingerührt. Nachdem wir es mit dem Eßlöffel *Shoyu* (oder nach Geschmack) gewürzt haben, lassen wir es unter Umrühren noch 2 bis 3 Minuten kochen, bis das *Kuzu* dick wird; dann stellen wir die Flamme ab.

Wir legen jeweils ein Nudel-*Tempura* in die 4 Eßschalen und gießen die *Kuzu*soße darüber. Vorm Servieren bestreuen wir es mit der gehackten Petersilie.

Tempura Soba

für 5 Personen

1/2 kg Buchweizennudeln
3/4 Tasse *Shoyu*
eine Handvoll Spinatblätter
Öl zum Frittieren
1 Tasse Vollweizenmehl (Type 1700)
2 Prisen Salz
1 kleine Karotte, in zündholzgroße Stückchen geschnitten, (*Sengiri*, S. 26)
3/4 Tasse Lotoswurzel, in dünne Viertelscheiben geschnitten, (*Ichogiri*, S. 28)
3 bis 4 Schalotten, in schräge Ringe von 2,5 cm Länge geschnitten
1 Streifen *Kombu*
5 dünne Streifen Orangen- oder Zitronenschale

Wir bringen 2 Liter ungesalzenes Wasser zum Kochen und geben die Nudeln in das sprudelnde Wasser. Über großer Flamme lassen wir es einmal aufwallen und gießen sofort 1 Tasse kaltes Wasser hinein. Wir wiederholen diesen Vorgang, bringen es zweimal zum Kochen und gießen jedesmal eine Tasse kaltes Wasser dazu. Wenn die Nudeln zum drittenmal aufkochen (nach der ersten Wasserzugabe) stellen wir die Flamme ab, schütten die Nudeln in ein Sieb, und schrecken sie sofort mit kaltem Wasser ab, dabei trennen wir sie voneinander und kühlen sie gründlich ab. Dann stellen wir sie zum Abtropfen in dem Sieb beiseite.

In einem kleinen Topf bringen wir Wasser zum Kochen und geben 1 bis 2 Eßlöffel *Shoyu* dazu. Darin werden die Spinatblätter gekocht, bis die Stengel weich sind, etwa 2 bis 3 Minuten. Wir lassen den Spinat in einem Sieb abtropfen. Wenn die Blätter abgekühlt sind, pressen wir sie zwischen den Handflächen aus und schneiden sie fein.

Wir füllen einen schweren Topf oder eine Fritteuse 7 bis 8 cm hoch mit Öl und erhitzen es auf 180 C. Dann vermischen wir das Mehl mit einer Prise Salz und soviel Wasser, daß es einen dicken Teig gibt. In diesen mischen wir Karotte, Lotoswurzel und Schalotten. Dann geben wir 3 oder 4 Eßlöffel von dem Teig auf einen Pfannenheber oder flachen Holzlöffel. Der Teig sollte dick genug sein, daß er an seiner Oberfläche anhaftet. Wir bringen den Teig in eine flache runde Form, und stubsen den Fladen dann vorsichtig mit zwei Holzstäbchen ins heiße Öl. Goldgelb und knusprig frittieren und auf saugfähigem Papier abtropfen lassen.

Das Stück *Kombu* wird mit 5 Tassen Wasser in einen Topf gegeben, zum Kochen gebracht und mit dem restlichen *Shoyu* nach Geschmack gewürzt. Wir lassen nochmal kurz aufkochen und stellen die Flamme ab.

Um die Nudeln aufzuwärmen, werden sie mit einem Topf heißen Wassers übergossen, oder in einem Sieb kurz in kochendes Wasser getaucht. Sie werden dann auf 5 Eßschalen aufgeteilt, 1 oder 2 Stücke des Gemüse-*Tempura* und der gehackte Spinat werden darübergelegt, und das Ganze mit den Orangen- oder Zitronenschalen garniert. Dann wird die heiße *Shoyu*-Brühe darübergegossen. Sofort servieren.

Sommersoba

für 3 Personen

2 Stücke Rettich, beide 4 cm lang und von gleicher Breite
250 g Buchweizennudeln
1 Blatt *Nori*

Es werden 2 Rettichblätter vorbereitet, indem man jedes Stück bis zur Hälfte seiner Dicke in einen langen ununterbrochenen Streifen schält. Die Streifen werden dann der Länge nach in dünne nudelförmige Streifen geschnitten, die 20 Minuten in kaltem Wasser eingeweicht werden.

Wir bringen 1 Liter Wasser schnell zum Kochen und geben die Nudeln hinein, nachdem es wieder aufgekocht hat, gießen wir 1 Tasse kaltes Wasser dazu. Wir wiederholen diesen Vorgang, bringen es noch 2 mal zum Kochen und gießen jedesmal 1 Tasse kaltes Wasser hinein. Wenn die Nudeln zum drittenmal aufkochen, stellen wir die Flamme ab und schütten die Nudeln durch ein Sieb. Wir schrecken sie sofort mit fließendem kalten Wasser ab, dabei trennen wir sie voneinander und kühlen sie gründlich ab.

Die Nudeln- und Rettichstreifen werden miteinander vermischt und auf die Eßschalen aufgeteilt. Das *Nori*-Blatt wird durch einige Sekunden Hin- und Herbewegen über einer kleinen Flamme knusprig geröstet. Wir schneiden es mit einer Schere in die Hälfte, legen die Hälften übereinander und schneiden sie der Breite nach in dünne Streifen, die wir über die Nudeln streuen. Das Ganze wird mit einer *Tsuke-jiru*-Tunke serviert. (S.257)

Hausgemachte Weizennudeln (Udon) für 5 Personen

1 Tasse Vollweizenmehl (Type 1700)
3 Tassen ungebleichtes Mehl (Type 550)
1 Teelöffel Meersalz
ungefähr 2/3 Tasse Wasser
weißes Mehl zum Stauben
Shoyu

Die ersten drei Zutaten werden in einer großen Schüssel gut vermischt. Dann geben wir soviel Wasser dazu, daß ein halbtrockener Teig daraus wir. Wir kneten ihn wenigstens 20 Minuten, bis er steif und glatt ist. Auf einem eingemehlten Brett rollen wir ihn zu einem 1/4 cm dicken Rechteck aus und stauben ihn gründlich ein. Dann legen wir ihn auf ein Viertel zusammen und schneiden der Breite nach dünne Streifen.

Wir bringen 2 Liter Wasser zum Kochen, und wenn es sprudelt, geben wir die Nudeln hinein. Auf großer Flamme lassen wir sie wieder aufwallen, und kochen sie dann auf kleiner Flamme, bis sie weich sind, im Inneren aber noch ein bißchen hart. Wir gießen sie durch ein Sieb und verwahren das Kochwasser, dann schrecken wir sie gleich mit fließendem kalten Wasser ab, dabei trennen wir sie voneinander, und kühlen sie gründlich ab. Wir stellen sie in dem Sieb beiseite.

Wir würzen das Kochwasser mit *Shoyu* und gießen es über die Nudeln; oder wir bewahren es zum Backen auf und servieren die Nudeln mit einer *Tsuke-jiru*-Tunke.

ABWANDLUNGEN: A. Rettich Udon: Ein Blatt *Nori* wird durch Hin- und Herbewegen über kleiner Flamme mehrere Sekunden knusprig geröstet. Dann schneiden wir es mit einer Schere in die Hälfte, legen die Hälften übereinander und schneiden sie der Breite nach in dünne Streifen. Wir bereiten 5 Eßlöffel feingeriebenen Rettich und 2 Eßlöffel Schalottenringe zu. Dann teilen wir die Nudeln auf die Eßschalen auf, und bestreuen sie mit dem Rettich und den Schalottenringen.

B. *Tempura Udon:* Wir legen 1 oder 2 Stücke Gemüseteig-*Tempura* über die einzelnen Portionen der gekochten Nudeln, übergießen sie mit *Tsuke-jiru* Brühe und streuen geriebenen Rettich und Schalottenringe darüber.

C. *Kitsune Udon:* 1 Stück *Aburage* wird mit kochendem Wasser übergossen, um überschüssiges Öl zu entfernen; dann abtropfen lassen. Der *Aburage* wird in einem Topf, mit Wasser bedeckt, zum Kochen gebracht, mit *Shoyu* gewürzt, und solange gekocht, bis das ganze Wasser aufgesogen oder verdunstet ist, und der *Aburage* einen kräftigen Geschmack angenommen hat. Dann lassen wir ihn abtropfen, und schneiden ihn der Länge nach in dünne Streifen. Wir geben gekochte Weizennudeln in die Eßschalen, legen die Streifen darüber und gießen eine heiße Brühe hinein. Wir garnieren das Ganze mit feingeriebenem Rettich und dünnen Schalottenringen.

D. *Curry Udon:* Wir bereiten eine *Kuzu*-Soße aus unseren Lieblingsgemüsen und einer Prise Curry, und gießen sie heiß über die Nudelportionen.

E. *Kama Age Udon:* Ein großer Topf Wasser oder *Dashi* wird über einem Stöfchen in der Mitte des Tisches aufgestellt. Man serviert die gekochten Weizennudeln auf einer großen Platte und Schalottenringe und geröstete *Nori* in mehreren kleinen Schalen. Für jede Person wird eine Schale *Tsuke-jiru*-Tunke (S. 163) bereitgestellt, die mit geröstetem und feingehacktem Sesam, Schalotten und *Nori* garniert ist. Jeder Gast kann sich nun kleine Portionen Nudeln selbst in dem Topf in der Mitte aufwärmen und dann in die Soße tunken.

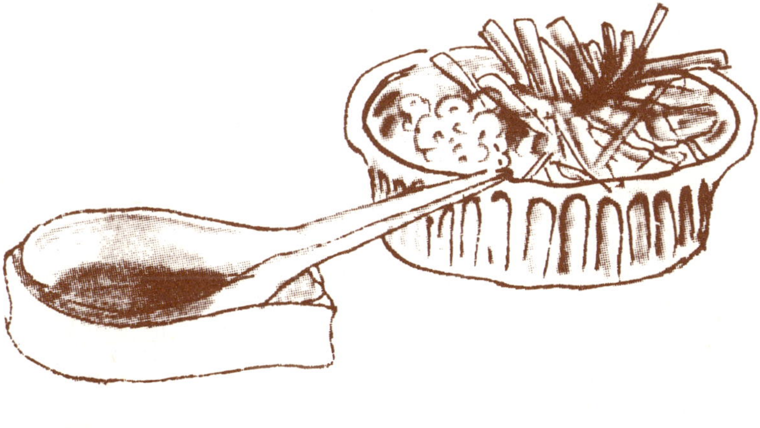

Gedämpfte Weizennudeln (Oda Maki) für 5 Personen

5 frittierte *Maki-yuba* (wahlweise)
10 Scheiben blütenförmig geschnittene Karotten, leicht gekocht
2 Handvoll gekochte Weizennudeln
1 Lauch, schräg in 2,5 cm lange Stücke geschnitten
4 Tassen *Kombu Dashi* (S. 221)
2 Eier, hartgekocht und in Scheiben geschnitten
2 Eßlöffel gehackte Petersilie

Die Nudeln werden in 5 Puddingschalen, oder in eine große Schale gegeben, die in den Dämpfeinsatz des Druckkochtopfs passen. Die *Maki-yuba*, die Karotten und der Lauch werden dekorativ drum herumgelegt. Dann wird die *Kombu Dashi* vorsichtig hineingegossen, daß alles damit bedeckt ist. Der Druckkochtopf (oder ein japanischer Dampftopf) wird wenige Zentimeter hoch mit Wasser gefüllt, zugedeckt (aber nicht verschlossen) und auf großer Hitze 20 Minuten gekocht. Die Nudeln werden mit den Eierscheiben und der gehackten Petersilie garniert angerichtet.

Brote, Snacks und andere gute Dinge aus Mehl

Brote, die Hefe als Triebmittel enthalten, sind ziemlich *yin*, und werden deshalb besonderen Gelegenheiten vorbehalten. Brot ohne Triebmittel ist schwerer und muß sehr gut gekaut werden, aber die Mühe macht es um so köstlicher. Wir verwenden beim Backen viele verschiedene Mehlsorten, wir können damit experimentieren und uns an den neuen Kombinationen erfreuen. Wir müssen beachten, daß Mehl nicht immer die gleiche Menge Feuchtigkeit aufnimmt. Zu einem gerührten Brotteig geben wir soviel Wasser, daß ein dikker Teig entsteht; ein gekneteter Teig soll elastisch sein und sich vom Schüsselrand ablösen.

Ohsawa-Brot (ohne Triebmittel)

Ergibt 1 Laib

2 1/2 Tassen Vollweizenmehl (Type 1700)
1 1/2 Tassen Hirsemehl
1 Tasse Vollreismehl
1/2 Teelöffel Meersalz
5 Eßlöffel Sonnenblumen- oder Sesamöl
ungefähr 3 Tassen Wasser

Dies ist ein gerührter Teig, der nicht geknetet werden braucht. Wir heizen das Backrohr auf 160 C vor. Die verschiedenen Mehlsorten werden in einer großen Schüssel gründlich vermischt. Dann wird das Öl dazugegeben und zwischen den Handflächen gleichmäßig hineingerieben. Jetzt rühren wir das Wasser hinein und achten darauf, daß es gleichmäßig vom Teig aufgenommen wird. Wir ölen eine Brotform 23 mal 13 mal 8 cm, und heizen sie vor, dann geben wir den Teig hinein. Wir glätten die Oberfläche mit einem feuchten Pfannenheber oder flachen Holzlöffel, und heben den Teig von den Wänden der Form ab. Wir backen das Brot, bis es schön braun ist, etwa 1 Stunde, nehmen es aus der Form und lassen es vor dem Anschneiden auf einem Rost abkühlen.

ABWANDLUNGEN: A. Man kann dem Teig 1 oder 2 Tassen

übriggebliebenes gekochtes Getreide, frisch sautiertes Gemüse, oder ein Pürree aus Süßkartoffeln, Kürbis oder Äpfeln zugeben.

B. Dem Teig 1 Teelöffel gemahlenen Zimt zugeben und die Oberfläche mit Sesam bestreuen.

C. Dem Teig Erdnüsse, Mandeln, Kashews, Rosinen, Korinthen, etc. zugeben.

Hefebrot

Ergibt 2 Laibe

7 g Trockenhefe oder 1/2 Paket (etwa 17 g) Würfelhefe
1/4 Tasse Wasser
5 Tassen Vollreismehl
4 Tassen Vollweizenmehl (Type 1700)
1 Tasse ungebleichtes weißes Mehl (Type 550)
1/2 Teelöffel Meersalz
5 Eßlöffel Sesam- oder Sonnenblumenöl
ungefähr 3 Tassen Wasser

Die Trockenhefe wird im warmen Wasser (45 C), der Hefewürfel in lauwarmen Wasser (30 C) aufgeweicht. Die verschiedenen Mehlsorten werden mit dem Salz gut vermischt, das Öl dazugegeben und zwischen den Handflächen gleichmäßig verrieben. Es sollen keine Klumpen bleiben. Dann mischen wir die Hefe hinein, geben langsam das Wasser dazu und machen einen Teig. Dieser wird 10 bis 15 Minuten geknetet, bis er glatt und elastisch ist. Wir formen ihn in eine Kugel, die wir in ein feuchtes Tuch hüllen und mehrere Stunden zum Rasten an einen warmen Platz stellen, bis sie doppelt so groß geworden ist.

Der Teig wird niedergedrückt und in die Hälfte geschnitten; die Hälften formen wir zu glatten Kugeln. Wir decken sie zu und lassen sie weitere 10 Minuten rasten.

Wir formen 2 Laibe und geben sie in leicht geölte Backformen (21 mal 11 mal 6 cm). Dann lassen wir sie wieder rasten, etwa 1 1/4 Stunden, bis sie zur doppelten Größe aufgegangen sind.

In einem vorgeheizten Backrohr backen wir sie bei 175 C eine Stunde lang. Wenn die Kruste schon hart ist, bevor das Innere durchgebacken ist, kann man das Brot während der letzten 20 Minuten mit einer Folie abdecken.

Chapati

ergibt 15 Chapati

5 Tassen ungebleichtes weißes Mehl (Type 550)
1/2 Teelöffel Meersalz
ungefähr 1 1/4 Tassen Wasser
Sonnenblumenöl

Mehl und Salz werden in einer großen Schüssel gut vermischt. Dann geben wir langsam das Wasser dazu und machen einen halbtrockenen elastischen Teig daraus. Wir kneten ihn 10 bis 15 Minuten, bis er glatt ist. Dann teilen wir den Teig in 15 Teile und rollen sie auf einem eingemehlten Brett so dünn wie möglich aus in runde Stücke mit einem Durchmesser von 7 bis 8 cm.

Nun heizen wir auf zwei mittelkleinen Flammen eine schwere Pfanne und ein Drahtnetz vor. Wir bräunen die *Chapati* in der Pfanne, bis sich der Rand aufwirft, etwa 1 bis 2 Minuten, dann drehen wir es schnell um und bräunen es auf der anderen Seite 1 Minute. Nun nehmen wir es aus der Pfanne und legen es auf das Drahtnetz, bis es sich aufbläht, dann nehmen wir es herunter und bestreichen es mit Öl. Ebenso machen wir es mit den übrigen *Chapatis*.

ABWANDLUNG: Um *Puri* zu machen, muß man den Teig 20 bis 30 Minuten kneten. Er wird dann auf einem eingemehlten Brett 1/4 cm dick zu einem Rechteck ausgerollt. Dann sticht man mit einem Glas oder Keksstecher 5 cm große Kreise heraus. Ein schwerer Topf oder eine Fritteuse wird 7 bis 8 cm hoch mit Öl gefüllt und auf 180 C erhitzt. Das *Puri* wird ins heiße Öl gegeben und mit einem Paar langer Holzstäbchen unter die Oberfläche gehalten. Wenn es sich aufgebläht hat, dreht man es vorsichtig um (die Oberfläche dabei nicht verletzen) und läßt es auf der anderen Seite backen. Vor dem Servieren auf saugfähigem Papier abtropfen lassen.

Kichererbsen-Muffins

ergibt 15 Muffins

3 Tassen Vollweizenmehl (Type 1700)
2 Teelöffel Meersalz
1/2 Teelöffel gemahlener Zimt
ungefähr 4 1/2 Tassen Wasser
4 Tassen gekochte, pürierte Kichererbsen

Das Backrohr wird auf 175 C vorgeheizt. Wir vermischen Mehl, Salz und Zimt gründlich und rühren das Wasser hinein. Dann füllen wir leicht geölte Muffinformen mit dem Teig halbvoll. Wir geben eine Schicht Kichererbsenpürree darüber und decken es mit Teig zu, bis die Formen zu 4/5 gefüllt sind.

(Anmerkung des Übs.: Wenn man keine Muffinformen hat, kann man Plätzchenformen (auch Mohnköpferlformen) nehmen, oder den Teig auf ein Backblech streichen.)

ABWANDLUNGEN: A. Anstelle von Vollweizenmehl kann man Mais- oder Buchweizenmehl nehmen.

B. Anstelle von Kichererbsenpürree kann man 1 Tasse Kürbis-, Süßkartoffel-, oder Kastanienpürree, Apfelmus, Rosinen, Nüsse oder Nußmuse verwenden.

Karinto

ergibt 12 bis 16 Karintos

Öl zum Frittieren
1 Tasse ungebleichtes weißes Mehl (Type 550)
1/2 Teelöffel Meersalz
1 Eßlöffel Sesamöl
6 - 8 Eßlöffel Wasser
Mehl zum Einstauben

Ein schwerer Topf oder eine Fritteuse wird 7 bis 8 cm hoch mit Öl gefüllt und auf 180 C erhitzt.

Mehl und Salz werden gründlich miteinander vermischt, das Öl zugegeben und zwischen den Handflächen gleichmäßig hineingerieben. Dann geben wir langsam das Wasser dazu und machen einen Teig daraus. Wir stauben ihn mit Mehl ein und kneten ihn leicht, bis er glatt und geschmeidig ist, etwa 3 Minuten. Dann rollen wir ihn auf einem eingemehlten Brett aus, schneiden 15 cm lange und 5 cm breite Streifen, und machen in die Mitte eines jeden Streifens einen Schlitz. Durch diesen Schlitz stecken wir ein Ende des Streifens hindurch. Wir frittieren sie im heißen Öl 3 bis 4 Minuten, bis sie knusprig und goldbraun aufgegangen sind, und legen sie auf saugfähiges Papier zum Abtropfen.

ABWANDLUNGEN: A. Man kann die Karintos auch aus folgenden Zutaten machen:

1 Tasse Vollweizenmehl
1 Tasse Buchweizenmehl
1/2 Teelöffel Meersalz
1 Eßlöffel Sesamöl
1/3 bis 1/2 Tasse Wasser

1/2 Tasse Vollweizenmehl (Type 1700)
1/2 Tasse Vollreismehl
1/2 Teelöffel Meersalz
1 Eßlöffel Sesamöl
6 bis 8 Eßlöffel Wasser

1 Tasse Hafermehl
1/2 Tasse ungebleichtes weißes Mehl (Type 550)
1/2 Tasse Meersalz
1 Eßlöffel Sesamöl
1/3 bis 1/2 Tasse Wasser

B. Folgende Zutaten werden 8 bis 10 Minuten geknetet. Man kann auch ungeröstete (schwarze) Sesamsamen während des Knetens dazugeben. Dann verarbeitet man den Teig wie oben beschrieben. Zum Entzücken der Familie kann man noch viele andere Formen erfinden.

1 Tasse Buchweizenmehl
1 Teelöffel Meersalz
1 Eßlöffel Sesamöl
1/2 Tasse Wasser
1 Eßlöffel schwarzer Sesam)

1 Tasse Hirse oder Maismehl
1/2 Tasse ungebleichtes weißes Mehl (Type 550)
1/2 Teelöffel Meersalz
1 Eßlöffel Sesamöl
1/2 Tasse Wasser

Tazuna Karinto

ergibt 18 Karinten

Öl zum Frittieren
1 Tasse Vollweizenmehl (Type 1700)
1/2 Teelöffel gemahlener Zimt
1 Eßlöffel Sesamöl
6 bis 8 Eßlöffel Wasser
Mehl zum Einstauben

Ein schwerer Topf oder eine Fritteuse wird 7 bis 8 cm hoch mit Öl gefüllt und auf kleiner Flamme auf 180 C erhitzt.

Die trockenen Zutaten werden gründlich vermischt, dann das Öl zugegeben und zwischen den Handflächen gleichmäßig hineingerieben.

Dann geben wir langsam das Wasser dazu und machen einen Teig daraus, wir kneten ihn 3 Minuten, bis er glatt und geschmeidig ist. Auf einem eingemehlten Brett wird er zu einem 1/4 cm dicken Rechteck ausgerollt, mit Mehl eingestaubt und in 1,5 mal 5 cm große Streifen geschnitten. Wir halten die Streifen an beiden Enden, drehen sie ein und frittieren sie im heißen Öl, bis sie aufgehen und knusprig und goldgelb sind. Dann lassen wir sie auf saugfähigem Papier abtropfen.

Karintoschnecken

ergibt 12 Stück

Öl zum Frittieren

A.
1 Tasse ungebleichtes weißes Mehl (Type 550)
1/2 Teelöffel Meersalz
1 Eßlöffel Sesamöl
6 bis 8 Eßlöffel Wasser

B.
2/3 Tassen ungebleichtes weißes Mehl (Type 550)
1/3 Tasse *Yannoh* (Getreidekaffee)
1/2 Teelöffel Meersalz
1 Eßlöffel Sesamöl
6 bis 8 Eßlöffel Wasser

Wir füllen einen schweren Topf oder eine Fritteuse 7 bis 8 cm hoch mit Öl und erhitzen es auf kleiner Flamme auf 180 C.

Wir verbinden die trockenen Zutaten aus A, reiben das Öl hinein, geben langsam das Wasser dazu und machen einen Teig. Wir kneten ihn etwa 3 Minuten, bis er glatt und geschmeidig ist. Dasselbe wiederholen wir mit den Zutaten aus B, und rollen beide auf einem eingemehlten Brett aus.

Dann legen wir den Teig A auf den Teig B, so daß die Kanten abschließen. Wir rollen das Ganze zu einer festen Rolle zusammen und schneiden sie in 12 Scheiben. Diese frittieren wir im heißen Öl, bis sie hellgolden und knusprig sind, und legen sie auf saugfähiges Papier zum Abtropfen.

Reis-Snacks

ergibt 1 bis 2 Dutzend

2 Tassen Vollreismehl
1/2 Teelöffel Meersalz
1 Eßlöffel Sesamöl
ungefähr 1/2 Tasse Wasser

Mehl und Salz werden gut vermischt, das Öl mit den Handflächen gleichmäßig hineingerieben, dann langsam das Wasser dazugegossen und ein Teig gemacht. Wir kneten ihn 1 bis 2 Minuten, bis er glatt und geschmeidig ist, und formen daraus kleine Bällchen, die zwischen den Handflächen glattgedrückt werden. Mit einem Holzstäbchen zeichnen wir auf jede Scheibe ein Blumenmuster. Wir braten sie in einer leichtgeölten Pfanne auf mittlerer Hitze, oder backen sie im vorgeheizten Rohr bei 175 C 20 bis 30 Minuten.

Hirse-Snacks

ergibt 1 bis 2 Dutzend

1 Tasse Hirsemehl
1 Tasse ungebleichtes weißes Mehl (Type 550)
1/2 Teelöffel Meersalz
1 Teelöffel gemahlener Zimt
2 Eßlöffel Sesam- oder Sonnenblumenöl
1/2 Tasse gehackte Erdnüsse
ungefähr 1/2 Tasse Wasser
Mehl zum Einstauben

Das Backrohr wird auf 175 C vorgeheizt. Wir vermischen die trokkenen Zutaten gründlich, geben das Öl dazu und reiben es mit den Handflächen gleichmäßig hinein. Dann geben wir die Erdnüsse und das Wasser dazu und machen einen Teig. Wir kneten ihn, bis er glatt und geschmeidig ist, rollen ihn auf einem eingemehlten Brett knapp 1 cm dick aus, und stauben ihn mit Mehl ein. Dann legen wir ihn auf ein leicht geöltes Backblech und schneiden ihn mit einem Keksroller oder einem schweren Messer in Quadrate. Wir bestreichen sie leicht mit Öl, und backen sie 25 Minuten, bis sie schön braun sind.

Soba-Snacks

ergibt 10 Stück

1 Tasse Buchweizenmehl
1 Teelöffel Meersalz
1/3 Teelöffel gemahlener Zimt
1 Eßlöffel Sesamöl
ungefähr 1/2 Tasse Wasser
10 Mandeln

Das Backrohr wird auf 180 C vorgeheizt. Wir vermischen die trokkenen Zutaten gründlich miteinander, geben das Öl zu und reiben es mit den Handflächen gleichmäßig hinein. Dann geben wir langsam das Wasser dazu und machen einen glatten dicken Teig. Wir setzen ihn löffelweise auf ein leicht eingeöltes Backblech und drücken auf jedes Plätzchen eine Mandel. Dann backen wir sie 25 Minuten schön braun.

Buchweizen-Pfannkuchen mit Adzuki-Kastanienmu

ergibt 15 Pfannkuchen

1/2 Tasse gewaschene *Adzuki*-Bohnen
1/2 Tasse geschälte Kastanien
ungefähr 6 Tassen Wasser
1 Teelöffel und 1 Prise Meersalz
2 Tassen Buchweizenmehl
1 geschlagenes Ei
Sonnenblumen- oder Sesamöl zum Braten

Für das Mus kochen wir die *Adzuki*-Bohnen in 1 1/2 Tassen Wasser 20 bis 30 Minuten, bis sie schrumplig sind. In einem anderen Topf kochen wir die Kastanien in 1 1/2 Tassen Wasser. Dann kochen wir die Bohnen und die Kastanien zusammen weitere 40 Minuten bis 1 Stunde, bis sie kremig geworden sind. Wir würzen mit 1 Teelöffel Salz, um die Süße der beiden Zutaten richtig zur Geltung zu bringen.

Wir vermischen das Buchweizenmehl mit der Prise Salz und rühren das geschlagene Ei und die restlichen 3 Tassen Wasser hinein, und machen einen glatten, dicken Teig daraus. Dann erhitzen wir eine schwere Pfanne, bestreichen sie mit dem Öl und stellen die Flamme nicht ganz klein. Wir schöpfen den Teig in die Pfanne, gerade soviel, daß der Boden damit bedeckt ist. Wenn eine Seite fertig ist, drehen wir den Pfannkuchen vorsichtig mit einem dünnen Pfannenheber um, braten ihn auf der anderen Seite. Wir streichen 1 gehäuften Eßlöffel von der *Adzuki*-Kastanien Paste auf den Pfannkuchen und falten ihn auf ein Viertel zusammen, dann legen wir ihn auf eine Platte und servieren ihn als Hauptgericht.

ABWANDLUNG: Für Crepes oder Palatschinken vermischen wir 1 Tasse Buchweizenmehl mit 1/2 Teelöffel Salz und 1/4 Teelöffel gemahlenen Zimt, rühren 1 geschlagenes Ei und 4 Tassen Wasser hinein und machen einen dünnen glatten Teig. Wie oben, schöpfen wir ihn in die heiße Pfanne, und drehen sie dabei, damit sich der Teig so dünn wie möglich verteilt. Er wird auf beiden Seiten gebraten. Will man die Palatschinken als Dessert servieren, bestreicht man sie mit Kürbis-, Süßkartoffel- oder Kastanienpürree, oder mit Apfelmus oder *Tahin*. Dieses Rezept ergibt 12 Palatschinken.

Buchweizen-Yaki

ergibt 10 bis 20 Stück

2 Tassen Buchweizenmehl
1 Teelöffel Meersalz
2 Eßlöffel Sesam- oder Sonnenblumenöl
2 Tassen kochendes Wasser

Wir heizen das Backrohr auf 175 C vor. Dann vermischen wir Mehl und Salz gut miteinander, geben das Öl dazu und reiben es zwischen den Handflächen gleichmäßig hinein. Wenn wir das kochende Wasser hineingießen, rühren wir es mit 4 langen Holzstäbchen kräftig um (damit ein Kleben möglichst vermieden wird). Wenn alles gut vermischt ist, formen wir den Teig in flache, etwa 1 cm dicke Scheiben. Dann verzieren wir sie auf eine der folgenden Arten:

Wir machen Blumen-, Blatt- oder Fächerformen
Wir schneiden sie ein, und setzen eine Erdnuß oder Mandel darauf
Wir bestreuen sie mit Sesam

Gemüsepfannkuchen

ergibt 15 Stück

1 Eßlöffel Sesamöl
1 Tasse Zwiebeln, in Sicheln geschnitten (*Mawahigiri*, S. 29)
3/4 Tasse gehobeltes Kraut
1/4 Tasse Karotte, in zündholzgroße Stücke geschnitten, (*Sengiri*, S. 26)
1 Teelöffel und 1 Prise Meersalz
1/2 Tasse Buchweizenmehl
1/2 Tasse ungebleichtes weißes Mehl (Type 550)
4 Tassen Wasser
Öl zum Braten

Wir erhitzen eine schwere Pfanne und bestreichen sie mit dem Öl. Darin sautieren wir die Zwiebel bei mittlerer Hitze, bis ihr starker Geruch aufhört, dabei rühren wir sacht um. Dann geben wir erst das Kraut, dann die Karotten dazu und sautieren sie zusammen weitere 1 bis 2 Minuten. Wir streuen eine Prise Salz darüber und stellen die Flamme ab.

Wir vermischen das Mehl und den restlichen Teelöffel Salz gut miteinander, geben das Wasser dazu und rühren den Teig bis er glatt ist. Dann erhitzen wir eine schwere Pfanne und bestreichen sie leicht mit Öl. Wir schöpfen soviel Teig in die Pfanne, daß gerade der Boden damit bedeckt ist, und breiten sofort das sautierte Gemüse über den Teig aus. Wir braten bis der Teig fest ist, dann drehen wir ihn mit einem dünnen Pfannenheber vorsichtig um, und braten die andere Seite knapp 1 Minute. Dann rollen wir den Pfannkuchen ein oder falten ihn zusammen, und servieren ihn mit einer falschen Bechamel-, oder einer klaren *Kuzu*-Gemüsesoße.

Kofu: Weizen-Gluten

Kofu ist eine wertvolle Eiweißquelle und kann zu jeder Jahreszeit gegessen werden. Er war bei den Vegetariern der ganzen Welt immer schon beliebt. *Kofu* wurde von buddhistischen Mönchen aus China in Japan eingeführt und war ein sehr verbreitetes Essen in den Zen-Tempeln. In Suppen und Eintöpfen oder mit sautiertem Gemüse schmeckt er köstlich. Ein *Kofu*-Schnitzel sieht aus und schmeckt wie Fleisch.

Hausgemachter Kofu (Weizen-Gluten)

ergibt 5 Tassen

10 Tassen Vollweizenmehl (Type 1700)
4 Tassen ungebleichtes weißes Mehl (Type 550)
2 Teelöffel Meersalz, in 5 Tassen kaltem Wasser aufgelöst

Das Mehl wird in einer großen Schüssel gut vermischt. Dann geben wir das gesalzene Wasser dazu und machen einen Teig daraus. Wir kneten ihn kräftig, bis er glatt und weich ist, etwa 20 bis 30 Minuten. In einer großen trockenen Schüssel stellen wir ihn unbedeckt beiseite, und lassen ihn 40 Minuten rasten.

Nun bedecken wir den Teig mit gut 2 1/2 Liter kaltem Wasser und kneten ihn kräftig. Wenn sich im Wasser ein kremfarbener Niederschlag zeigt, wird die Flüssigkeit abgegossen und zur Verwendung beim Backen aufbewahrt. Dann geben wir 10 Tassen frisches Wasser dazu, kneten, und schütten das Wasser ab. Diesen Vorgang wiederholen wir 5 mal, bzw. bis der Niederschlag im Wasser nur mehr gering ist. Nach dem letzten Abgießen kneten wir den Teig wieder, bis er steif ist.

Dann wickeln wir ihn in ein Tuch und dämpfen ihn über großer Flamme 30 Minuten; oder wir nehmen kleine Stückchen davon ab, etwa 2 bis 3 cm dick und legen sie in 2 1/2 Liter kochendes Wasser, und kochen sie, bis sie nach oben steigen. Dann gießen wir sie ab und kühlen sie unter fließendem Wasser gut ab. Zum Aufbewahren kaltstellen.

Man kann den *Kofu* einfach so essen, oder mit *Shoyu* würzen; oder man kann ihn auf folgende Arten zubereiten:

Kofu-Laib

2 1/2 Tassen Weizen-Gluten
1 1/2 Tassen Mehl aus süßem Vollreis
1 1/2 Tassen feines Vollweizenmehl (Type 1050 oder 1200)

Die Zutaten werden in einer großen Schüssel gut miteinander vermischt, dann kneten wir sie kräftig für 20 bis 30 Minuten, bis der Teig glatt ist. Wir formen ihn zu einem rechteckigen Laib, der 13 mal 15 cm groß und 5 cm dick ist. Dann bringen wir 1 Liter Wasser zum Kochen, und geben den Laib hinein. Wir lassen es wieder aufkochen und kochen ihn dann 20 Minuten auf kleiner Flamme; oder wir dämpfen ihn 30 Minuten über großer Flamme. Wir gießen ihn ab, und lassen ihn gut auskühlen.

Seitan

1 Eßlöffel Sesamöl
1 gehackte Ingwerwurzel
1 bis 2 Tassen *Shoyu*
5 Tassen Weizen Gluten, in kleine Stücke geteilt

Wir erhitzen eine schwere Pfanne und bestreichen sie mit dem Öl. Darin sautieren wir die Ingwerwurzel auf mittlerer Hitze 3 bis 4 Minuten, dabei rühren wir sacht um. Dann gießen wir das *Shoyu* dazu, und bringen alles zum Kochen. Dann geben wir die *Kofu*-Stücke dazu, und lassen das Ganze zugedeckt auf kleiner Flamme 3 Stunden kochen, dabei rühren wir häufig um. Jetzt nehmen wir den Deckel ab, und lassen es weiterkochen, bis die ganze Flüssigkeit aufgesogen oder verdunstet ist. Wenn wir den *Seitan* länger aufbewahren, sollten wir ihn kaltstellen.

Kofu-Schnitten

für 5 Personen

Öl zum Frittieren
250 g *Kofu*-Laib, der Länge nach in die Hälfte geschnitten
4 Tassen *Kombu-Dashi* (S. 221)
1 Teelöffel und 1 Prise Meersalz
6 Eßlöffel *Shoyu*
1 Tasse ungebleichtes weißes Mehl (Type 550)
ungefähr 2/3 Tasse Wasser
2 Tassen Semmelbrösel oder Maisgrieß
1 Eßlöffel Sesamöl
4 mittelgroße gehobelte Krautblätter
3/4 Tasse Karotte, in zündholzgroße Stücke geschnitten (*Sengiri*, S. 26)
Petersilsträußchen
5 Radieschen, in Blütenform geschnitten.

Wir füllen einen schweren Topf oder eine Fritteuse 7 bis 8 cm hoch mit Öl und erhitzen es auf kleinem Feuer auf 180 Grad. Dann geben wir die 2 *Kofu*-Hälften hinein und frittieren sie 3 bis 5 Minuten. Dann lassen wir sie abtropfen und schneiden sie der Breite nach in knapp 1 cm breite Streifen.

Wir bringen die *Dashi* zum Kochen und geben 1 Teelöffel Salz und *Shoyu* dazu. Dann legen wir die *Kofu*-Streifen hinein, bringen es wieder zum Kochen und kochen sie solange, bis die ganze Flüssigkeit aufgesogen und verdunstet ist, und der *Kofu* einen kräftigen Geschmack angenommen hat. Dann gießen wir ihn ab und tauchen ihn in einen dünnen Teig aus dem feinen weißen Mehl und 2/3 Tasse Wasser. Nun rollen wir die Streifen in den Bröseln und bedecken sie gut damit. Jetzt frittieren wir sie im heißen Öl, bis sie schön braun und knusprig sind, etwa 5 Minuten. Zum Abtropfen auf ein saugfähiges Papier legen.

Wir erhitzen eine schwere Pfanne und bestreichen sie mit dem Sesamöl. Darin sautieren wir das Kraut und die Karotten bei großer Hitze 5 Minuten, dabei rühren wir ständig. Dann bestreuen wir das Gemüse mit einer Prise Salz. Das Gemüse wird so auf den Tellern angerichtet, daß es ein Bett für die *Kofu*-Schnitzel bildet. Wir servieren das Ganze mit den Petersilsträußchen und den Radieschen garniert.

Gemüse von Land und Meer

II. Gemüse von Land und Meer

Tägliche Gemüsegerichte

Es gibt viele Arten, Gemüse zuzubereiten: Wir können es kochen, backen, dämpfen, sautieren und im heißen Öl herausbacken. Die in der Makrobiotik am meisten verwendete Methode ist Gemüse-*Nitsuke*. Es gibt zwei Möglichkeiten, *Nitsuke* zu machen. Die erste ist schnell, und das Gemüse ist knusprig, wenn es gar ist. Das Gemüse wird in dünne Streifen geschnitten (*Sengiri*, S. 26), oder in ganz dünne Stückchen, und dann in wenig Sonnenblumen- oder Sesamöl 5 Minuten bei mittlerer Hitze sautiert, dann wird das Feuer klein gestellt, und das Gemüse weitere 10 Minuten sautiert, dabei ständig umgerührt. Wir würzen es mit Salz oder *Shoyu* und nehmen es vom Feuer.

Bei der zweiten Möglichkeit verwenden wir Wasser; das Gemüse ist weicher, wenn es gar ist und kann bei der Vorbereitung in dickere Stücke geschnitten werden. Es wird auf mittlerer Hitze in Öl sautiert, dann wird soviel Wasser zugegeben, wie notwendig ist, um entweder den Pfannenboden oder das Gemüse selbst zu bedecken, das kommt auf das verwendete Gemüse an. Dann kochen wir es solange, bis es so weich ist, wie wir es gerne haben. Falls nötig, gießen wir gelegentlich etwas Wasser dazu, damit es nicht anbrennt. Wir salzen, wenn das Gemüse weich zu werden beginnt, oder nach der halben Kochzeit. *Shoyu* oder *Miso* geben wir erst am Schluß dazu. Falls noch Flüssigkeit in der Pfanne ist, das Gemüse aber schon gar ist, nehmen wir den Deckel ab, und kochen weiter, bis es verdunstet ist.

Gemüse, das viel Feuchtigkeit enthält, wie grünes Blattgemüse, kann im eigenen Saft oder in ganz wenig Wasser dünsten.

Karotten und Klettenwurzel-Kimpira für 5 Personen

- 1 1/2 Eßlöffel Sonnenblumen- oder Sesamöl
- 1 Tasse Klettenwurzel*, in dünne Stifte geschnitten (*Sengiri*, S. 26)
- 1/2 Tasse Lotoswurzel, in dünne Viertelscheiben geschnitten, (*Ichogiri*, S. 28)
- 1/2 Tasse Karotte, in dünne Stifte geschnitten, (*Sengiri*, S. 26)
- 1 Prise Salz
- 2 Eßlöffel *Shoyu*

Wir erhitzen eine schwere Pfanne und bestreichen sie mit Öl. Dann geben wir die Klettenwurzel hinein (es sollte leise zischen, wenn sie die Oberfläche der Pfanne berührt), und sautieren sie bei mittlerer Hitze, bis ihr starker Geruch aufhört, dabei rühren wir ständig um, damit die Stückchen gleichmäßig vom Öl bedeckt werden und nicht anbrennen. Nun geben wir die Lotoswurzel dazu, dann die Karotten und vermischen alles miteinander. Wir sautieren alles 1 bis 2 Minuten, und geben dann soviel Wasser dazu, daß der Boden der Pfanne bedeckt ist. Wir salzen, und kochen zugedeckt auf kleiner Flamme, bis das Gemüse weich ist, etwa 25 bis 30 Minuten, falls nötig, geben wir hin und wieder Wasser dazu. Dann nehmen wir den Deckel ab, würzen mit *Shoyu* und lassen weiterkochen, bis das Gemüse trocken ist, dabei schütteln wir die Pfanne leicht (durch umrühren werden die Klettenwurzeln klebrig). Pro Person servieren wir 2 bis 3 Eßlöffel.

ABWANDLUNGEN: A. Man kann das Verhältnis der verschiedenen Gemüse verändern, so daß Lotoswurzel die Hauptzutat ist. Im Osten wird sie gewöhnlich in der Behandlung der Atemwege verwendet.

B. Auch aus anderen Gemüsesorten kann man köstliches *Kimpira* zubereiten.

* Die nahrhafte Klettenwurzel, die in Japan angebaut wird, spielt in der Makrobiotik eine wichtige Rolle.

Klettenwurzel mit Sesam

für 5 Personen

1 Klettenwurzel (2 cm dick)
1 1/2 Eßlöffel Sonnenblumen- oder Sesamöl
Shoyu
3 Eßlöffel gerösteter Sesam

Wir schrubben die Klettenwurzel mit einer Naturborstenbürste (*Tawashi*), und schneiden sie in Stücke, die so lang sind, daß sie in unsere Pfanne passen. Wir erhitzen das Öl, geben die Klettenwurzeln hinein und sautieren sie, bis ihr starker Geruch aufhört. Dann bedecken wir sie gut mit Wasser und bringen es zum Kochen. Wir decken die Pfanne zu und dünsten, bis die Wurzelstücke weich sind und beim Einstechen einer Nadel oder eines

Zahnstochers keinen Widerstand mehr bieten. Falls nötig, geben wir während dem Kochen noch Wasser dazu. Wir würzen mit *Shoyu* und kochen weiter, bis das Gemüse trocken ist.

Jetzt schneiden wir sie in 1,5 cm lange Stücke und servieren diese aufrecht stehend mit geröstetem Sesam bestreut.

Klettenwurzel mit Miso und Zitronenschale

für 5 Personen

2 Eßlöffel Sesamöl
2 1/2 Tassen dünne Klettenwurzelscheiben
1 bis 2 Eßlöffel *Miso*
3 bis 6 Eßlöffel Wasser
3 Eßlöffel gerösteter Sesam
1 Teelöffel gehackte Zitronenschale

Wir erhitzen eine schwere Pfanne und bestreichen sie mit Öl. Darin sautieren wir die Klettenwurzelscheiben, bis ihr starker Geruch aufhört. Dann wird sie mit Wasser bedeckt und zum Kochen gebracht. Zugedeckt dünsten wir sie weich, falls nötig geben wir etwas Wasser dazu.

Das *Miso* wird mit 3 Teilen Wasser verdünnt, und in die Pfanne gegeben, wenn die Klettenwurzel gar ist. Unter Rühren kochen wir auf ganz kleiner Flamme weiter, bis die ganze Flüssigkeit verdampft ist. Dann geben wir den Sesam und die Zitronenschale dazu und kochen weitere 1 bis 2 Minuten.

Frittierte Klettenwurzelröllchen

für 5 Personen

Öl zum Frittieren
2 Tassen geriebene Klettenwurzel
1 Tasse geriebene Karotte
1/2 Tasse gehackte Zwiebel
1/2 Tasse ungebleichtes weißes Mehl (Type 550)
Shoyu

Wir füllen einen schweren Topf oder eine Fritteuse 7 bis 8 cm hoch mit Öl und erhitzen es auf 165 Grad. Dann vermischen wir Klettenwurzel, Karotte und Zwiebel, und geben soviel Mehl dazu, daß das Ganze zusammenhält. Wir legen einen gehäuften Eßlöffel davon vorne auf einen Pfannenheber oder flachen Holzlöffel, und machen ein kleines Röllchen von etwa 1 cm Durchmesser daraus. Mit Holzstäbchen stupsen wir es vorsichtig ins heiße Öl und frittieren es darin leichtbraun und knusprig. (Wenn das Öl zu heiß ist, werden die Röllchen verbrennen). Wir lassen sie auf saugfähigem Papier abtropfen, dann teilen wir sie auf 5 Eßschalen auf. Sie können von jedem selbst ganz nach Geschmack mit *Shoyu* gewürzt werden.

Klettenwurzel in Nori (Isomaki Gobo)

für 5 Personen

Öl zum Frittieren
2 Tassen geriebene Klettenwurzel
1 Teelöffel Saft einer geriebenen Ingwerwurzel
1/4 Tasse ungebleichtes weißes Mehl (Type 550)
1 Blatt *Nori*
1 Eßlöffel *Miso*
2 Eßlöffel *Tahin* (Sesammus)
Wasser

Wir füllen einen schweren Topf oder eine Fritteuse 7 bis 8 cm hoch mit Öl und erhitzen es auf 165 Grad. Dann vermischen wir die Klettenwurzel mit dem Ingwersaft und geben soviel Mehl dazu, daß das Ganze zusammenhält. Wir machen eine lange Rolle und legen sie auf den Rand des *Nori*-Blattes. Wir vermischen 1 Eßlöffel Mehl mit 1 Eßlöffel Wasser und machen eine dünne Paste. Dann rollen wir das *Nori* fest ein, und kleben den Rand der Rolle mit der Mehlpaste zu. Dann backen wir sie im heißen Öl heraus, bis sie knusprig ist, und legen sie zum Abtropfen auf saugfähiges Papier. Sie wird geschnitten, solange sie warm ist.

Wir verrühren *Miso* und *Tahin* zusammen in einem *Suribachi*, verdünnen es mit Wasser zur gewünschten Konsistenz, und gießen es über die *Nori*-Rollen.

Klettenwurzel im Teig

für 5 Personen

1 Tasse Vollweizenmehl (Type 1700)
1/2 Teelöffel Meersalz
3 Eßlöffel Sonnenblumen- oder Sesamöl
5 bis 8 cm lange Stücke Klettenwurzel
ungefähr 1/4 bis 1/2 Tasse Wasser
Shoyu
Öl zum Frittieren

Mehl und Salz werden gut vermischt, 2 Eßlöffel Öl dazugeben und zwischen den Handflächen gleichmäßig hineinreiben. Dann geben wir langsam das Wasser dazu und machen einen elastischen Teig, den wir mehrere Minuten kneten, bis er glatt ist. Wir formen ihn zu einer Kugel, schlagen ihn in ein feuchtes Tuch ein, und stellen ihn 30 Minuten kalt.

Wir erhitzen den restlichen Eßlöffel Öl in einer schweren Pfanne und sautieren die Klettenwurzeln darin, bis ihr starker Geruch aufhört. Dann bedecken wir sie mit Wasser und bringen es zum Kochen. Zugedeckt dünsten wir sie, bis sie weich sind, und beim Einstechen eines Zahnstochers oder einer Nadel keinen Widerstand mehr bieten. Wir würzen sie kräftig mit *Shoyu*, und kochen sie weiter, bis sie trocken sind.

Dann füllen wir einen schweren Topf oder eine Fritteuse 7 bis 8 cm hoch mit Öl und erhitzen es auf 175 Grad. Wir rollen den Teig auf einem eingemehlten Brett zu einem dünnen etwa 8 cm breiten Rechteck aus, legen eine Wurzel an den Rand des Teigs und rollen sie ein. Wir schneiden die Rolle vom Teig ab, und verkleben sie mit ein paar Tropfen Wasser. Die anderen Wurzeln werden genauso eingerollt. Dann legen wir die Rollen ins heiße Öl und backen sie goldgelb und knusprig. Auf saugfähigem Papier lassen wir sie abtropfen, dann schneiden wir sie in 3 cm breite schräge Scheiben.

Broccoli und Rettich mit Miso-Tunke

für 5 Personen

2 Teelöffel Meersalz
1 kleiner Broccoli, in die Röschen zerteilt
1 1/2 Tassen Rettich, in Würfel geschnitten
3 bis 5 Eßlöffel *Shoyu*
1 gehäufter Eßlöffel *Miso*
1 winzige Prise Pfeffer

Wir bringen 6 Tassen Wasser zum Kochen und geben 1 Teelöffel Salz dazu. Dann legen wir die Broccoliröschen hinein und kochen sie, bis sie leuchtend grün und weich sind, etwa 5 Minuten. Die Röschen werden sofort ins kalte Wasser getaucht, um den Kochprozeß zu unterbrechen und ihre Farbe zu fixieren und dann zum Abtropfen in ein Sieb gelegt.

Dann bringen wir 3 Tassen Wasser in einem anderen Topf zum Kochen und geben den restlichen Teelöffel Salz dazu. Darin werden die Rettichwürfel gekocht, bis sie weich sind, etwa 5 bis 10 Minuten. Wir würzen leicht mit *Shoyu* und kochen noch ein paar Minuten weiter. Dann gießen wir sie ab und lassen sie auskühlen.

Das Miso wird in einem *Suribachi* verrührt und eine winzige Prise Pfeffer und etwas Wasser dazugegeben, damit es eine dicke kremige Konsistenz bekommt. Wir richten 2 oder 3 Broccoliröschen und 5 oder 6 Rettichwürfel auf einem Teller an, mit einem kleinen Häufchen *Miso*kreme zum Tunken. Das Ganze wird mit Zimmertemperatur serviert.

Broccoli mit Soße

für 5 Personen

1/2 Teelöffel Meersalz
1/2 kleiner Broccoli, in die Röschen zerteilt
Falsche Bechamelsoße (S. 254)
Petersilsträußchen

Wir bringen in einem kleinen Topf Wasser zum Kochen und geben das Salz dazu. Dann legen wir die Broccoliröschen hinein, bringen es wieder zum Kochen und kochen sie, bis sie leuchtend grün und weich sind, etwa 5 Minuten. Dann tauchen wir sie sofort in kaltes Wasser, um den Kochprozeß zu unterbrechen, und lassen sie in einem Sieb abtropfen.

Wir bereiten die falsche Bechamelsoße zu, geben die Broccoliröschen 5 Minuten bevor die Soße fertig ist, dazu, und kochen es zusammen fertig. Wir garnieren das Ganze mit den Petersilsträußchen.

Kraut- und Karotten-Nitsuke

für 5 Personen

2 Eßlöffel Sesamöl
4 oder 5 kleingehackte Krautblätter
1/2 kleine Karotte, in zündholzgroße Stücke geschnitten (*Sengiri*, S. 26)
ungefähr 1/2 Teelöffel Meersalz

Das Öl wird in einer schweren Pfanne erhitzt, das Kraut dazugegeben, und kurz auf großer Hitze sautiert, dabei ständig umgerührt. Nach 1 oder 2 Minuten geben wir die Karotten dazu und sautieren beides zusammen, dann dünsten wir es auf ganz kleiner Flamme zugedeckt 10 bis 15 Minuten. Nach Geschmack mit Salz würzen.

Kraut mit Sesam

für 5 Personen

1 Teelöffel und eine Prise Meersalz
4 oder 5 Krautblätter
1 Eßlöffel Sesamöl
1/2 Karotte, in zündholzgroße Stückchen geschnitten (*Sengiri*, S. 26)
2 Eßlöffel gewaschener Sesam
1 Eßlöffel *Shoyu*
ungefähr 3 Eßlöffel Wasser

Wir bringen in einem Topf Wasser zum Kochen, (gerade soviel, daß die Krautblätter davon bedeckt werden) und geben 1 Teelöffel Salz dazu. Mit langen Holzstäbchen halten wir die dicken Stränge der Krautblätter unter Wasser und kochen sie, bis sie weich sind. Dann tauchen wir den oberen Teil der Blätter einen Moment unter, gießen sie ab, und hacken sie fein.

Wir erhitzen das Öl in einer schweren Pfanne, sautieren darin die Karotte unter ständigem Umrühren, bis sie weich zu werden beginnt. Dann würzen wir sie mit einer Prise Salz und nehmen sie vom Feuer.

In einer anderen Pfanne rösten wir den Sesam über mäßiger Hitze, bis die Samen braun sind und duften, etwa 4 bis 5 Minuten, dabei rühren wir ständig um und schütteln die Pfanne, damit sie nicht verbrennen. Wir mahlen den Sesam dann in einem *Suribachi* mit *Shoyu* und Wasser zu einer Paste, geben das Kraut und die Karotten dazu, und vermischen alles gut miteinander.

Krautwickel

ergibt 10 Stück

10 Krautblätter
3 *Shitake* (getrocknete japanische Pilze)
2 Eßlöffel Sesamöl
1 kleine Zwiebel, in dünne Sicheln geschnitten, (*Mawashigiri*, S. 29)
1 kleine Karotte, in dünne Streifen geschnitten, (*Sengiri*, S. 26)
1 Prise Meersalz
1 Stück *Kombu*, etwa 5 cm^2
4 bis 6 Eßlöffel *Shoyu*
1 Tasse falsche Bechamelsoße, (S. 254)
1 oder 2 Teelöffel gehackte Petersilie

Wir geben die Krautblätter in ein Sieb und übergießen sie mit kochendem Wasser, bis sie welk werden. Wir lassen sie kurz abtropfen, dann beschneiden wir die Stränge so, daß sie glatt und weich sind, und legen die Blätter beiseite. Die *Shitake*-Pilze werden in leichtgesalzenem Wasser eingeweicht, dann die harten Stengel entfernt, und die weichen Köpfe in feine Scheiben geschnitten.

Wir erhitzen eine schwere Pfanne und bestreichen sie mit Öl. Darin sautieren wir die Zwiebel bei mittlerer Hitze, bis sie leicht braun ist, etwa 5 Minuten. Dann geben wir die Karotte und dann die Pilze dazu und mischen alles zusammen. Mit einer Prise Salz würzen und die Flamme abstellen.

Wir legen 2 bis 3 Eßlöffel des sautierten Gemüses auf den Rand eines Krautblattes und wickeln das Blatt einmal um die Füllung herum. Dann schlagen wir die Seiten des Blattes ein, rollen es ganz zusammen und stecken es mit einem Holzspießchen fest. Die anderen Wickel werden genauso zubereitet.

Das *Kombu* wird in einen Topf gegeben und die Krautwickel daraufgelegt. Wir bedecken das Ganze mit Wasser und bringen es schnell zum Kochen. Nachdem es 10 Minuten gekocht hat, würzen wir mit 1 Tasse *Shoyu* pro Tasse Wasser und kochen weitere 10 Minuten. Dann stellen wir die Flamme ab, und gießen die Krautwickel ab. Wir übergießen sie mit der falschen Bechamelsoße und bestreuen sie mit der gehackten Petersilie.

Überbackener Krautwickel

ergibt 10 Wickel

1 Tasse *Kombu-Dashi* (S. 221)
2 Eßlöffel *Shoyu*
60 g *Kofu* (S. 132), oder 5 Eßlöffel gehackten *Seitan*
30 g *Büfun* (Glasnudeln), oder 30 gekochte Vermicelli Nudeln
10 Krautblätter
2 Eßlöffel Sonnenblumen- oder Sesamöl
1 kleine gehackte Zwiebel
1 kleine Karotte, in dünne Streifen geschnitten, (*Sengiri*, S. 26)
1 Prise Meersalz
Öl
1 Tasse falsche Bechamelsoße, (S. 254)
2 Eßlöffel gehackte Petersilie

Dashi, Shoyu und *Kofu* (oder *Seitan*) werden in einem Topf zum Kochen gebracht und solange gekocht, bis die ganze Flüssigkeit aufgesogen oder verdunstet ist, und der *Kofu* einen kräftigen Geschmack angenommen hat. Dann schneiden wir ihn in Würfel. Wir kochen die Glasnudeln 2 bis 3 Minuten, gießen sie ab, und schneiden sie auf 5 cm Länge. Dann werden die Krautblätter in ein Sieb gegeben. und mit kochendem Wasser übergossen, bis sie welk werden. Wir lassen sie kurz abtropfen und beschneiden die Stränge so, daß sie glatt und weich sind, dann legen wir die Blätter beiseite.

Wir erhitzen eine schwere Pfanne und bestreichen sie mit Öl. Darin sautieren wir die Zwiebel bei mittlerer Hitze, bis sie leicht braun ist, etwa 5 Minuten. Dann geben wir die Karotte, und dann den *Kofu* (oder *Seitan*) dazu und sautieren alles leicht. Salzen, die *Büfun*-Nudeln dazugeben, das Ganze vermischen und vom Feuer nehmen.

Wir legen 2 bis 3 Eßlöffel der Gemüse-Nudelmischung auf den Rand eines Krautblattes. und wickeln es einmal um die Füllung herum, dann schlagen wir die Seiten des Blattes ein, rollen es ganz zusammen, und stecken es mit einem Holzspießchen fest. Die anderen Wickel werden genauso zubereitet.

Wir legen die Wickel auf ein großzügig geöltes Backblech und backen sie im vorgeheizten Rohr bei 220 Grad 15 Minuten.

Die einzelnen Portionen übergießen wir mit der falschen Bechamelsoße und bestreuen sie mit der gehackten Petersilie.

Chinakohlröllchen

für 5 Personen

1 1/2 Teelöffel Meersalz
9 Blätter Chinakohl
1 Bund Brunnenkresse oder 125 g Spinat

Wir bringen 6 Tassen Wasser zum Kochen und geben 1 Teelöffel Salz dazu. Mit langen Holzstäbchen halten wir die Stränge der Chinakohlblätter unter Wasser, und kochen sie, bis sie gerade weich sind. Dann tauchen wir den oberen Teil der Blätter einen Moment unter Wasser, und geben die Blätter sofort in kaltes Wasser. Wir lassen sie kurz abtropfen, und beschneiden die Stränge so, daß sie glatt und weich sind.

In einem kleinen Topf bringen wir Wasser zum Kochen (gerade soviel, daß die Brunnenkresse davon bedeckt wird) und geben den restlichen 1/2 Teelöffel Salz dazu. Dann legen wir die Brunnenkresse, oder den Spinat hinein und kochen sie solange, bis die Stengel weich sind. Wir tauchen das Gemüse sofort in kaltes Wasser, um den Kochprozeß zu unterbrechen, und drücken dann überschüssiges Wasser aus den Blättern heraus.

Wir legen 3 Chinakohlblätter auf ein Holzbrett oder eine Bambusmatte (*Sudare*), so daß sich die Blätter überschneiden (die Blattspitzen und die Blattstiele werden dabei in der Richtung abgewechselt). Dann werden die Brunnenkresse oder die Spinatblätter in einer sauberen Doppelreihe quer über die Mitte gelegt und das Ganze zu einer festen Rolle der Breite nach zusammengewickelt. Die übrigen Zutaten werden genauso verarbeitet, dann werden die Rollen in 2 bis 3 cm dicke Scheiben geschnitten und mit Zitronen- oder Orangen-*Shoyu* (S. 257) angerichtet.

ABWANDLUNG: Um die Rollen farbiger zu gestalten, können wir gekochte Karottenstückchen mit einrollen.

Karotten mit grünen Bohnen und Tofu

für 5 Personen

1 Teelöffel Meersalz
10 grüne Bohnen, gewaschen und entfädelt
1 Eßlöffel Sesamöl
1 kleine Karotte, in dünne Streifen geschnitten, (*Sengiri*, S. 26)
1/2 Stück *Tofu*, abgetropft und pürriert (S. 275)

In einem kleinen Topf wird Wasser (gerade soviel, um die Bohnen zu bedecken) zum Kochen gebracht, und 1/2 Teelöffel Salz dazugegeben. Die grünen Bohnen werden hineingegeben, wieder zum Kochen gebracht, und solange gekocht, bis sie leuchtend grün und gerade weich sind, etwa 5 Minuten. Dann tauchen wir sie sofort in kaltes Wasser, um den Kochprozeß zu unterbrechen. Wir lassen sie abtropfen, und schneiden sie in feine schräge Scheiben.

In einem schweren Topf erhitzen wir das Öl und sautieren darin die Karotte 5 Minuten, dabei rühren wir sie ständig, um die Stückchen gleichmäßig mit Öl zu bedecken. Wir würzen sie mit dem übrigen Teelöffel Salz, nehmen sie vom Feuer, und lassen sie abkühlen.

Die abgekühlten grünen Bohnen und die sautierte Karotte werden gründlich mit dem *Tofu* vermischt, kleine Portionen davon als köstliche Beilage serviert, und nach Geschmack mit *Shoyu* gewürzt.

Weiße Karottenspeise (Ninjin Shiro-Ae) 5 Personen

30 g *Shiritaki* (Glasnudeln)
1 Eßlöffel Sonnenblumen- oder Sesamöl
1 kleine Karotte, in dünne schräge Scheiben geschnitten
1/2 Teelöffel Meersalz
1 Eßlöffel gerösteter Sesam
1/2 Stück *Tofu*, abgetropft und pürriert, (S. 275)
Shoyu

Die *Shiritaki*-Nudeln werden in einen Topf mit kochendem Wasser gegeben und 2 bis 3 Minuten gekocht, abgegossen und beiseite gestellt.

Die Karotte wird in Öl bei mittlerer Hitze sautiert, bis sie weich zu werden beginnt. Dann geben wir die Nudeln dazu, und sautieren beides einige Minuten zusammen. Wir salzen, nehmen es vom Feuer und lassen es abkühlen.

Wir mischen das Gemüse und die Nudeln mit dem Sesam und dem *Tofu* zusammen und würzen mit *Shoyu* nach Geschmack.

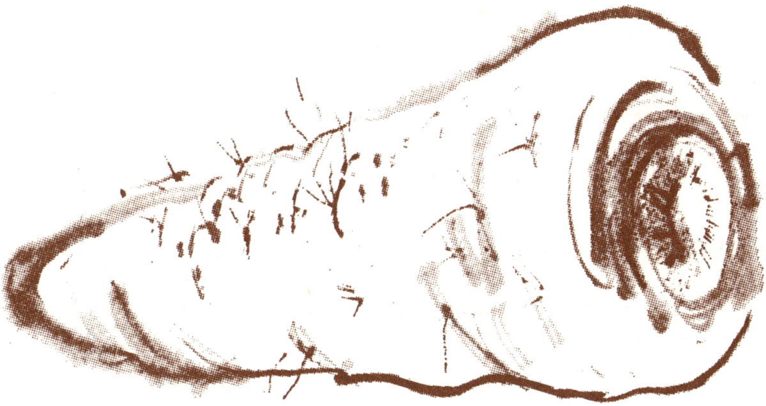

Karotten mit Sesam (Ninjin Soboro) für 5 Personen

1 Eßlöffel Sesamöl
1 Tasse geriebene Karotte
1/2 Teelöffel Meersalz
2 Eßlöffel gerösteter Sesam

Wir erhitzen Öl in einer schweren Pfanne, sautieren die Karotte darin bei mittlerer Hitze unter ständigem Umrühren 5 Minuten. Dann salzen wir sie und geben den Sesam dazu. Umrühren, einige Minuten weitersautieren und servieren.

Sellerie-Nitsuke

für 5 Personen

1 bis 2 Stangensellerie
1 Eßlöffel Sonnenblumen- oder Sesamöl
Shoyu

Wir schneiden den Stangensellerie schräg in mundgerechte Scheiben. Dann erhitzen wir Öl in einer Pfanne und sautieren ihn kurz über großer Flamme mehrere Minuten. Wir bedecken den Boden der Pfanne mit einer Mischung aus gleichen Teilen *Shoyu* und Wasser und kochen den Sellerie nach Wunsch mehr oder weniger weich.

Sellerie mit Sesam

für 5 Personen

1 Stangensellerie
1/2 Teelöffel Meersalz
3 Eßlöffel gewaschener (schwarzer) Sesam
1 bis 2 Eßlöffel *Shoyu*
2 Eßlöffel Wasser

Der Sellerie wird in dicke Späne geschnitten (Sasagaki, S. 31). Wir bringen in einem kleinen Topf Wasser zum Kochen und geben das Salz hinein. Dann geben wir den Sellerie dazu, kochen ihn 30 Sekunden, und lassen ihn gut abtropfen und auskühlen.

In einer schweren Pfanne rösten wir den Sesam bei mäßiger Hitze, bis er braun ist und duftet, etwa 5 Minuten. Dann mahlen wir ihn in einem *Suribachi* mit *Shoyu* und Wasser zu einer Paste, geben den Sellerie dazu, und vermischen ihn gut damit. Eine köstliche Beilage, die gut zu Fisch paßt.

ABWANDLUNG: Wir schneiden die Stangen in 4 cm lange Stücke und geben sie in gesalzenes kochendes Wasser, wir kochen sie weniger als eine Minute, lassen sie abtropfen und schneiden jedes Stück in dünne Streifen, die wir gut mit einer Mayonnaise (S. 261), die leicht mit *Shoyu* gewürzt ist, vermischen.

Gurken mit Wakame und Walnuß-Miso

für 5 Personen

1 Tasse *Wakame*
1 Gurke
1 Prise Meersalz
Walnuß-*Miso* (S. 259)

Wir weichen die *Wakame*-Algen 10 bis 15 Minuten in Wasser ein, bis sie weich und biegsam sind. Die Blätter werden von den harten Stengeln getrennt und in kleine Stücke geschnitten.

Dann schneiden wir die Enden der Gurke ab und reiben damit die Schnittflächen ein, bis kein Schaum mehr herauskommt. Wir spülen den Schaum ab und schneiden die Gurke in dünne schräge Scheiben. Dann reiben wir Salz in die Scheiben und stellen sie 10 Minuten beiseite. Nun wird die überschüssige Flüssigkeit aus den Gurken herausgepresst.

Wir mischen die *Wakame*blätter und Gurken zusammen, und servieren sie mit einer Walnuß-Miso-Tunke.

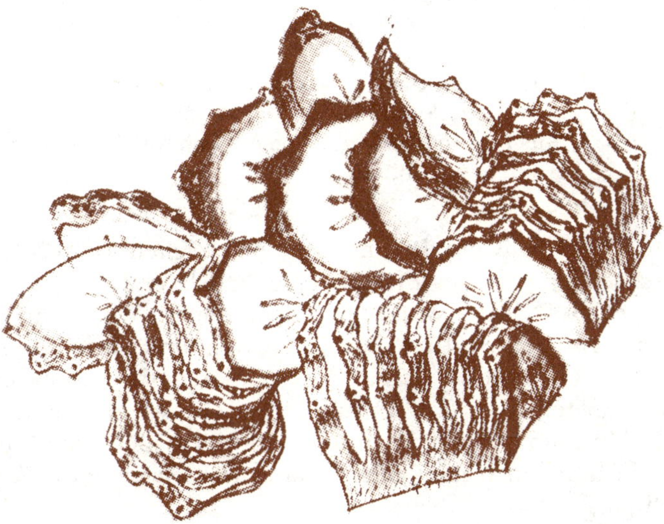

Gurke mit Miso und Sesam

für 5 Personen

2 Gurken
1 Teelöffel *Miso*
3 bis 4 Teelöffel Wasser
1 Eßlöffel gerösteter Sesam

Wir schneiden die Enden der Gurke ab und reiben damit die Schnittflächen solange ein, bis kein weißer Schaum mehr herauskommt. Wir waschen den Schaum ab und schneiden eine Gurke in dünne schräge Scheiben; die andere schneiden wir der Länge nach in die Hälfte, schneiden die Hälften in große Stücke und diese wiederum schneiden wir mehrmals so ein, daß sie am Boden zusammenbleiben. Dann verdünnen wir das *Miso* mit dem Wasser und vermischen die Gurken gut damit. Wir servieren sie bestreut mit geröstetem Sesam.

Rettich-Nitsuke (Daikon Mizunahidaki)

für 5 Personen

2 Eßlöffel Sonnenblumen- oder Sesamöl
1 1/2 Tassen Zwiebel, in dünne Sicheln geschnitten, (*Mawashigiri*, S. 29)
3/4 Tasse Karotten, in kleine Fächer geschnitten, (*Ichogiri*, S. 28)
3 Stücke *Aburage* (gebratener Bohnenkäse), in dünne Streifen geschnitten
Shoyu

Wir erhitzen eine schwere Pfanne und bestreichen sie mit dem Öl. Darin sautieren wir die Zwiebeln bei mittlerer Hitze, bis sie glasig sind, etwa 2 bis 3 Minuten, dabei rühren wir sacht um. Dann geben wir den Rettich, die Karotten und den Bohnenkäse, in dieser Reihenfolge dazu und sautieren sie jeweils kurz dabei. Wir dünsten das Ganze zugedeckt auf kleiner Flamme 15 bis 20 Minuten. Nur falls nötig, damit es nicht anbrennt, geben wir ein bißchen Wasser hinzu. Dann würzen wir mit *Shoyu* nach Geschmack.

Gedämpfter Rettich (Furofuki Daikon)

Kombu Dashi (S. 221) — für 5 Personen
10 Rettichscheiben, 2 cm dick
Meersalz
3 Eßlöffel (schwarzer) gewaschener Sesam
1 Eßlöffel *Miso*

Wir geben *Kombu Dashi* (5 bis 8 cm hoch) in den unteren Teil eines Dampftopfes, legen den Rettich in den Einsatz darüber und dämpfen ihn 20 bis 30 Minuten, bzw. bis er weich ist und beim Einstechen mit einer Nadel oder einem Zahnstocher keinen Widerstand mehr bietet. Den Rettich mit Salz würzen, damit sein süßer Geschmack voll zur Geltung kommt.

Wir rösten den Sesam in einer schweren Pfanne bei mäßiger Hitze, bis er leicht braun ist und duftet, dabei rühren wir ihn ständig. Dann mahlen wir ihn in einem *Suribachi* zu einer Paste, geben das *Miso* dazu, und verdünnen das Ganze mit 2 bis 3 Eßlöffeln der *Kombu Dashi*, mit der wir den Rettich gedämpft haben.

Wir teilen den Rettich in 5 Eßschalen auf und begießen ihn mit der Sesam-*Miso*-Soße.

ABWANDLUNG: Wir bringen 5 bis 6 Tassen *Kombu Dashi* (genug, um den Rettich gut zu bedecken) zum Kochen und geben 1 bis 2 Eßlöffel *Shoyu* pro Tasse *Dashi* dazu. Darin kochen wir den Rettich, bis er weich ist, etwa 30 Minuten. Wir servieren ihn so wie er ist, oder mit Sesam-*Miso*-Soße übergossen.

Nitsuke aus Rettichblättern Daikon no Ha Nitsuke

für 5 Personen

2 Eßlöffel Sesamöl
kleingeschnittene Blätter von 1 Rettich
1/4 Stück *Tofu*, in kleine Stückchen geschnitten
Shoyu

Wir erhitzen das Öl in einer schweren Pfanne und sautieren

die Blätter darin, bis sie welk werden, etwa 5 Minuten. Dann geben wir den Tofu dazu und sautieren beides zusammen weitere 1 bis 2 Minuten. Wir würzen mit *Shoyu* nach Geschmack. Köstlich mit braunem Reis serviert.

Nitsuke aus getrocknetem Rettich

für 5 Personen

(Kiriboshi Daikon Nitsuke)

30 g getrockneter Rettich
2 Eßlöffel Sesamöl
3 Stücke *Aburage*, in dünne Streifchen geschnitten
Shoyu

Der Rettich wird in kaltem Wasser eingeweicht und in 2,5 cm lange Stücke geschnitten. In einer Pfanne erhitzen wir Öl und sautieren darin den Rettich bei mittlerer Hitze für 5 Minuten. Dann geben wir den *Aburage* dazu und schütteln die Pfanne, um alles zusammenzumischen. Wir bedecken es mit Wasser und bringen es zum Kochen, dann decken wir die Pfanne zu. Wir kochen es, bis der Rettich weich ist, etwa 30 bis 40 Minuten, und geben falls nötig etwas Wasser dazu. Dann würzen wir mit *Shoyu* und kochen die Speise, bis sie trocken ist.

ABWANDLUNG: Man kann den trockenen Rettich vor dem Kochen in kaltem Wasser einweichen. Das Einweichwasser wird zum Kochen verwendet, und die Kochzeit entsprechend verkürzt.

Rettichröllchen (Katsura Maki) für 5 Personen

1 mittelgroßer Rettich, in 5 gleiche Teile geschnitten
Meersalz
1/2 Bund Brunnenkresse
1 Teelöffel Sesamöl
10 dünne schräge Scheiben einer Karotte
1/4 Stück *Tofu*, abgetropft und pürriert (S. 275)
1 Teelöffel Zitronensaft

Jedes Rettichstück wird bis zur Hälfte seiner Dicke in einen ununterbrochenen langen Streifen geschält. Wir rollen die Streifen aus, und bestreuen sie leicht mit Salz. Dann rollen wir sie wieder zusammen, drücken wir sie mit den Handflächen weich, und legen sie beiseite.

In einem kleinen Topf bringen wir Wasser zum Kochen und geben etwas Salz dazu. Wir geben die Brunnenkresse hinein, bringen es wieder zum Kochen, und kochen sie 1 bis 2 Minuten. Dann tauchen wir sie sofort in kaltes Wasser, lassen sie in einem Sieb kurz abtropfen, legen sie zu einem Bündel zusammen, und schneiden sie in 4 cm große Häufchen.

Wir erhitzen das Öl in einer schweren Pfanne und sautieren die Karottenscheiben bei mittlerer Hitze, bis sie weich zu werden beginnen, etwa 5 Minuten, dann würzen wir sie mit einer Prise Salz und nehmen sie vom Feuer. Wenn sie auf Zimmertemperatur abgekühlt sind, mischen wir sie mit dem *Tofu* zusammen.

Dann entrollen wir die Rettichstreifen, streichen die *Tofu*-Karottenmischung darauf, setzen ein Häufchen Kresse darüber, und wickeln das Ganze zu einer festen Rolle zusammen. Wir binden sie mit einem Faden an 2 Punkten, etwa 1 cm vom Rand entfernt fest, schneiden die Rolle in die Hälfte, entfernen den Faden wieder, und beträufeln jedes Röllchen mit 1 oder 2 Tropfen Zitronensaft.

Sautierte Auberginen (Yaki Nasu) für 5 Personen

5 kleine Auberginen
2 Eßlöffel Sesamöl

Wir schneiden die Auberginen der Länge nach in die Hälfte. Die Außenseiten schneiden wir in einem Schachbrettmuster knapp 1 cm tief ein. Dann erhitzen wir das Öl in einer Pfanne, und sautieren die Auberginen auf kleiner Flamme, bis sie braun und weich sind. Wir richten sie mit *Goma Miso* an.

ABWANDLUNG: Wir sautieren die ganzen Auberginen im Öl, bis sie weich sind und beim Einstechen mit einem Zahnstocher keinen Widerstand mehr bieten. Dann schneiden wir die Spitzen ab und schälen sie. Wir richten sie mit Walnuß-*Miso* an.

Überbrühter Rettich mit Karotte (Daikon Onamasu
für 5 Personen

1 1/2 Tassen Rettich, in zündholzgroße Stücke geschnitten, (*Sengiri*, S. 26)
1/2 Tasse Karotten, in zündholzgroße Stücke geschnitten, (*Sengiri*, S. 26)
Meersalz
1/2 bis 1 Teelöffel gehackte Zitronenschale
1 Tasse *Shoyu*
1 Tasse Wasser
1 Teelöffel Zitronensaft

Wir bestreuen Rettich und Karottenstückchen mit Salz und geben sie in 2 verschiedene Siebe. Dann übergießen wir sie mit kochendem Wasser, pressen sie, um sie weich zu machen, und lassen sie gründlich abtropfen. Wir vermischen beides zusammen mit der Zitronenschale und servieren es mit einer Tunke aus gleichen Teilen Wasser und *Shoyu* und ein bißchen Zitronensaft. Köstlich zu tierischer Nahrung, die *yang* ist; wunderbar erfrischend im Sommer.

Endivien-Sesam-Nitsuke für 5 Personen

1 Eßlöffel Sesamöl
5 kleine belgische Endivien
2 Eßlöffel *Tahin* (Sesammus)
2 Eßlöffel *Shoyu*
2 Eßlöffel Wasser

Wir erhitzen eine schwere Pfanne und bestreichen sie mit dem Öl. Vorsichtig geben wir die ganzen Endivien hinein und sautieren sie über kleiner Flamme 2 bis 4 Minuten. Wir setzen den Deckel auf die Pfanne und dünsten sie weitere 10 Minuten. Dann vermischen wir Tahin, Wasser und *Shoyu*, geben es dazu, kochen alles zusammen, bis die Endivien weich sind, etwa 15 Minuten.

Zwiebel-Nitsuke mit Sesam für 5 Personen

1 Eßlöffel Sesam- oder Sonnenblumenöl
3 Tassen Zwiebeln, in dünne Sicheln geschnitten, (*Mawashigiri*, S. 29)
1 Teelöffel Meersalz
1 oder 2 Eßlöffel gewaschener Sesam

Wir erhitzen das Öl in einer schweren Pfanne, darin sautieren wir die Zwiebeln bei mittlerer Hitze, bis sie leicht braun sind, etwa 5 Minuten, und rühren dabei sacht um. In einer anderen Pfanne rösten wir den Sesam bei mäßig hoher Hitze, bis er leicht braun ist und duftet. Dann rühren wir den Sesam in die Zwiebeln, vermischen es gut und richten es an.

Zwiebel-Nitsuke mit Miso für 5 Personen

2 Eßlöffel Sesamöl
2 mittelgroße Zwiebeln, in dünne Halbmonde geschnitten
1 gehäufter Eßlöffel *Miso*, mit 1/3 Tasse Wasser verdünnt

Das Öl wird in einer schweren Pfanne erhitzt, darin die Zwiebel bei mittlerer Hitze sautiert, bis sie leicht braun ist, etwa 5 Minuten, dabei rühren wir sacht um. Dann wird das verdünnte *Miso* dazugegeben, die Pfanne zugedeckt, und auf kleiner Flamme gekocht, bis die Zwiebeln weich sind und alle Flüssigkeit verdunstet ist, etwa 20 bis 30 Minuten. Während des Kochens nicht umrühren!

Zwiebel mit Sesam-Miso

für 5 bis 6 Personen

2 mittelgroße Zwiebeln
1 Teelöffel Meersalz
1 Eßlöffel *Miso*
1 Eßlöffel *Tahin* (Sesammus)

Jede Zwiebel wir in 6 Halbmonde geschnitten. In einem kleinen Topf bringen wir soviel Wasser zum Kochen, daß die Zwiebeln davon bedeckt sind, und geben das Salz hinein. Dann geben wir die Zwiebeln dazu, bringen es wieder zum Kochen, und kochen, bis sie weich sind, etwa 15 bis 20 Minuten. *Miso* und und *Tahin* werden im *Suribachi* verrührt und mit 2 oder 3 Eßlöffeln Wasser verdünnt. Die Zwiebeln werden dazugegeben, und alles miteinander vermischt.

Chrysanthemen-Zwiebeln (Kiku-Zwiebeln)

für 5 Personen

5 mittelgroße Zwiebeln
4 Tassen *Kombu Dashi* (S. 221)
2 Teelöffel Meersalz
3/4 Tasse Kürbismus, oder leicht gesalzene Karotte

Die Zwiebeln werden bis zu 3/4 ihrer Höhe geviertelt, der Boden wird dabei nicht durchgeschnitten. Mit der *Dashi* und dem Salz bringen wir sie zum Kochen, kochen sie 15 Minuten, nehmen sie heraus und lassen sie abtropfen. Vorsichtig schneiden wir jedes Viertel der Länge nach nochmal in die Hälfte, und ziehen sie auseinander, in die Form einer Chrysanthemenblüte. Wir füllen die Mitte der Zwiebeln mit dem Kürbispürree oder der geriebenen Karotte, und servieren sie mit *Goma Miso* (S. 259).

Schalotten mit Sesam

für 5 Personen

1 Teelöffel Meersalz
100 g Schalotten, in 2,5 cm dicke Stücke geschnitten
2 Eßlöffel *Shoyu*
3 Eßlöffel gewaschener Sesam
1 bis 2 Eßlöffel Wasser

Wir bringen 4 bis 6 Tassen Wasser zum Kochen, und salzen es. Dann geben wir die Schalotten hinein, bringen es wieder zum Kochen, und kochen sie bis sie hellgrün sind, etwa 1 bis 2 Minuten. Wir tauchen sie sofort in kaltes Wasser und lassen sie dann gut abtropfen.

Der Sesam wird in einer schweren Pfanne bei mäßig hoher Hitze leicht geröstet, bis er duftet, dabei rühren wir ihn ständig um, und schütteln die Pfanne, damit er gleichmäßig braun wird. Dann mahlen wir die Samen in einem *Suribachi* mit *Shoyu* und Wasser zu einer Paste und mischen die Schalotten darunter.

Auberginen mit Miso (Nabeshiki-Yaki) für 5 Personen

5 kleine Auberginen
2 Eßlöffel Sesamöl
2 bis 3 Eßlöffel *Miso*

Wir schneiden die ganzen Auberginen in dünne Scheiben und sautieren sie in Öl auf kleiner Flamme 2 bis 3 Minuten, dabei rühren wir sie leicht um. Dann bedecken wir sie bis zur Hälfte mit Wasser und dünsten sie 15 bis 20 Minuten. Das *Miso* wird mit gleichen Teilen Wasser verrührt und zu den Auberginen gegeben, die wir weiterdünsten, bis sie trocken sind. Am Schluß soll man nicht mehr umrühren, damit die Auberginen nicht zerdrückt werden.

ABWANDLUNG: Wir füllen einen schweren Topf oder eine Fritteuse 7 bis 8 cm hoch mit Öl, und erhitzen es auf 175 Grad. Die Auberginen werden der Länge nach in die Hälfte geschnitten und ihre Außenseite schräg eingeritzt. Wir frittieren sie im heißen Öl, bis sie gar sind und knusprig, etwa 2 bis 3 Minuten. Zum Abtropfen legen wir sie auf ein saugfähiges Papier, dann servieren wir sie mit einer *Tsuke-jiru* Tunke (S. 257)

Schalotten mit Tofu-Nitsuke

für 5 Personen

1 Eßlöffel Sonnenblumen- oder Sesamöl
100 g Schalotten, in 2,5 dicke Stücke geschnitten
1/2 Stück *Tofu*, in kleine Stücke geschnitten
Shoyu

Wir erhitzen eine schwere Pfanne, und bestreichen sie mit dem Öl. Darin sautieren wir die Schalotten (zuerst die Wurzeln, dann das Grüne, dann das Weiße) bei mittlerer Hitze 2 bis 3 Minuten, dabei rühren wir ständig um. Dann geben wir die *Tofu*-Stückchen dazu, und sautieren alles zusammen noch eine Minute weiter. Wir geben ein bißchen Wasser hinein, so daß der Boden der Pfanne bedeckt ist, und dünsten es 15 bis 20 Minuten. Wir würzen mit *Shoyu* nach Geschmack, und dünsten weiter, bis das Ganze trocken ist.

Schalotten und Wakame-Nuta

für 5 Personen

1 Tasse *Wakame*
1/2 Teelöffel Meersalz
3 bis 4 Schalotten, in 2,5 cm dicke Stücke geschnitten
1 Eßlöffel *Miso*
1 Eßlöffel *Tahin* (Seammus)
4 bis 5 Eßlöffel Wasser

Wir weichen die *Wakame*-Algen in kaltem Wasser ein, bis sie weich und biegsam sind, etwa 10 bis 15 Minuten. Die Blätter werden von den harten Stengeln getrennt und beiseite gelegt.

In einem kleinen Topf bringen wir soviel Wasser zum Kochen, daß die Schalotten gerade davon bedeckt werden, und geben das Salz dazu. Dann geben wir die Schalottenstücke hinein, bringen es wieder zum Kochen, und kochen sie, bis sie leuchtend grün sind, etwa 1 bis 2 Minuten. Wir tauchen sie sofort in kaltes Wasser und lassen sie dann gut abtropfen.

In einem *Suribachi* verrühren wir *Miso* und *Tahin* mit dem Wasser, geben die *Wakame*-Blätter dazu, und vermischen alles gut miteinander.

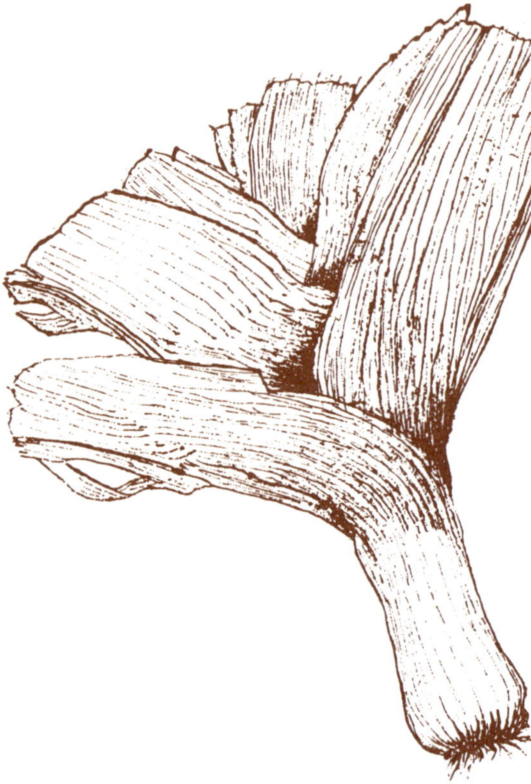

Gegrillte Schalotten (Dengaku) für 5 Personen

4 oder 5 Schalotten oder Lauchstengel, in 4 cm lange Stükke geschnitten
ungefähr 1/2 Tasse Walnuß-*Miso* (S. 259)

4 Schalottenstückchen werden jeweils auf einen Grillspieß gesteckt und schön braun gegrillt. Dann tauchen wir sie in Walnuß *Miso* und grillen sie nochmals 1 Minute, bevor wir sie anrichten.

Karotten-Yuzu-su

für 5 Personen

1 Eßlöffel Sesamöl
2 Tassen Karotten, in dünne Viertelscheiben geschnitten, (*Ichogiri* S. 28)
5 bis 6 Tropfen Zitronensaft
1/2 Teelöffel Meersalz

Wir erhitzen eine schwere Pfanne und bestreichen sie mit Öl. Wir geben die Karotten dazu und sautieren sie auf kleiner Flamme etwa 5 Minuten, dabei rühren wir behutsam um. Dann träufeln wir den Zitronensaft darüber und nur eben genug Wasser, um ein Anbrennen zu verhindern.

Zugedeckt dünsten wir sie weitere 5 Minuten, dann werden sie gesalzen und angerichtet.

Herausgebackenes mit Kuzu-Zitronensoße (Renkon Ikada Age)

für 5 Personen

Öl zum Frittieren
2 Blätter *Nori*
2 Tassen geriebene Lotoswurzel (oder andere Wurzel)
3/4 Tasse geriebene Karotte
1 kleine gehackte Zwiebel
1 Teelöffel und 1 Prise Meersalz
1 Eßlöffel *Kuzu*
1 Tasse Kombu-Dashi (S. 221)
1/2 Eßlöffel *Shoyu*
ein paar Tropfen Zitronensaft

Wir füllen einen schweren Topf oder eine Fritteuse 7 bis 8 cm hoch mit Öl und erhitzen es auf 175 C. Mit einer Schere schneiden wir die Noriblätter in die Hälfte und schneiden dann jede Hälfte in 3 Rechtecke. Die geriebenen Wurzeln werden mit der Zwiebel und einer Prise Salz vermischt und ungefähr 1 cm dick auf die *Nori*-Blätter aufgetragen. Wir ritzen die Oberfläche schnell mit einem *Hocho* oder einem schweren Messer in einem Gittermuster ein, drücken einmal mit dem Messerrücken in die Mitte des Ganzen, und lassen es sofort von einem Pfannenheber oder einem

flachen Holzlöffel aus ins heiße Öl gleiten. Wir frittieren sie 2 bis 3 Minuten, bis sie gar und knusprig sind. Dann lassen wir sie auf saugfähigem Papier abtropfen und stecken jeweils 2 auf ein Bambusspießchen. Wir servieren sie mit einer *Kuzu*-Zitronensoße.

Das *Kuzu* wird in der *Dashi* aufgelöst und zum Kochen gebracht. Dann geben wir den restlichen Teelöffel Salz, *Shoyu* und Zitronensaft dazu und kochen die Soße mehrere Minuten, bis sie dick ist, dabei rühren wir sie ständig.

Jinenjo Burger (Wilde Bergkartoffel) für 5 Personen

1 Eßlöffel Sesamöl
1 1/2 Tassen gehackte Zwiebel
1 kleine Karotte, in dünne Stifte geschnitten (*Sengiri* S. 26)
2 1/2 Tassen geriebene *Jinenjo*
1/2 Teelöffel Meersalz
ungefähr 1/2 Tasse Vollweizenmehl (Type 1700)
Öl zum Frittieren
1 Eßlöffel Schalottenringe

Wir erhitzen eine schwere Pfanne und bestreichen sie mit 1 Eßlöffel Sesamöl. Darin sautieren wir die Zwiebel bei mittlerer Hitze, bis sie glasig ist, etwa 2 bis 3 Minuten, dabei rühren wir behutsam um. Wir geben die Karotte dazu, sautieren beides 2 bis 3 Minuten, bzw. bis die Karottenstückchen weich zu werden beginnen. Dann nehmen wir das Ganze vom Feuer, geben die *Jinenjo* dazu, und vermischen es gut. Wir salzen es und geben soviel Mehl dazu, daß es zusammenhält. Dann machen wir 5 cm dicke Fladen daraus, und braten sie in einer gut geölten Pfanne 15 bis 20 Minuten, bis sie gar sind.

Zu dem Öl, das nach dem Braten übrigbleibt, geben wir 2 Eßlöffel Mehl und kochen es unter ständigem Rühren 4 bis 5 Minuten. Wir lassen das Mehl abkühlen, dann rühren wir eine Tasse Wasser hinein, und kochen es einmal kurz auf. Wir servieren es als Soße zu den Burgers und garnieren das Ganze mit den Schalottenringen.

Süßkartoffel mit Sesam

für 6 Personen

3 kleine Süßkartoffeln (Bataten), geschält und der Breite nach halbiert
1 Prise Salz
1 gehäufter Eßlöffel *Tahin* (Sesammus)
1 Teelöffel *Shoyu*

Die Süßkartoffeln werden mit Wasser bedeckt, zum Kochen gebracht, und gesalzen. Dann lassen wir sie kochen, bis sie weich sind und das Wasser aufgesogen oder verdunstet ist, etwa 20 bis 30 Minuten. Wir verrühren *Tahin* und *Shoyu* und vermischen es gründlich mit den Süßkartoffeln.

Batatenpudding (Satsumaimo Yokan)

für 5 oder mehr Personen

3 Tassen Süßkartoffelpürree
1/2 Teelöffel Meersalz
ein paar Eßlöffel *Kokoh*

Wir salzen das Pürree, um seine Süße zu betonen, und drücken es in eine ausgespülte flache Form. Falls das Pürree zu feucht ist, rühren wir ein bißchen *Kokoh* hinein, damit es dicker wird. Wir lassen es kalt und hart werden und schneiden es dann in kleine Stückchen.

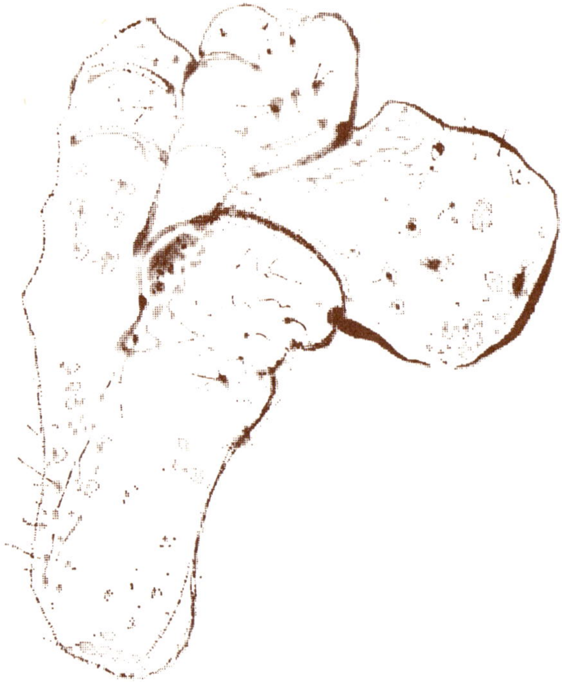

Nitsuke
aus Süßkartoffeln und Schalotten

für 5 Personen

2 Eßlöffel Sesamöl
3 oder 4 Schalotten, in 2,5 cm große Stücke geschnitten
15 Süßkartoffeln (2,5 cm dick)
ungefähr 4 Tassen *Kombu-Dashi* (S. 221)
1/4 Teelöffel Meersalz
Shoyu

Wir erhitzen eine schwere Pfanne und bestreichen sie mit dem Öl. Darin sautieren wir die Schalotten bei mittlerer Hitze 2 bis 3 Minuten, dabei rühren wir ständig um. Dann geben wir die Süßkartoffeln dazu und sautieren beides zusammen ein paar weitere Minuten. Wir bedecken sie mit der *Kombu-Dashi*, und dünsten zugedeckt, bis die Süßkartoffeln weich sind, etwa 20 Minuten. Mit Salz und *Shoyu* würzen und weiter dünsten, bis sie trocken sind.

Gebratene Süßkartoffeln

für 5 Personen

15 schräge Scheiben Süßkartoffeln (2,5 cm dick)
Öl zum Braten
1 Tasse *Goma Miso* (S. 259)

Wir dämpfen die Süßkartoffeln, bis sie weich sind, etwa 15 bis 20 Minuten. Dann legen wir sie in eine leicht geölte Bratpfanne und braten sie auf beiden Seiten. Wir bestreichen jedes Stück mit ein wenig *Goma Miso* und servieren sie.

Kürbis à la Mode

für 4 bis 5 Personen

4 *Shitake* (getrocknete japanische Pilze)
30 g *Biifun* (Glasnudeln) oder gekochte Vermicelli-Nudeln
1 Hokkaido Kürbis
3 Eßlöffel Sesamöl
1 mittelgroße Zwiebel, in dünne Halbmonde geschnitten
1 kleine Karotte, in dünne schräge Scheiben geschnitten
50 g *Seitan*, kleingeschnitten
1 1/4 Teelöffel Meersalz
3 Eßlöffel ungebleichtes Mehl (Type 550)
1 1/2 Tassen Wasser

Wir weichen die *Shitake* in leicht gesalzenem Wasser 20 Minuten ein. Dann schneiden wir die harten Stengel weg und schneiden die feinen Köpfe fein. Die *Biifun*-Nudeln werden in einen Topf mit kochendem Wasser gegeben und 2 bis 3 Minuten gekocht, dann lassen wir sie gut abtropfen, schneiden sie in 2,5 cm Länge durch, und stellen sie beiseite.

Vom Ende des Kürbis schneiden wir eine kleine Scheibe ab, und höhlen ihn aus, indem wir die Fäden und Kerne herausnehmen.

Dann erhitzen wir eine schwere Pfanne und bestreichen sie mit 1 Eßlöffel Öl. Darin sautieren wir die Zwiebel bei mittlerer Hitze, bis sie leicht braun ist, etwa 5 Minuten. Nacheinander geben wir die Pilze, die Karotten und den *Seitan* dazu, und sautieren sie jeweils kurz dabei. Nun geben wir die *Biifun*-Nudeln dazu, mischen alles zusammen und würzen mit 1/4 Teelöffel

Salz. Dann nehmen wir es vom Feuer und stellen es beiseite.

Wir erhitzen wieder eine Pfanne und bestreichen sie mit den restlichen 2 Eßlöffeln Öl. Dann rühren wir das Mehl hinein und kochen es, bis sich alle Klumpen aufgelöst haben, etwa 2 bis 3 Minuten. Wir nehmen es vom Feuer und lassen es auskühlen, dann stellen wir es aufs Feuer zurück, rühren 1 1/2 Tassen Wasser hinein, und rühren weiter, bis es glatt ist. Wir bringen die Soße zum Kochen und rühren die Gemüsenudelmischung hinein, würzen mit dem restlichen Teelöffel Salz, und kochen das Ganze noch 1 bis 2 Minuten auf kleiner Flamme.

Das Backrohr wird auf 175 Grad vorgeheizt. Wir füllen den ausgehöhlten Kürbis mit dem Gemüse, setzen die Scheibe wieder auf, und binden sie mit einer Schnur an den Kürbis. Wir backen ihn, bis er beim Einstich mit einer Nadel oder einem Zahnstocher keinen Widerstand mehr bietet, etwa 30 bis 40 Minuten. Dann bringen wir ihn zu Tisch.

Kürbis mit Miso (Kabocha Miso Ni) für 5 Personen

1 Eßlöffel Sonnenblumen- oder Sesamöl
1 mittelgroße Zwiebel, in dünne Halbmonde geschnitten
100 g Kürbis, in Würfel geschnitten
5 gestrichene Eßlöffel *Miso*
1/2 Tasse Wasser

Wir erhitzen Öl in einer Pfanne, darin sautieren wir die Zwiebel bei mittlerer Hitze bis sie leicht braun ist, etwa 2 bis 3 Minuten, dabei rühren wir behutsam um. Dann geben wir den Kürbis dazu, und sautieren weitere 2 bis 3 Minuten. Wir bedecken das Ganze mit Wasser, bringen es zum Kochen, und dünsten den Kürbis auf kleiner Flamme zugedeckt, bis er weich ist, etwa 30 Minuten. Während des Kochens Wasser zugeben, falls es notwendig ist, um ein Anbrennen zu verhindern. Dann verdünnen wir das *Miso* mit 1/2 Tasse Wasser, geben es hinein, und dünsten es weiter bis es trocken ist.

Gebackener Kürbis

für 6 Personen

1 Hokkaido Kürbis
Sonnenblumen- oder Sesamöl
Meersalz

Wir heizen das Backrohr auf 200 Grad vor. Dann schneiden wir den Kürbis in 10 Schnitze, legen sie auf ein leicht eingeöltes Backbleck, reiben sie mit Öl ein und bestreuen sie mit etwas Salz. Das Blech wird mit Alufolie abgedeckt. Wir backen den Kürbis 20 Minuten. Dann nehmen wir die Folie weg und backen weiter, bis die Stücke etwas braun sind. Wir richten sie mit *Goma Miso* und Petersilsträußchen an.

Herausgebackener Kürbis mit Erdnußmuß

für 5 Personen

Öl zum Frittieren
2 Tassen Kürbispürree
1/2 Tasse Erdnußmus
1 Prise Meersalz
1 Tasse Vollreismehl
Ganze Erdnüsse

Wir füllen einen schweren Topf oder eine Fritteuse 7 bis 8 cm hoch mit Öl und erhitzen es auf 175 Grad. Dann wird das Kürbispürree und das Erdnußmus mit 1 Prise Salz glattgerührt, und soviel Mehl dazugegeben, daß das Ganze zusammenhält. Wir machen kleine Kugeln von etwa 2,5 cm Durchmesser, und stekken in jede Kugel eine Erdnuß hinein. Wir frittieren sie im heißen Öl, bis sie knusprig sind, etwa 2 bis 3 Minuten, und lassen sie auf saugfähigem Papier abtropfen.

ABWANDLUNG: 2 Eßlöffel *Kuzu* werden in 1 1/2 Tassen Wasser aufgelöst und zum Kochen gebracht. Wir würzen mit 1 Prise Salz und 1 Eßlöffel *Shoyu* oder nach Geschmack, und lassen es einige Minuten kochen, bis es dick ist, dabei rühren wir dauernd um. Wir geben die frittierten Kürbisbällchen hinein und nehmen sie heraus, wenn sie an die Oberfläche steigen. Zuletzt werden sie mit gerösteten Sesam bestreut.

Kürbis-Kuzu-Pudding(Kuzu Kabocha)für 5 Personen

1 Tasse gewaschener Sesam
2 Tassen Kürbispürree
1/2 Tasse *Kuzu*
2 Tassen Wasser

Wir rösten den Sesam in einer schweren Pfanne bei mittlerer Hitze, bis er duftet, etwa 5 Minuten, dann mahlen wir ihn in einem *Suribachi* zu einer Paste, und ziehen sie dem Kürbispürree unter.

Das *Kuzu* wird im Wasser aufgelöst und zum Kochen gebracht, dann geben wir die Kürbissesamkreme dazu und kochen sie unter ständigem Rühren 15 Minuten. Wir gießen sie in eine ausgespülte Form und stellen sie kalt.

Kürbis-Nori-Rollen (Kabocha Isomaki) für 5 Personen

1 mittelgroße Karotte
1 mittelgroße Pastinake, oder Petersil- oder Lotoswurzel
1 Eßlöffel Sesamöl
1 Teelöffel *Shoyu*
1 Prise Meersalz
3 Blätter *Nori*
3 Tassen Kürbispürree
1 bis 2 Eßlöffel *Kokoh*

Die Wurzeln werden der Länge nach geviertelt, und dann jedes Viertel in etwa 1 cm dicke Streifen geschnitten. Dann erhitzen wir eine schwere Pfanne und bestreichen sie mit Öl. Darin sautieren wir die Karottenstreifen bei mittlerer Hitze 1 bis 2 Minuten, dabei rühren wir behutsam um, damit sich das Öl gleichmäßig verteilt, und die Karotten nicht anbrennen. Wir geben 2 bis 3 Eßlöffel Wasser dazu und dünsten sie zugedeckt auf kleiner Flamme 15 Minuten. Wir würzen sie mit einer Prise Salz. Falls dann noch Flüssigkeit in der Pfanne ist, kochen wir unbedeckt weiter, bis sie verdunstet ist. Wir nehmen die Pfanne vom Feuer und stellen sie beiseite.

Wir erhitzen noch eine Pfanne und bestreichen sie mit dem restlichen 1/2 Eßlöffel Öl. Darin sautieren wir die Pastinakenstreifen über kleiner Flamme 2 bis 3 Minuten und rühren sie dabei um. Dann bedecken wir sie mit Wasser und dünsten sie zugedeckt 10 Minuten. Wir würzen sie mit *Shoyu* und kochen weiter, bis die ganze Flüssigkeit verdunstet ist. Wir nehmen sie vom Feuer.

Die *Nori*-Blätter werden über einer kleinen Flamme durch Hin- und Herbewegen auf einer Seite mehrere Sekunden geröstet. Wir legen ein Blatt auf ein Holzbrett oder eine Bambusmatte *(Sudare)*. Das Pürree wird in 3 Portionen aufgeteilt und 1 Portion auf das *Nori*-Blatt gestrichen. Falls das Pürree zu feucht ist, dicken wir es mit 1 bis 2 Eßlöffel *Kokoh* an. Die Wurzelstreifen werden draufgelegt und das Ganze zu einer festen Rolle verarbeitet.

Nun schneiden wir die Rollen mit einem scharfen Messer in 2,5 cm dicke Scheiben. Dabei wischen wir das Messer jedesmal ab, um saubere Schnittflächen zu erhalten. Ein wunderbarer Snack zum Tee.

Gekochter Kürbis mit Shoyu (Kabocha Fukume Ni

für 4 oder 5 Personen

1 Hokkaido Kürbis
ungefähr 1/2 bis 1 Tasse *Shoyu*

Wir schneiden den Kürbis in 8 oder 10 Schnitze und schneiden 2,5 cm der Schale in der Mitte jedes Stückes weg. Wir bedecken sie mit Wasser, bringen es zum Kochen, und kochen 15 Minuten. Dann würzen wir mit 2 bis 4 Eßlöffel *Shoyu* pro Tasse Wasser und kochen sie weitere 15 Minuten.

Kürbis mit Chrysanthemen-Blättern (Kikuhana)

für 5 Personen

3 Tassen Kürbispürree
1 Tasse Süßkartoffelpürree
Meersalz
Chrysanthemen Blätter

Wir vermischen das Kürbis- und das Süßkartoffelpürree und salzen es nach Geschmack. 1 Tasse der Mischung stellen wir beiseite und aus dem Rest machen wir 10 Scheiben, 5 cm im Durchmesser und 1 1/2 cm dick. Die Chrysanthemenblätter werden auf 5 Teller aufgeteilt und 2 Scheiben jeweils draufgelegt. Mit einem Holzstäbchen zeichnen wir ein Blumenmuster auf jede Scheibe. Aus dem Rest der Mischung machen wir 10 "Tränen", und legen eine Träne auf die Mitte einer jeden Scheibe.

Spinat mit Sesam (Horenso Goma-Ae)

für 5 Personen

1 Teelöffel Meersalz
170 g Spinat
4 Eßlöffel gewaschener Sesam
2 bis 4 Eßlöffel *Shoyu*
4 Eßlöffel Wasser

Wir bringen Wasser in einem großen Topf zum Kochen und salzen es. Wir geben den Spinat hinein, bringen es wieder zum Kochen, und kochen ihn 1 bis 3 Minuten, bis die Stiele weich sind. Dann tauchen wir die Blätter sofort in kaltes Wasser, um den Kochprozeß zu unterbrechen, und die Farbe zu fixieren. Wir lassen den Spinat gut abtropfen und schneiden ihn klein.

Die Sesamsamen werden in einer schweren Pfanne bei mittlerer Hitze leicht geröstet, bis sie duften, etwa 5 Minuten, dabei rühren wir ständig um. In einem *Suribachi* werden sie zu einer Paste gemahlen, und Shoyu und Wasser dazugegeben. Wir geben den Spinat hinein, und vermischen alles gut miteinander.

Gekochte Steckrüben (Kabu no Maru Ni)

für 5 Personen

5 mittelgroße Steckrüben (auch Feld- oder Futterrüben)
ungefähr 4 Tassen *Kombu-Dashi* (S. 221)
1/4 bis 1/2 Tasse *Shoyu*
2 bis 4 Teelöffel *Kuzu*-Pulver

Die Rüben werden bis zur Hälfte ihrer Länge geviertelt, mit der *Dashi* bedeckt, und zum Kochen gebracht. Wir kochen sie 20 bis 30 Minuten, bis sie weich sind. Dann würzen wir die Brühe mit *Shoyu*, kochen weitere 5 Minuten, nehmen die Rüben heraus, und lassen sie abtropfen. Das *Kuzu* wird in ein wenig Wasser zu einer dünnen Paste verrührt und in die *Dashi* hineingerührt. Wir kochen sie mehrere Minuten, bis sie dick ist, dabei rühren wir sie dauernd. Dann gießen wir die Soße über die Rüben und servieren sie.

Steckrüben mit Goma Miso (Kabu Miso-Ate)

für 5 Personen

5 kleine Rüben (Steck-, Feld-, oder Futterrüben), der Länge nach halbiert
ungefähr 4 Tassen *Kombu-Dashi*, (S. 221)
1 Teelöffel Meersalz
Blätter der 5 Rüben
2 Eßlöffel *Miso*
1 Eßlöffel *Tahin*
1 Teelöffel gehackte Zitronenschale

Die Rüben werden mit *Kombu-Dashi* bedeckt und zum Kochen

gebracht. Wir kochen sie, bis sie gar sind, etwa 30 Minuten. Dann bringen wir in einem großen Topf Wasser zum Kochen (soviel, daß es die Rübenblätter gut bedeckt) und salzen es. Wir geben die Blätter hinein, bringen es wieder zum Kochen, und kochen sie, bis die Stengel weich sind, etwa 2 bis 3 Minuten, dann lassen wir sie in einem Sieb abtropfen, drücken die überschüssige Flüssigkeit heraus, und schneiden sie in 1,5 cm lange Stücke.

Wir verrühren *Miso* und *Tahin* in einem *Suribachi* und verdünnen es mit 1/2 Tasse der *Kombu-Dashi*, in der wir die Rüben gekocht haben.

Wir teilen die Blätter auf 5 Eßschalen auf, legen je 2 Rübenhälften darauf, übergießen es mit der Soße, und garnieren das Ganze mit der gehackten Zitronenschale.

Überbackene Rüben

für 5 Personen

5 *Shitake* (getrocknete japanische Pilze)
2 kleine Zwiebeln
5 kleine Steckrüben (auch Feld- und Futterrüben)
1 kleine Karotte
3 Eßlöffel Sonnenblumen- oder Sesamöl
60 g *Kofu* (Weizen Gluten), frittiert, bis er knusprig ist, und in dünne Scheiben geschnitten, oder 60 g kleingeschnittenen *Seitan*
1 oder 2 Eßlöffel *Shoyu*
2 gehäufte Eßlöffel ungebleichtes weißes Mehl (Type 550)
1 1/2 Tassen *Kombu-Dashi* (S. 221)
1/2 Teelöffel Meersalz

Die *Shitake*-Pilze werden in leicht gesalzenem Wasser 20 Minuten eingeweicht, die harten Stiele weggeschnitten, und beiseitegelegt, der Rest wird in Halbmonde geschnitten.

Wir erhitzen eine schwere Pfanne und bestreichen sie mit 2 Eßlöffeln Öl. Darin sautieren wir die Zwiebeln bei mittlerer Hitze, bis sie leicht braun sind, etwa 5 Minuten, und rühren sie dabei behutsam um. Dann geben wir die Rüben, Karotten, Pilze und den *Kofu* oder *Seitan* (in der Reihenfolge) dazu, und sautieren sie jeweils dabei. Wir vermischen das Gemüse miteinander, würzen es mit *Shoyu* und nehmen es vom Feuer.

In einer anderen Pfanne erhitzen wir den restlichen Eßlöffel Öl. Wir geben das Mehl dazu, kochen es unter ständigem Umrühren 3 bis 4 Minuten, nehmen es vom Feuer und lassen es auskühlen. Dann stellen wir es auf den Herd zurück, geben 1/2 Tasse *Kombu-Dashi* hinein, und rühren, bis es glatt ist. Wir bringen es zum Kochen, geben die restliche Tasse *Dashi* dazu und würzen es mit 1/2 Teelöffel Salz, oder nach Geschmack.

Wir heizen das Backrohr auf 200 C vor, geben das Gemüse in eine leicht geölte Auflaufform, und gießen die Soße darüber. Dann tropfen wir 2 bis 3 Tropfen Öl darauf und backen das Ganze schön braun, etwa 20 bis 30 Minuten.

Besondere Gerichte

Diese Gerichte können als Festtagsgerichte oder für besondere Gelegenheiten bereitet werden, einige davon werden, der Tradition gemäß, zum japanischen Neujahr serviert.

Gyoza

ergibt 10 Gyozas

2 Tassen ungebleichtes weißes Mehl (Type 550)
1/4 Teelöffel und 1 Prise Meersalz
4 Eßlöffel Sesamöl
ungefähr 1/2 Tasse kochendes Wasser
2 kleine gehackte Zwiebeln
1 kleine Karotte, in dünne Stifte geschnitten (*Sengiri* S. 26)
3 Eßlöffel kaltgeschnittener *Seitan*

Wir vermischen das Mehl mit 1/4 Teelöffel Salz, geben 2 Eßlöffel Öl hinein, und verreiben es gleichmäßig zwischen den Handflächen. Dann geben wir das kochende Wasser dazu und rühren das Ganze kräftig mit 4 langen Holzstäbchen, die in der Faust gehalten werden, oder mit einer langen 4-zinkigen Gabel. Wenn der Teig gut gemischt ist, und soweit abgekühlt, daß man ihn berühren kann, wird er 8 bis 10 Minuten geknetet, bis er glatt und elastisch ist. Wir teilen ihn in 10 Teile und rollen sie auf einem eingestaubten Brett zu runden Scheiben von 8 cm Durchmesser aus. Wir legen sie beiseite.

Dann erhitzen wir eine schwere Pfanne und bestreichen sie mit 2 Eßlöffeln Öl. Darin sautieren wir die Zwiebel bei mittlerer Hitze, bis sie leicht braun ist, etwa 5 Minuten. Wir geben die Karotten dazu, dann den *Seitan*, und mischen alles zusammen. Vorm Salzen kosten wir es (*Seitan* ist schon salzig), dann stellen wir die Flamme ab.

Wir legen 1 oder 2 Eßlöffel der Gemüse-*Seitan*mischung in die Mitte der Teigstücke, nehmen die Seiten hoch, und formen einen Halbmond daraus. Die Kanten drücken wir mit den Fingern fest zusammen. Die Seiten werden mit der Gabel 1 bis 2 mal eingestochen, damit der Dampf entweichen kann.

Wir stellen die *Gyoza* in eine heiße, mit wenig Öl bestrichene Pfanne, decken sie zu, und braten sie bei mittlerer Hitze. Wenn der Boden der *Gyoza* leicht braun ist, geben wir ein paar Tropfen Wasser dazu und dünsten sie, wieder zugedeckt, weitere 5 Minuten.

ABWANDLUNGEN: A. Man kann die *Gyoza* in einen großen Topf mit kochendem Wasser geben, und kochen, bis sie an die Oberfläche steigen. Dann läßt man sie gut abtropfen.

B. Die vorgekochten *Gyoza* werden im heißen Öl schwimmend herausgebacken. Vorm Servieren abtropfen lassen.

Gefüllte Zwiebeln (Tsumemono) für 10 Personen

10 mittelgroße Zwiebeln
1 Eßlöffel Sesamöl
1/2 gewürfelte Karotte
10 grüne Bohnen, gewaschen und entfädelt, und in feine schräge Scheiben geschnitten
5 Eßlöffel kleingeschnittenen *Seitan*
1 Prise Meersalz
1 gehäufter Eßlöffel ungebleichtes weißes Mehl (Type 550)
Öl
2 Tassen falsche Bechamelsoße (S. 254)

Wir schneiden oben von den Zwiebeln eine Scheibe ab, nehmen das Mittlere heraus, und hacken es fein.

Dann erhitzen wir das Öl in einer schweren Pfanne und sautieren darin die gehackten Zwiebeln, bis sie leicht braun sind, dabei rühren wir sie behutsam um. Dann geben wir die Karotten und dann die grünen Bohnen dazu, und sautieren sie jeweils leicht, dann den Seitan, und vermischen alles. Wir salzen, stauben das Mehl darüber, und nehmen es vom Feuer.

Die Zwiebeln werden mit dem sautierten Gemüse gefüllt, auf ein leicht geöltes Backblech gelegt, und im vorgeheizten Rohr bei 220 C gebacken, bis sie weich sind, etwa 20 bis 30 Minuten. Oder wir dämpfen sie über einer *Kombu-Dashi* (S. 221). Wir übergießen sie mit einer falschen Bechamelsoße und servieren sie.

Chinesische Frühlingsrollen (Harumaki)

ergibt 10 Harumaki

1 Tasse und 1 Eßlöffel ungebleichtes weißes Mehl (Type 550)
1 Tasse und 1 Eßlöffel Wasser
1 1/2 Teelöffel Meersalz
2 Eßlöffel Sonneblumen- oder Sesamöl
1 geschlagenes Ei (wahlweise)
100 g *Biifun* (Glasnudeln), oder 100 g gekochte Vermicellinudeln
1 kleine gehackte Zwiebel
1 kleine Karotte, in dünne Stifte geschnitten, (*Sengiri* S. 26)
1 Tasse kleine Röschen vom Blumenkohl
Öl zum Frittieren

Für die *Harumaki* Crepes* vermischen wir 1 Tasse Mehl, 1 Tasse Wasser, 1 Teelöffel Salz, 1 Eßlöffel Öl und (gegebenenfalls) das geschlagene Ei zu einem Teig miteinander. Eine schwere Pfanne mit etwa 18 cm Durchmesser wird vorgeheizt und die Flamme kleingestellt. Wir schöpfen soviel von dem Teig hinein, daß der Boden der Pfanne gerade bedeckt wird, und drehen die Pfanne in der Luft so, daß sich der Teig so dünn wie nur möglich gleichmäßig verteilt. Wenn eine Seite fest geworden ist – der Teig soll nicht braun werden – drehen wir den Crepe um und backen ihn auf der anderen Seite noch wenige Sekunden. Dann nehmen wir ihn heraus und legen ihn beiseite. Den restlichen Teig verarbeiten wir genauso, bis alles aufgebraucht ist.

Wir geben die *Biifun*-Nudeln in einen Topf mit kochendem Wasser und kochen sie 2 bis 3 Minuten. Dann gießen wir sie ab und schneiden sie auf 2,5 cm Länge.

Wir erhitzen den restlichen Eßlöffel Öl in einer Pfanne und sautieren darin die Zwiebel leicht braun, bei mittlerer Hitze, etwa 5 Minuten. Dann geben wir die Karotte und den Blumenkohl dazu und sautieren sie jeweils leicht um. Dann kommen die Nudeln dazu, und alles wird miteinander vermischt. Wir würzen mit 1/2 Teelöffel Salz und nehmen es vom Feuer.

Wir vermischen den restlichen Eßlöffel Mehl und 1 Eßlöffel Wasser zu einer dünnen Paste. Dann legen wir 3 bis 4 Eßlöffel von der Gemüse-Nudelmischung auf den Rand eines *Harumaki* Crepes, und rollen ihn zweimal um die Füllung herum. Wir schlagen die Seiten ein, rollen ihn ganz zu, und verkleben das Ende mit der Paste. Die restlichen Zutaten verarbeiten wir genauso, bis alles aufgcbraucht ist.

Wir erhitzen einen schweren Topf oder eine Fritteuse 7 bis 8 cm hoch mit Öl und erhitzen es auf 175 C. Die gefüllten Rollen werden hineingelegt und 1 bis 2 Minuten frittiert, bis sie goldgelb und knusprig sind. Vorm Servieren lassen wir sie auf einem Drahtrost oder saugfähigem Papier abtropfen.

* sind in orientalischen Lebensmittelgeschäften erhältlich.

Lima's Pizza

für 6 bis 8 Personen

1 1/2 Tassen ungebleichtes weißes Mehl (Type 550)
1 Teelöffel Meersalz
3 Eßlöffel und ein paar Tropfen Sonnenblumen- oder Sesamöl
ungefähr 1/2 Tasse Wasser
2 bis 3 kleine Zwiebeln, in Halbmonde geschnitten
Die Röschen von 1/2 kleinen Blumenkohl, fein geschnitten
1 kleine gewürfelte Karotte
1 Ei, Dotter und Eiweiß getrennt geschlagen
Geriebener Käse (wahlweise)

Das Mehl wird mit 1/2 Teelöffel Salz gut vermischt, dann geben wir 2 Eßlöffel Öl dazu, und reiben es mit den Handflächen gleichmäßig hinein. Langsam gießen wir Wasser hinzu, machen einen elastischen Teig daraus, und kneten ihn 2 bis 3 Minuten glatt. Dann wird er auf einem eingemehlten Brett zu einem Kreis ausgerollt, auf ein leicht geöltes Backblech gelegt, und beiseite gestellt.

Wir erhitzen den restlichen Eßlöffel Öl in einer schweren Pfanne, sautieren die Zwiebeln darin, bis sie leicht braun sind, und rühren dabei behutsam um. Dann geben wir den Blumenkohl, und dann die Karotten dazu und sautieren sie dabei jeweils leicht. Wir würzen das Ganze mit dem restlichen 1/2 Teelöffel Salz und nehmen es vom Feuer. Wenn es auf Zimmertemperatur abgekühlt ist, mischen wir das geschlagene Eidotter darunter.

Wir streichen das Gemüse auf den Teig, träufeln ein paar Tropfen Öl darüber, und bestreuen es gegebenenfalls mit dem geriebenen Käse. Wir backen die Pizza im vorgeheizten Rohr bei 200 C 20 Minuten, dann streichen wir den geschlagenen Eischnee darauf, und backen sie weitere 10 Minuten, bis das Eiweiß braun ist.

Zwiebelkuchen

für 6 bis 8 Personen

1 1/2 Tassen ungebleichtes weißes Mehl (Type 550)
1 Teelöffel Meersalz
3 Eßlöffel Sesam- oder Sonnenblumenöl
ungefähr 1/2 Tasse Wasser
2 kleine Zwiebeln, in dünne Halbmonde geschnitten
2 bis 3 Tassen gehobeltes Kraut
1/2 kleine Karotte, in dünne Stifte geschnitten, (*Sengiri*, S. 26)
1 gut geschlagenes Ei

Das Mehl wird mit 1/2 Teelöffel Salz gut vermischt, dann geben wir 2 Eßlöffel Öl dazu, und reiben es mit den Handflächen gleichmäßig hinein. Langsam geben wir das Wasser hinzu, und machen einen elastischen Teig daraus, den wir 8 bis 10 Minuten glattkneten. 1/2 Tasse von dem Teig setzen wir beiseite, den restlichen Teig rollen wir auf einem eingemehlten Blech zu einem Kreis aus, der in die im Durchmesser etwa 23 cm große flache Kuchenform paßt. Dann rollen wir auch den anderen Teig dünn aus und legen ihn beiseite.

Wir erhitzen den restlichen Eßlöffel Öl in einer schweren Pfanne und sautieren darin die Zwiebel bei mittlerer Hitze leicht braun, dabei rühren wir sie behutsam um. Dann geben wir das Kraut, und dann die Karotten dazu und sautieren sie jeweils leicht. Wir vermischen alles, und würzen mit dem restlichen 1/2 Teelöffel Salz, dann nehmen wir es vom Feuer, lassen es auskühlen, und rühren schließlich das geschlagene Ei hinein.

Das Backrohr wird auf 230 C vorgeheizt. Wir füllen die mit dem Teig ausgelegte Form mit dem Gemüse und decken es mit dem zur Seite gelegten Teig zu. Mit einer Gabel stechen wir ein paar Löcher hinein, damit die Feuchtigkeit während des Backens entweichen kann, und drücken den Rand mit der Gabel fest. Der Kuchen wird 30 Minuten schön braun gebacken.

Chou-Farci

für 5 Personen

1 Tasse Buchweizenmehl
1/2 Teelöffel Meersalz
3 Tassen Wasser
die gewaschenen Blätter von einem kleinen Krautkopf
2 gut geschlagene Eier

Wir vermischen Mehl, Salz und Wasser gut miteinander. Dann legen wir einige Krautblätter auf den Boden einer Kasserolle und geben etwas von dem angemischten Buchweizenmehl darüber, und ein wenig von dem geschlagenen Ei. Darüber legen wir wieder eine Schicht Krautblätter, und so weiter, bis alles aufgebraucht ist. Obenauf kommt eine Schicht Krautblätter, dann wird die Kasserolle mit einem gutsitzenden Deckel verschlossen, und im vorgeheizten Rohr bei 135 C 40 Minuten bis 1 Stunde gebacken. Heiß und dampfend servieren!

ABWANDLUNG: Anstatt des Buchweizenmehls kann man auch 2 bis 3 Tassen gekochten Buchweizen nehmen, und wie oben zubereiten.

Rüben-Chawanmushi

für 5 Personen

5 Stücke *Maki-yuba* (wahlweise)
2 Eßlöffel *Shoyu*
2 Teelöffel Meersalz
10 dünne Scheiben einer Karotte, in Blütenform
2 Schalotten, in 2 cm lange Stücke geschnitten
3 Tassen geriebene Feldrüben (auch Steck- oder Futterrüben)
1 Eiweiß, zu Schnee geschlagen
10 Stück *Zenibu*, knusprig frittiert, (wahlweise)
5 dünne Scheiben Orangenschale

Die *Maki-yuba* werden in einer Tasse Wasser (oder soviel Wasser, daß sie davon bedeckt werden) zum Kochen gebracht, und mit *Shoyu* gewürzt. Wir kochen sie 15 bis 20 Minuten und lassen sie dann abtropfen. In einem kleinen Topf bringen wir Wasser zum

Kochen, und geben 1/2 Teelöffel Salz hinein. Die Karottenscheiben werden darin 2 bis 3 Minuten gekocht, bis sie hellorange sind, dann stellen wir sie zum Abtropfen zur Seite. Wieder bringen wir in einem Topf Wasser zum Kochen und geben 1/2 Teelöffel Salz dazu. Darin kochen wir die Schalotten 1 bis 2 Minuten, bis sie leuchtend grün sind, tauchen sie sofort in kaltes Wasser, und lassen sie in einem Sieb abtropfen.

Die geriebene Rübe, das Eiweiß, und der restliche Teelöffel Salz werden vermischt und auf 5 Puddingtassen aufgeteilt (oder in eine Schale oder Puddingform gegeben, die in den Dampfeinsatz des Druckkochtopfs paßt). Die Karotten, *Maki-yuba*, Schalotten, *Zenibu* (falls wir es verwenden) und die Streifen der Orangenschale werden darübergelegt und das Ganze wird 15 bis 20 Minuten gedämpft.

Kastanien-Kinton

für 5 Personen

1 Tasse Kürbispürree
1/2 Tasse Süßkartoffelpürree
Meersalz
1 1/2 Tassen geschälte Kastanien
4 1/2 Tassen Wasser

Die Pürrees werden miteinander vermischt, nach Geschmack gesalzen, und beiseite gestellt.

Die Kastanien werden in dem Wasser 1 1/2 Stunden weichgekocht und gesalzen, dann mischen wir das Pürree dazu und kochen das Ganze einmal kurz auf. Dieses Gericht ist eine traditionelle Spezialität in Japan.

Lotoswurzelüberraschung (Renkon Fukumeni)

(Anmerkung d. Übs.: Lotoswurzel kann man auf großen Gemüsemärkten frisch, oder in orientalischen Lebensmittelgeschäften getrocknet kaufen.)

für 5 Personen

2 Eßlöffel Sesamöl
1 kleine Lotoswurzel
ungefähr 1 Tasse Wasser
3 Eßlöffel *Shoyu*

Wir erhitzen eine kleine Pfanne und bestreichen sie mit dem Öl. Dann sautieren wir die ganze Lotoswurzel 2 bis 3 Minuten und drehen sie dabei, damit sie gleichmäßig von dem Öl bedeckt wird. Wir bedecken sie bis zur Hälfte mit Wasser und bringen es zum Kochen. Zugedeckt kochen wir sie auf kleiner Flamme, bis sie weich ist und beim Einstich mit einem Holzstäbchen keinen Widerstand mehr bietet, etwa 20 bis 30 Minuten. Wir geben *Shoyu* dazu und kochen weiter, bis sie trocken ist.

Wir halbieren die Lotoswurzel der Länge nach und schneiden dann dünne Halbmonde.

ABWANDLUNG: Wir reiben die Lotoswurzel fein und vermischen sie dann mit 1/2 Tasse feingehackter Zwiebel, 1 Eßlöffel Salz, und soviel ungebleichtem Mehl, daß es zusammenhält. Wir machen kleine Bällchen von etwa 1 cm Durchmesser daraus, und frittieren sie in mäßig heißem *Tempura*-Öl (150 bis 170 C), bis sie gar sind, und leicht golden und knusprig. Dann werden sie auf saugfähiges Papier zum Abtropfen gelegt.

Chrysanthemen-Orangen (Kikusui Maki)

für 5 Personen

ein 4 cm langes Stück Rettich, gleichmäßig breit
3 geschälte Clementinen oder Orangen, halbiert

Der Rettich wird zu einem etwa 60 cm langen Streifen geschält, der 15 bis 20 Minuten in kaltem Wasser eingeweicht wird. Dann wird er in 6 Rechtecke, 4 mal 10 cm groß, geschnitten. Auf ein Rettichblatt legen wir eine Orangenhälfte und wickeln es mehrmals um die Orange herum. Mit der Handfläche drücken wir es zusammen, damit es gut an der Orange haftet. 1 bis 2 Minuten lassen wir die Röllchen stehen, dann schneiden wir sie in Scheiben.

Gemüsespieße mit Koya-Dofu

für 5 Personen

4 kleine Stücke *Koya-Dofu* (getrockneter *Tofu*)
Shoyu
Öl zum Frittieren
1 Stück *Tofu*, abgetropft (S. 275), und in 5 Stückchen geschnitten
2 Eßlöffel Sesamöl
5 unregelmäßige Stücke einer Lotoswurzel
5 unregelmäßige Stücke einer Karotte
1 Prise Meersalz

Wir geben den *Koya-Dofu* in einen kleinen Topf mit kochendem Wasser. und kochen ihn 2 bis 3 Minuten. Dann gießen wir ihn ab, kühlen ihn unter fließendem kalten Wasser ab, und drücken ihn zwischen den Handflächen aus, dabei spülen wir weiter, bis der weiße Schaum aufhört. Wir schneiden die Stücke in dünne Streifen, bedecken sie mit einer Mischung aus 1 Teil Wasser und 1/4 Teil *Shoyu*, und bringen es zum Kochen. Sie werden gekocht, bis die Flüssigkeit aufgesogen oder verdunstet ist, und der *Koya-Dofu* aufgegangen ist und kräftig schmeckt. Dann stellen wir ihn beiseite.

Wir füllen einen schweren Topf oder eine Fritteuse 7 bis 8 cm hoch mit Öl, und erhitzen es auf 175 Grad. Darin frittieren wir den *Tofu* knusprig braun. Dann bedecken wir ihn in einem kleinen Topf mit einer Mischung aus 1 Teil Wasser und 1/2 Teil *Shoyu*, und kochen ihn, bis er trocken ist und stellen ihn beiseite.

Dann erhitzen wir eine schwere Pfanne und bestreichen sie mit 1 Eßlöffel Öl. Darin sautieren wir die Lotoswurzel über kleiner Flamme 2 bis 3 Minuten. Wir bedecken sie mit gleichen Teilen Wasser und *Shoyu* und bringen sie zum Kochen. Wir kochen sie zugedeckt auf kleiner Flamme bis sie weich ist, etwa 20 Minuten. Dann nehmen wir den Deckel ab, und kochen sie weiter, bis sie trocken ist.

Wir erhitzen den restlichen Eßlöffel Öl in einer weiteren Pfanne, und sautieren darin die Karotte bei mittlerer Hitze 2 bis 3 Minuten. Wir bedecken sie mit Wasser, und dünsten sie weiter, bis sie trocken ist.

Wir stecken jeweils ein Stück von dem frittierten *Tofu*, der Lotoswurzel und der Karotte auf einen Bambusspieß und richten die Spieße mit den *Koya-Dofu*-Streifen und einer Zitronen-*Miso*-Tunke (S. 259) an.

Kürbisstrudel

für 6 bis 8 Personen

100 g Kürbispürree
100 g Süßkartoffelpürree
1/2 Teelöffel und 1 Prise Meersalz
2 Tassen Vollweizenmehl (Type 1700)
1/4 Teelöffel gemahlener Zimt
2 Eßlöffel Sesam- oder Sonnenblumenöl
ungefähr 3/4 bis 1/2 Tasse Wasser
1 gut geschlagenes Eidotter
Öl

Kürbis- und Süßkartoffelpürree werden miteinander vermischt und mit einer Prise Salz gewürzt, damit ihre Süße voll zur Geltung kommt.

Das Mehl, der restliche 1/2 Teelöffel Salz und der Zimt werden gut miteinander vermischt, dann das Öl zugegeben, und mit den Handflächen gleichmäßig hineingerieben. Langsam geben wir das Wasser dazu, machen einen elastischen Teig daraus, und kneten ihn 8 bis 10 Minuten glatt. Dann wird er in ein feuchtes

Tuch eingeschlagen und 30 Minuten an einen kalten Platz gestellt.

Wir halbieren den Teig und rollen jede Hälfte auf einem eingemehlten Brett zu einem dünnen Rechteck aus. Das Pürree wird daraufgestrichen und der Teig zusammengerollt. Den Rand verkleben wir mit den paar Tropfen Wasser. Die beiden Strudel werden mit dem geschlagenen Dotter bestrichen, auf ein leicht geöltes Backblech gelegt, und in vorgeheiztem Rohr bei 175 Grad 30 Minuten gebacken, bzw. bis sie schön braun sind.

ABWANDLUNG: Anstelle des Pürrees können wir auch 2 Tassen *Adzuki*-Mus (S. 265) nehmen, und damit die Strudel wie oben zubereiten.

Gemüse aus dem Meer

Algen sind reich an Jod und anderen Mineralien. Sie sind ein wesentlicher Bestandteil der makrobiotischen Kost. Wir sollten auf ihren ganz besonderen Geschmack kommen. und sie in unsere täglichen Mahlzeiten aufnehmen. Wir können sie in Suppen, oder mit anderen Gemüsen zusammen gekocht, oder als Gewürz genießen, ohne Rücksicht auf Ort und Jahreszeit.

Hijiki mit Sesam

für 5 Personen

30 g getrocknete *Hijiki*
1 1/2 Eßlöffel Sesamöl
3 Eßlöffel *Shoyu*
1 oder 2 Eßlöffel Sesam

Die *Hijiki* werden unter fließendem kalten Wasser gewaschen, dann mit Wasser bedeckt, und 10 bis 15 Minuten eingeweicht; das Einweichwasser aufbewahren. Dann die *Hijiki* abgießen, und in 2,5 cm lange Stücke schneiden. Eine schwere Pfanne erhitzen und mit dem Öl bestreichen. Darin werden die *Hijiki* auf mittlerer Hitze sautiert, bis ihr starker Geruch aufhört. Das Einweichwasser dazugeben und falls nötig soviel frisches Wasser, daß sie bedeckt sind. Das Ganze wird zum Kochen gebracht, und zugedeckt auf kleiner Flamme gedünstet, bis die Algen aufgegangen und weich sind, etwa 30 bis 40 Minuten. Mit *Shoyu* würzen und weiter kochen, bis sie trocken sind.

Kurz vor dem Anrichten wird der Sesam in einer schweren Pfanne auf mittlerer Hitze 4 bis 5 Minuten geröstet, dabei rühren wir ständig und schütteln die Pfanne, damit die Samen gleichmäßig braun werden. Wenn sie anfangen zu duften, nehmen wir sie vom Feuer und hacken sie mit einem schweren Messer klein. Die gehackten Samen über die einzelnen Portionen *Hijiki* streuen und servieren.

Momi-Wakame

Wakame-Algen werden im heißen Öl frittiert oder direkt über offenem Feuer geröstet, bis sie knusprig sind. Zerbröseln und den Reis damit bestreuen.

Hijiki mit Karotten

für 5 Personen

20 g getrocknete *Hijiki*
3 Eßlöffel Sesamöl
100 g Karotten (oder Lotoswurzeln), in dünne Viertelscheibchen geschnitten, (*Ichogiri*, S. 28)
Shoyu

Die *Hijiki* werden unter fließend kaltem Wasser gewaschen, dann mit Wasser bedeckt, und 10 bis 15 Minuten eingeweicht; *Hijiki* abgießen und in 2,5 cm lange Stücke schneiden. Wir erhitzen eine schwere Pfanne und bestreichen sie mit Öl. Darin die Karotte über kleiner Flamme 1 bis 2 Minuten sautieren, dabei behutsam umrühren, dann die *Hijiki* dazugeben, und zusammen weitere 5 bis 10 Minuten sautieren, bis der starke Geruch der

Hijiki aufhört. Dann geben wir das Einweichwasser dazu, und soviel frisches Wasser, daß alles bedeckt ist, und bringen es zum Kochen. 30 bis 40 Minuten auf kleiner Flamme dünsten, mit *Shoyu* abschmecken und weiterkochen, bis das Gemüse trocken ist.

ABWANDLUNG: Wenn wir anstelle der Karotten getrocknete Lotoswurzeln verwenden, weichen wir sie über Nacht ein und bereiten sie dann genau wie oben zu.

Kombu mit Shoyu

1 Streifen *Kombu*, 25 cm lang, mit einem Tuch saubergewischt
Shoyu

Den *Kombu*streifen in 3 cm große Quadrate schneiden, in einem schweren Topf oder einer tiefen Pfanne gut mit Wasser bedecken, und zum Kochen bringen. 30 bis 40 Minuten kochen, und, falls nötig, Wasser dazugeben, damit die Algen davon bedeckt bleiben. Wir geben 1 Teil *Shoyu* zu der restlichen Kochflüssigkeit, und kochen weiter, bis er trocken ist. Dann bedecken wir die Algen wieder mit gleichen Teilen *Shoyu* und Wasser und kochen sie weiter, bis sie wieder trocken sind. Diesen Vorgang nocheinmal wiederholen. Wir servieren nur 1 oder 2 Stückchen dieser salzigen Beilage pro Person. In einem luftdichten Behälter aufbewahren.

Kombuwurzel Nitsuke

80 g *Kombu*wurzel, sauber abgewischt
Shoyu

Wir geben die *Kombu*-Wurzel in einen Druckkochtopf mit so viel Wasser, daß sie davon doppelt bedeckt wird. Über großer Flamme bringen wir es zum Kochen. Wenn der volle Druck erreicht ist, stellen wir die Flamme klein und kochen es 30 bis 40 Minuten. Dann den Topf vom Feuer nehmen und den Druck langsam absinken lassen. Die *Kombu*wurzel wird in einem Topf mit gleichen Teilen *Shoyu* und Wasser bedeckt, zum Kochen gebracht, und auf kleiner Flamme solange gekocht, bis sie weich ist. Falls notwendig, noch Wasser und *Shoyu* zugeben. Wenn die Wurzel weich ist, nehmen wir den Deckel ab und kochen sie weiter, bis sie trocken ist. Nur 1 Stück pro Person servieren, *Kombu*wurzel ist sehr *yang*.

Momi Nori

Ein *Nori*-Blatt wird durch Hin- und Herbewegen über kleiner Flamme auf einer Seite geröstet, bis es knusprig ist. Dann zerbröseln wir es und streuen es auf Reis, Gemüse, Suppen etc., oder schneiden es in Streifen und verwenden es, um *Musubi* (S.190)einzuwickeln.

Musubi Kombu

Öl zum Frittieren
1 Streifen *Kombu*, 15 cm lang, saubergewischt
Meersalz

Einen schweren Topf, oder eine Fritteuse 7 bis 8 cm hoch mit Öl füllen und auf 175 Grad erhitzen. Den *Kombu*streifen in 1 mal 3 cm große Stücke schneiden. Man kann jeden Streifen zu einem losen Knoten knüpfen oder in die Mitte eines jeden Streifen einen kurzen Schlitz machen und ein Ende hindurchstecken. Dann werden sie im heißen Öl herausgebacken, bis sie aufgegangen und knusprig sind. Zum Abtropfen auf ein saugfähiges Papier legen und mit Salz bestreuen. Ein köstlicher Appetithappen zum Bier oder *Sake*.

Tempura

In Teig eingetaucht und herausgebacken sind Gemüse und Fisch oft am allersüßesten. Gutes *Tempura* zu machen ist nicht schwierig, jedoch bedarf es großer Konzentration. Wenn es ein Teil einer ganzen Mahlzeit sein soll, bereiten wir die anderen Speisen zuerst zu, damit wir dem *Tempura* unsere volle Aufmerksamkeit schenken können. *Tempura* soll heiß serviert werden. Wenn wir größere Mengen machen, stellen wir das bereits fertige *Tempura* ins warme Backrohr.

Das Öl: Jedes hochwertige Pflanzenöl ist geeignet, aber am besten gibt man etwas Sesamöl mit in den Topf, wegen seines nussigen Geschmacks. Wir füllen einen 25 oder 30 cm breiten schweren Topf, *Wok* oder eine Fritteuse 7 bis 8 cm hoch oder höher mit Öl und erhitzen es langsam auf 175 Grad. Um zu testen, ob das Öl heiß genug ist, tropft man etwas von dem Teig hinein. Wenn er mit fast der selben Geschwindigkeit an die Oberfläche kommt, wie er zu Boden fällt, ist das Öl heiß genug. Wenn der Teig am Boden bleibt, ist das Öl zu kalt, und das *Tempura* wird ölig sein; wenn der Teigtropfen schneller steigt, als er fällt, ist das Öl zu heiß. Beim Frittieren muß die Öltemperatur immer genau richtig gehalten werden, das geschieht dadurch, daß man die Flamme unter dem Topf größer oder kleiner stellt. Wir müssen beachten, daß die Temperatur jedesmal, wenn wir Gemüse oder Fisch ins Öl geben, sinken wird. Deshalb kann das Öl am Anfang eine Temperatur von 190 Grad haben.

Der Topf sollte nicht überfüllt werden: Das *Tempura* soll auf den Boden des Topfes fallen, schnell nach oben steigen, und dort genug Platz haben, um zu schwimmen und umherzutanzen. Wenn eine Seite braun ist, drehen wir es mit ein paar Holzstäbchen um und bräunen die andere Seite. Dann holen wir es mit den Holzstäbchen, mit einem Maschensieb aus Draht oder einem Schlitzlöffel heraus. Es wird zum Abtropfen auf ein Drahtnetz oder auf saugfähiges Papier gelegt. Wenn das *Tempura* herausgenommen ist, schöpfen wir Rückstände mit einem Sieb aus dem Öl heraus. Wenn das Öl trüb wird, geben wir eine *Ume-*

boshi hinein, damit sie es reinigt. Sie zieht dabei unnötige Teilchen an. Wir nehmen die *Umeboshi* wieder heraus, und können weiterfrittieren.

Wenn wir das übriggebliebene Öl in einem Glasbehälter aufbewahren und eine *Umeboshi* dazugeben, damit es frisch bleibt, können wir es 1 bis 2 Monate immer wieder verwenden.

Der Teig: Das Mehl, oder die Zusammenstellung verschiedener Mehlsorten ist Geschmackssache und läßt einen Spielraum für schmackhafte Experimente. Wir können Vollweizenmehl (Type 1700) mit Buchweizenmehl, oder Roggen mit Maismehl kombinieren, feines Vollweizenmehl (Type 1200) mit ungebleichtem weißen Mehl (Type 550); und Buchweizen-mit Reismehl. In der Regel nehmen wir 3/4 Tasse Wasser und 1/4 bis 1/2 Teelöffel Meersalz für jede Tasse Mehl. Natürlich brauchen wir für einen dicken Teig etwas weniger Wasser und für einen dünnen etwas mehr. Bei Wunsch kann man auch ein geschlagenes Ei und/oder 1 Teelöffel *Kuzu*pulver dazugeben. Den Teig nur leicht mischen. Es macht nichts, wenn ein paar Klumpen drinbleiben. Ganz wichtig ist, daß der Teig ganz frisch vor dem Gebrauch gemacht wird. Wir stellen eine extra Tasse Mehl bereit, für den Fall, daß der Teig zu Ende geht.

Die Zutaten: Fast jedes reife Gemüse gibt köstliches *Tempura:* Karotte, Schwarzwurzel, Klettenwurzel, Lotoswurzel, Kürbis, *Jinenjo* (Bergkartoffel), Süßkartoffel, Zwiebel, Pilze (*Shitake*), grüne Bohnen, Paprika, Sellerie, Spargel, Broccoli, Blumenkohl, Petersilie, Möhrenkraut, Sellerieblätter und *Nori*. Die Wurzeln oder Knollen schneiden wir in dünne Stifte oder in 1 cm dicke schräge oder gerade Scheiben; Stengel in 2 bis 8 cm lange Stücke, Broccoli und Blumenkohl werden in ihre Rosetten zerteilt. Grüne Blätter werden wunderbar, wenn man nur 1 Seite davon mit Teig bestreicht. Wenn man die Petersilie zu einem kleinen Sträußchen zusammennimmt, und mit den Stengeln nach unten, nur bis zur Hälfte des Büschels in den Teig eintaucht, sind Augen und Gaumen gleichwohl erfreut. Feuchte Gemüse (Kürbis, Broccoli, Blumenkohl, grüne Blätter) kann man zuerst in trockenes Mehl eintauchen, und dann in den Teig, dann bleibt er besser daran haften.

Garnelen sind als *Tempura* ganz köstlich und werden beim Frittieren “yangisiert”. Wir entfernen die Schale bis auf den

Schwanzteil. Mit einer feinen Messerspitze entfernen wir den Strang von Eingeweiden, der am Rücken entlangläuft. An der Innenseite der Garnele machen wir 2 bis 3 Quereinschnitte und drücken sie mit einem breiten Messer flach. Bei Schmetterlings garnelen machen wir einen Einschnitt von ganz oben, bis ganz zum Schwanz, und drücken sie dann glatt. Die Garnele wird am Schwanz gehalten, in den Teig getaucht, und dann frittiert. Auch ein 1 cm dickes Filet eines jeden Fisches mit weißem Fleisch kann in Teig getaucht und in heißes *Tempura*öl gelegt werden.

Die Tunke: Auf 1 Tasse *Kombu-Dashi* (S. 221) geben wir 1/4 Tasse *Shoyu* und lassen es einmal kurz aufkochen. Dann nehmen wir es vom Feuer, und lassen es kurz abkühlen. Diese Soße wird in einzelne Schalen gefüllt. Jeder sollte nach Geschmack geriebenen Rettich (der hilft bei der Verdauung des Öls) oder Ingwerwurzel zur Soße geben. Wenn *Tempura* ohne diese Soße serviert wird, sollte man ein kleines Häufchen geriebenen, leicht mit *Shoyu* gewürzten Rettich darüberstreichen. Für Kinder kann man eine Kombination aus gleichen Teilen feingeriebenem Rettich mit Karotte machen.

Gemüse-Tempura

für 5 Personen

Öl zum Frittieren
1 dicke Klettenwurzel (Schwarzwurzel), 25 cm lang, und in 5 Stücke geschnitten
8 Scheiben Lotoswurzel, (1 cm dick), halbiert
1 kleine Karotte, in Stifte geschnitten (*Sengiri*, S. 26)
10 grüne Bohnen, gewaschen, entfädelt und schräg halbiert
15 Petersilstengel, zu 5 kleinen Sträußchen zusammengenommen
1 Blatt *Nori*, halbiert, und jede Hälfte in 5 kurze Streifen geschnitten
für den Teig:
2 Tassen ungebleichtes weißes Mehl (550)
ungefähr 1 1/2 Tassen Wasser
1 geschlagenes Ei

Die Klettenwurzelstücke werden aufgestellt, zu 3/4 ihrer Länge gitterförmig eingeschnitten, und die Stifte auseinandergezogen.

Wir erhitzen das *Tempura*-Öl auf 190 Grad und mischen den Teig zusammen. Mit ein paar Holzstäbchen werden die Gemüsestückchen eins nach dem anderen in den Teig eingetaucht. Bei den Klettenwurzeln (oder Schwarzwurzeln) werden nur die Stifte in den Teig getaucht, das untere, nicht aufgeschnittene Ende trocken gelassen. Beim *Nori* nur eine Seite mit Teig bestreichen, und nur die Hälfte der Petersilsträußchen. Wir legen eine Portion (etwa 8 Stücke) auf einmal ins heiße Öl. Die Stückchen werden nach 1 bis 2 Minuten umgedreht und eine weitere Minute gebacken, bzw. bis sie goldgelb und knusprig sind. Dann werden sie zum Abtropfen auf saugfähiges Papier gelegt. Wir richten die Stückchen auf einem Teller oder einem flachen Bambuskorb an und stellen sie in das auf 120 Grad vorgeheizte Backrohr. Nun werden Rückstände aus dem Öl gefischt, die Temperatur richtig eingestellt, und die restlichen Zutaten ebenso herausgebacken.

Wir richten *Tempura* mit einer Tunke (S. 257) an, oder stellen für jeden einen Eßlöffel geriebenen, mit 1 Teelöffel *Shoyu* gewürzten Rettich, bereit.

Tempura aus Kürbisschalen
(Kabocha no Kawa Kaki Age)

für 5 Personen

Öl zum Frittieren
1/2 Tasse Vollweizenmehl (Type 1700)
1/2 Tasse ungebleichtes Mehl (Type 550)
ungefähr 3/4 Tasse Wasser
1/2 Teelöffel Meersalz

Die Schale wird in dünne Streifen geschnitten, in eine große Schüssel gegeben und mit den restlichen Zutaten zu einem Teig vermischt. Wir füllen 7 bis 8 cm hoch Öl in einen schweren Topf oder eine Fritteuse und erhitzen es auf 175 Grad. Die teigumhüllten Streifen werden löffelweise ins heiße Öl gegeben und herausgebacken, bis sie goldgelb und knusprig sind. Auf einem Drahtrost oder saugfähigem Papier abtropfen lassen. So kann man aus Schalen etwas Köstliches bereiten, anstatt sie wegzuwerfen.

Süßkartoffelbällchen-Tempura (Satsumaimo no Toma Age)

für 5 Personen

3 Tassen Süßkartoffelpürree
1 Tasse kleingehackte Zwiebel
Öl zum Frittieren
1 Tasse ungebleichtes weißes Mehl (Type 550)
1 Tasse Wasser
1/2 Teelöffel Meersalz
5 Eßlöffel geriebener Rettich
5 Teelöffel *Shoyu*

Wir vermischen die gehackte Zwiebel und das Süßkartoffelpürree gut miteinander, machen 2 bis 3 cm dicke Bällchen daraus, und setzen sie beiseite.

Dann wird ein schwerer Topf oder eine Fritteuse 7 bis 8 cm hoch mit Öl gefüllt und auf 175 Grad erhitzt. Aus Mehl, Wasser und Salz machen wir einen Teig, tauchen die Bällchen hinein, bedecken sie gründlich damit, und backen sie im heißen Öl goldgelb und knusprig. Auf saugfähigem Papier abtropfen lassen und mit kleinen Häufchen von geriebenem Rettich, der leicht mit *Shoyu* gewürzt wurde, anrichten.

Tempuraklößchen

für 5 Personen

Öl zum Frittieren
1 1/2 Tassen Vollweizenmehl (Type 1700)
1/4 bis 1/2 Teelöffel Meersalz
ungefähr 1 bis 1 1/2 Tassen Wasser
1 Tasse gestiftelte Karotten (*Sengiri*, S. 26)
1 Tasse gestiftelte Klettenwurzel (*Sengiri*, S. 26)
1 Tasse Lotoswurzel, in dünne Halbmonde geschnitten

Ein schwerer Topf oder eine Fritteuse wird 7 bis 8 cm hoch mit Öl gefüllt und auf 185 Grad erhitzt. Aus Mehl, Salz und Wasser machen wir einen dicken Teig, geben das Gemüse hinein, und vermischen es gut. Den Teig löffelweise ins heiße Öl geben, die Klößchen nach 1 bis 2 Minuten umdrehen und noch 1 Minute frittieren, bis sie goldgelb und knusprig sind. Auf saugfähigem Papier abtropfen lassen und die einzelnen Portionen im vorgeheizten Backrohr bei 120 Grad warmhalten. Feingeriebenen Rettich mit ein bißchen *Shoyu* würzen und kleine Portionen davon mit dem *Tempura* anrichten. Für besondere Gelegenheiten können wir auch rohe, in kleine Würfel geschnittene Garnelen in den Teig geben.

ABWANDLUNG: Anstatt der oben angegebenen Gemüse kann auch eine Mischung aus vorgekochten Kastanien und Zuckererbsen genommen und löffelweise herausgebacken werden. Oder 2 Tassen weiche (vorgekochte) Maiskörner in den Teig rühren und die *Tempura*maisklößchen mit frittierten *Harusame* (Glasnudeln) servieren.

Konomi-Tempura

Ganze Mandeln, Kashews oder Walnüsse, Oliven oder entkernte *Umeboshi* in den Teig tauchen und frittieren. Köstlich als kleiner Snack zum Bier. Oder: Pferde- oder Saubohnen weichkochen, abschälen, in den *Tempura*teig tauchen, und goldgelb und knusprig herausbacken.

Frittierte Gemüsebällchen

für 5 Personen

Öl zum Frittieren
1 kleine gehackte Zwiebel
5 grüne Bohnen, gewaschen, entfädelt, und in kleine Stücke geschnitten
ca. 100g Kürbispürree
2 bis 3 Eßlöffel gehackter *Seitan*
1 Teelöffel Meersalz
1 Tasse Vollweizenmehl (Type 1700)
2 Tassen Semmelbrösel, oder Maisgrieß

Wir füllen einen schweren Topf oder eine Fritteuse 7 bis 8 cm hoch mit Öl und erhitzen es auf 175 Grad. Zwiebel, Bohnen, Kürbispürree und *Seitan* vermischen und salzen. Soviel Mehl dazugeben, daß alles gut zusammenhält, und kleine etwa 2 bis

3 cm dicke Bällchen daraus machen. Die Bällchen werden in den Semmelbröseln oder dem Maismehl gerollt und im heißen Öl auf beiden Seiten goldgelb und knusprig herausgebacken. Vorm Anrichten auf saugfähigem Papier oder einem Drahtrost abtropfen lassen.

Frittierte Rüben mit Eischnee (Kabu Awayuki Age)

für 5 Personen

Öl zum Frittieren
3 Tassen geriebene Rüben (Feld-, Steck- oder Futterrüben)
ungefähr 3 Eßlöffel ungebleichtes weißes Mehl (Type 550)
1 Eiweiß, steifgeschlagen
2 1/2 Eßlöffel geriebener Rettich
2 1/2 Eßlöffel geriebene Karotte
5 Teelöffel *Shoyu*

Wir füllen einen schweren Topf oder eine Fritteuse 7 bis 8 cm hoch mit Öl und erhitzen es auf 175 Grad. Die geriebene Rübe wird mit soviel Mehl vermischt, daß es einen dicken Teig ergibt, dann den Eischnee unterziehen. Das Ganze löffelweise ins heiße Öl gegeben und 2 bis 3 Minuten goldgelb und knusprig frittiert. Auf saugfähigem Papier abtropfen lassen und mit einer Mischung aus geriebenem Rettich und Karotte, die leicht mit *Shoyu* gewürzt wurde, anrichten.

Frittierter Kürbis (Kabocha Tempura) für 5 Personen

1 kleiner Kürbis
1/2 Teelöffel und 1 Prise Meersalz
Öl zum Frittieren
1 Tasse ungebleichtes weißes Mehl (Type 550)
ungefähr 3/4 Tasse Wasser
2 Tassen Semmelbrösel oder Maisgrieß
5 Eßlöffel geriebener Rettich
5 Teelöffel *Shoyu*

Der Kürbis wird abgeschält und in große Stücke geschnitten,

dann wird er gedämpft, bis er gerade weich ist, etwa 15 Minuten. Mit 1 Prise Salz würzen, dadurch wird der Kürbisgeschmack besonders betont.

Wir füllen einen schweren Topf oder eine Fritteuse 7 bis 8 cm hoch mit Öl und erhitzen es auf 175 Grad. Aus Mehl, Wasser und dem restlichen 1/2 Teelöffel Salz machen wir einen Teig, tauchen die Kürbisstücke hinein, rollen sie in den Semmelbröseln, und backen sie im heißen Öl goldgelb und knusprig heraus. Auf saugfähigem Papier abtropfen lassen und mit kleinen Häufchen aus geriebenem, leicht mit *Shoyu* gewürztem Rettich anrichten.

ABWANDLUNG: Wenn wir den Kürbis frittieren wollen, ohne ihn vorher zu dämpfen, schneiden wir ihn in dünne Sicheln; sofort in den Teig tauchen und frittieren.

Zwiebel- und Blumenkohl-Tempura für 5 Personen

Öl zum Frittieren
1 1/2 Tassen ungebleichtes weißes Mehl (Type 550)
1/2 Teelöffel Meersalz
ungefähr 1 Tasse Wasser
2 mittelgroße Zwiebeln, in Halbmonde geschnitten
1/2 mittelgroßer Blumenkohl, in seine Röschen zerteilt
5 Eßlöffel feingeriebener Rettich
5 Teelöffel *Shoyu*

Wir füllen einen schweren Topf oder eine Fritteuse 7 bis 8 cm hoch mit Öl und erhitzen es auf 175 Grad. Aus Mehl, Salz und Wasser wird ein *Tempura*-Teig gemacht. Die Zwiebel- und Blumenkohlröschen in den Teig rühren, löffelweise ins heiße Öl geben und goldgelb und knusprig herausbacken. Auf einem Drahtrost oder saugfähigem Papier abtropfen lassen und mit kleinen Häufchen von feingeriebenem, leicht mit *Shoyu* gewürztem Rettich anrichten.

ABWANDLUNG: Dicke Zwiebelhalbmonde werden ohne Teig im heißen Öl herausgebacken, bis sie gar sind und knusprig braun, und nach dem Abtropfen mit Walnuß-*Miso* (S. 259) serviert.

Lotoswurzel-Tempura mit Miso für 5 Personen

Öl zum Frittieren
1 Tasse ungebleichtes weißes Mehl (Type 550)
ungefähr 3/4 Tasse Wasser
1/2 Teelöffel Meersalz
ungefähr 2 Eßlöffel *Miso*
15 Scheiben Lotoswurzel, knapp 1 cm dick
5 Eßlöffel feingeriebener Rettich
5 Teelöffel *Shoyu*

Wir füllen einen schweren Topf oder eine Fritteuse 7 bis 8 cm hoch mit Öl und erhitzen es auf 175 Grad. Aus Mehl, Wasser und Salz wird ein Teig gemacht. Die Löcher der Lotoswurzel werden mit *Miso* gefüllt, dann werden die Scheiben in den Teig getaucht und im heißen Öl goldgelb und knusprig herausgebacken. Auf saugfähigem Papier abtropfen lassen und mit geriebenem, ein bißchen mit *Shoyu* gewürztem Rettich anrichten.

ABWANDLUNG: Die Lotoswurzel entweder vor oder sofort nach dem Frittieren in Semmelbrösel rollen. Knusprig und köstlich.

Falsche Kastanien-Tempura (Kuri Igaguri)
für 5 Personen

Öl zum Frittieren
1 Tasse ungebleichtes weißes Mehl (Type 550)
1 bis 2 Eßlöffel *Yannoh* (Getreidekaffee)
1/2 bis 3/4 Tasse Wasser
1/4 Teelöffel Meersalz
20 mittelgroße Kastanien, mit Wasser bedeckt weichgekocht
30 bis 60 g *Somen* Nudeln, in 1 cm lange Stücke gebrochen

Wir füllen einen schweren Topf oder eine Fritteuse 7 bis 8 cm hoch mit Öl und erhitzen es auf 175 Grad. Aus Mehl, *Yannoh,* Wasser und Salz machen wir einen dicken Teig. Jede Kastanie einzeln in den Teig tauchen und gründlich damit bedecken, dann in den Nudelstückchen rollen. Im heißen Öl auf beiden Seiten tiefbraun und knusprig herausbacken, und vorm Anrichten auf saugfähigem Papier abtropfen lassen.

Kürbiskroketten

für 5 Personen

3 Tassen Kürbispürree
1/2 Tasse gehackte Zwiebel
1/4 Tasse geriebene Karotte
1 gehäufter Eßlöffel Vollweizenmehl (Type 1700)
1 Teelöffel Meersalz
Öl zum Frittieren
1 Tasse ungebleichtes weißes Mehl (Type 550)
1 Tasse Wasser
2 Tassen Semmelbrösel oder Maisgrieß

Wir vermischen die ersten vier Zutaten und 1/2 Teelöffel Salz, machen 10 Kroketten daraus, und legen sie beiseite.

Wir füllen einen schweren Topf oder eine Fritteuse 7 bis 8 cm hoch mit Öl und erhitzen es auf 175 Grad. Aus dem ungebleichten weißen Mehl, Wasser und dem restlichen 1/4 Teelöffel Salz wird ein Teig gemacht, die Kroketten werden hineingetaucht, und in den Semmelbröseln gerollt. Dann werden sie im heißen Öl goldgelb und knusprig herausgebacken, und vorm Servieren auf saugfähiges Papier zum Abtropfen gelegt.

ABWANDLUNG: Die Kroketten können auch in einer gut geölten Pfanne gebraten und mit einer „Braten"-Soße (S. 255, Abwandlung C) serviert werden.

Wildgemüse

Gut über tausend Jahre lang war es in Japan Brauch, am 7. Januar *Nanakusa-Gayu* zu essen, eine Reisschleimsuppe mit sieben Kräutern. Diese köstliche Suppe galt als beste Vorbeugung gegen Erkältung und Grippe, sogar mitten in der Grippe-Hochsaison. Ich erinnere mich, daß ich als Kind durch die Hügel und Täler, die unser Dorf umgaben, lief, um *Seri* (wilde Petersilie), *Nazuna* (Hirtentäschel), *Hakobera* (Vogelmiere), *Hotokenoza* (Buddha's Thron, ähnlich dem Löwenzahn), *Suzuna* (Rübenblätter), *Suzushiro* (Rettichblätter) und *Gogyo* (Gnaphalium Multiceps) zu sammeln. Die Kräuter wurden zum Rhythmus eines alten Volksliedes auf dem Hackbrett zubereitet:

Sutonton ton ton	Hack-hack und hack
Nanakusa nazuna	die sieben Kräuter und's Hirtentäschl
Todo no tori ga	bevor der chinesische Vogel
Wataranu saki ni	drüberfliegt
Pata kusa pata kusa	stampf die Kräuter, stampf die Kräuter

Die Kräuter, die in diesem Gericht verwendet werden, sprießen zu Anfang des Frühlings aus der Erde, und oft sieht man, wie sie unter einer schweren Schneedecke hervorschauen; nicht, daß sie die bittere Kälte nur überleben, sie werden sogar durch sie gestärkt. Sie sind reich an Mineralien, haben einen leicht bitteren Geschmack, und helfen bei der Ausscheidung von Salz, Öl und Eiweiß, das im ganzen Körper gelagert ist. Nicht von Menschenhand behütet, wachsen diese kräftigen *yang*-Pflanzen auf, ohne die Vergiftungen durch künstliche Düngemittel und Insektizide. Diese halbvergrabenen Schätze sind einen Entdeckungsausflug

* Ein Euphemismus für die Krankheiten, von denen man glaubt, daß sie von den ersten chinesischen und koreanischen Einwanderern vom Festland nach Japan gebracht worden sind.

wert. Hier sind ein paar einfache Zubereitungsarten. Wir servieren sie in kleinen Portionen oder verwenden sie als Garnierung.

Adlerfarn

für 5 Personen

Wir verwenden die jungen Triebe, die wir zu Frühlingsanfang finden.

100 g Adlerfarn
1 Teelöffel Meersalz
1 Eßlöffel Sesamöl
2 bis 3 Eßlöffel *Shoyu*

Der Farn wird gut gewaschen und die verfärbten (braunen) Stellen weggeschnitten. In einem kleinen Topf bringen wir soviel Wasser zum Kochen, daß es den Farn bedeckt, und salzen es. Der Farn wird hineingegeben, wieder zum Kochen gebracht und 10 Minuten gekocht. Dann gießen wir ihn ab und schneiden ihn in 2,5 cm lange Stücke.

Wir erhitzen eine schwere Pfanne und bestreichen sie mit

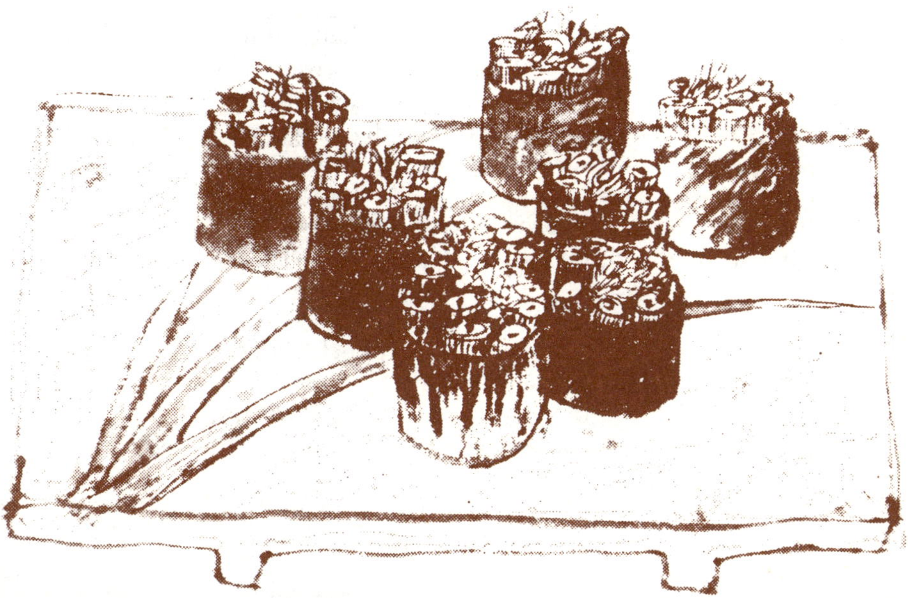

dem Öl. Darin sautieren wir das Farnkraut bei mittlerer Hitze 5 Minuten und rühren dabei behutsam um. Mit *Shoyu* würzen, die Flamme ganz kleinstellen, und trockendünsten. Kleine Portionen davon servieren.

ABWANDLUNG: Ein leicht geröstetes *Nori*-Blatt wird in die Hälfte geschnitten und auf ein Holzbrett oder eine Bambusmatte (*Sudare*) gelegt. Wir legen die Hälfte des sautierten Farns auf den Rand eines jeden Blattes, beträufeln die gegenüberliegende Seite mit ein paar Tropfen Wasser, und wickeln es zu einer festen Rolle zusammen. Die Bambusmatte wird weggenommen und die Rolle in Scheiben geschnitten.

Huflattichblätter-Nitsuke

für 5 Personen

Wir verwenden die Blätter, solange sie noch ganz jung und zart sind.

200 g Huflattich
1 Eßlöffel Sesamöl
3 Eßlöffel *Shoyu*

Der Huflattich wird gewaschen, abgeschält, und in 3 cm lange Stücke geschnitten. Wir erhitzen eine schwere Pfanne und bestreichen sie mit dem Öl. Darin wird der Huflattich 5 Minuten bei mittlerer Hitze sautiert und ständig umgerührt. Ein bißchen Wasser zugeben und weichdünsten. Mit *Shoyu* würzen und dünsten, bis er trocken ist.

Huflattich läßt sich sehr gut aufbewahren; je länger er aufbewahrt werden soll, desto länger muß er zuerst gekocht werden.

ABWANDLUNGEN: A. Der Huflattich wird in einem Topf mit kochendem Salzwasser weichgekocht, dann abgegossen, feingeschnitten und wie oben sautiert.

B. Man kann auch *Nori*-Rollen mit Huflattich füllen, siehe Abwandlung S. 204.

Huflattichblüten-Tempura

für 5 Personen

Öl zum Frittieren
10 Huflattichblüten
1 Teelöffel *Tahin* (Sesammus)
1/2 Tasse und 2 Eßlöffel Wasser
1/2 Tasse Vollweizenmehl (Type 1700)
5 Eßlöffel feingeriebener Rettich
5 Teelöffel *Shoyu*

Wir füllen einen schweren Topf oder eine Fritteuse 7 bis 8 cm hoch mit Öl und erhitzen es auf 175 Grad. Die Blüten werden in leicht gesalzenem Wasser gewaschen, und trockengetupft. Wir verrühren das *Tahin* mit 2 Eßlöffeln Wasser, und machen aus dem Mehl und dem restlichen Wasser einen Teig. Die Blüten werden einzeln zuerst in das *Tahin*, dann in den Teig getaucht, und im heißen Öl goldgelb und knusprig herausgebacken. Auf einem saugfähigen Papier abtropfen lassen, und mit jeder Portion ein Häufchen geriebenen, leicht mit *Shoyu* gewürzten Rettich reichen.

Huflattichblüten mit Miso

für 5 Personen

1 Tasse Huflattichblüten
1 Eßlöffel Sesamöl
1/4 Tasse *Miso*, mit Wasser kremig gerührt

Die Huflattichblüten werden in einem Sieb mit kochendem Wasser übergossen. Dann lassen wir sie abtropfen und schneiden sie klein. Wir erhitzen Öl in einer schweren Pfanne und sautieren darin die Blüten 5 Minuten bei mittlerer Hitze, dabei rühren wir leicht um. Das verdünnte *Miso* zugeben und 5 Minuten weiterdünsten. Köstlich als Garnierung für den Reis.

Löwenzahn-Nitsuke

für 5 Personen

Löwenzahn pflücken wir, solange die Blätter noch zart sind, und bevor er blüht.

250 g Löwenzahnblätter
1 Eßlöffel Sesamöl
3 Eßlöffel *Shoyu*, oder 1 Eßlöffel *Miso*, mit 2 Eßlöffeln Wasser verdünnt
1 Eßlöffel Sesam, geröstet und kleingehackt

Die Blätter werden gut gewaschen und kleingeschnitten. Wir erhitzen das Öl in einer schweren Pfanne und sautieren darin die kleingeschnittenen Blätter 2 bis 3 Minuten bei mittlerer Hitze. Dann würzen wir sie mit *Shoyu* oder dem verdünnten *Miso*, und dünsten sie weiter, bis sie trocken sind. Mit dem feingehackten Sesam bestreut anrichten.

ABWANDLUNG: Will man Löwenzahnwurzeln zubereiten, bürstet man sie gut und hackt sie dann ganz fein. In ein bißchen Sesamöl werden sie 3 bis 4 Minuten bei mittlerer Hitze sautiert, mit *Shoyu* oder verdünntem *Miso* gewürzt, und weitergedünstet, bis sie trocken sind. Sparsam zu Reis reichen. Dies ist ein traditionelles Heilmittel gegen Arthritis.

Gekochte Senfpflanzen (Ohitashi)

für 5 Personen

250 g Senfpflanzen, gründlich gewaschen
1 Teelöffel Meersalz
3 Eßlöffel Sesam, geröstet und zu einer Paste gemahlen
2 bis 3 Teelöffel *Shoyu*

Wir verwenden die Blüten, Blätter, und die zarten Teile der Stengel. In einem Topf soviel Wasser zum Kochen bringen, daß es den Senf gut bedeckt und salzen. Der Senf wird darin gekocht, bis die Blätter leuchtend grün und die Stengel ganz weich sind, etwa 5 Minuten. Der Senf soll herausgenommen werden, bevor die Blüten gelb geworden sind. Wir gießen ihn durch ein Sieb ab, und kühlen ihn durch Fächeln schnell auf Zimmertemperatur ab. Die Sesampaste wird mit dem *Shoyu* verrührt und über die einzelnen Portionen gegeben.

Wilde Petersilie

für 5 Personen

ca. 125 g Petersilie
1 Eßlöffel Sesamöl
2 bis 3 Eßlöffel *Shoyu*
3 Eßlöffel Sesam (schwarzer), geröstet, und ein einem *Suribachi* zu einer Paste gemahlen
2 Eßlöffel Wasser

Die Wurzeln der Petersilie werden weggeschnitten und das Kraut sorgfältig unter fließendem kalten Wasser gewaschen, in ein Sieb gegeben und mit kochendem Wasser übergossen. Wir lassen es abtropfen und schneiden es klein, dann sautieren wir es bei mittlerer Hitze 2 bis 3 Minuten in dem Öl, dabei rühren wir behutsam um. Mit *Shoyu* würzen und trockendünsten.

Die Sesampaste wird mit dem Wasser verrührt und mit der Petersilie gut vermischt.

ABWANDLUNGEN: A. Die mit der Sesampaste vermischte Petersilie wird in leicht geröstetes *Nori* gerollt (siehe Abwandlung A. auf Seite 204).

B. Die Blätter werden in *Tempura*teig getaucht und im heißen Öl goldgelb und knusprig herausgebacken. So kann sie gut als Appetithappen oder als Vorspeise oder zum Wein gereicht werden.

Wilder Spinat

für 5 Personen

250 g wilder Spinat
2 Eßlöffel Sesamöl
2 Eßlöffel Wasser
2 oder 3 Eßlöffel *Shoyu*
2 Eßlöffel *Tahin* (Sesammus)

Der Spinat wird gut gewaschen, dann für einen Moment in kochendes Wasser getaucht, und in 1,5 cm lange Stücke geschnitten. Dann erhitzen wir eine schwere Pfanne und bestreichen sie mit dem Öl. Darin sautieren wir den Spinat 5 Minuten bei mittlerer Hitze und rühren dabei ständig. Wasser und *Shoyu* zugeben und zugedeckt auf kleiner Flamme 20 Minuten dünsten, dabei gelegentlich umrühren. Vom Feuer nehmen und abkühlen lassen. Wir servieren die einzelnen Portionen mit ein bißchen *Tahin*.

Wilder Spinat (Ohitashi Goma-Ae) für 5 Personen

1 Teelöffel Meersalz
125 g wilder Spinat
2 Eßlöffel gewaschener Sesam
2 Eßlöffel Wasser
2 Eßlöffel *Shoyu*

In einem großen Topf wird Wasser zum Kochen gebracht und gesalzen. Wir geben den Spinat in das sprudelnde Wasser, bringen es wieder zum Kochen, und kochen den Spinat, bis er leuchtend grün ist, etwa 5 Minuten. Wir nehmen ihn heraus und lassen ihn in einem Sieb abtropfen.

Der Sesam wird in einer schweren Pfanne bei mäßig hoher Hitze braun und aromatisch geröstet, dabei ständig gerührt, und dann in einem *Suribachi* zu einer Paste gemahlen. Die Paste mit 2 Eßlöffeln Wasser verrühren und mit *Shoyu* würzen. Der abgetropfte Spinat wird dazugegeben und alles gut vermischt. Kleine Portionen davon servieren.

Wilde Schalotten für 5 Personen

125 g wilde Schalotten
1 Eßlöffel Sesamöl
2 bis 3 Eßlöffel *Shoyu*

Die Schalotten werden gewaschen und in 2,5 cm große Stücke geschnitten. Dann werden sie in dem Öl bei mittlerer Hitze 3 bis 4 Minuten sautiert, mit *Shoyu* gewürzt und gedünstet, bis sie trocken sind. Oder die Schalotten zu einer *Miso*suppe geben,

5 Minuten bevor das *Miso* dazugegeben wird. Oder die Stückchen in *Tempura*-Teig tauchen und im heißen Öl herausbacken.

Gekochte Distelblätter

für 5 Personen

Wir sammeln Distelblätter zu Frühlingsanfang, solange die Stiele noch ganz zart sind.

1 Teelöffel *Miso*
250 g gut gewaschene Distelblätter
Shoyu
Sesam-, Erdnuß- oder Kashewmus

Wir bringen einen Topf mit Wasser zum Kochen und salzen es. Die Blätter werden hineingegeben und 3 bis 4 Minuten gekocht, bis sie leuchtend grün sind. Abtropfen lassen. Nur mit *Shoyu* gewürzt, oder mit Sesam-, Erdnuß- oder Kashewmus servieren.

ABWANDLUNG: Für köstliches *Tempura* bestreichen wir nur eine Seite der Blätter mit Teig und backen sie im heißen Öl heraus, bis sie knusprig sind. Mit geriebenem, leicht mit *Shoyu* gewürztem Rettich servieren.

Distelwurzel-Nitsuke

250 g Distelwurzel
2 Eßlöffel Sesamöl
2 Eßlöffel *Shoyu*

Die Wurzeln werden gewaschen, gut gebürstet und in feine schräge Scheiben geschnitten. Das Öl in einer schweren Pfanne erhitzen, und die Distelwurzeln darin bei mittlerer Hitze 2 bis 3 Minuten sautieren, dabei behutsam umrühren. Dann mit Wasser bedecken, zum Kochen bringen, und zugedeckt auf kleiner Flamme etwa 30 Minuten weichdünsten. Dann würzen wir mit *Shoyu* und kochen weiter, bis die Wurzeln trocken sind. Sparsam zum Garnieren von Reis verwenden. Distelwurzeln sind ein traditionelles Heilmittel für Rheumatismus.

Klee

Die Kleeblätter können wir, nachdem wir sie gewaschen haben, in einen Topf mit kochendem Salzwasser geben und kochen, bis sie leuchtend grün sind. Dann werden sie abgegossen, mit *Shoyu* gwürzt, oder mit *Tahin* (Sesammus) vermischt; wir können die Kleeblätter aber auch zu einer *Miso*suppe geben, einige Minuten vor der Zugabe des *Miso*.

Die Wurzeln bürsten wir und hacken sie fein. Dann werden sie in Sesamöl bei mittlerer Hitze 3 bis 4 Minuten sautiert und dabei leicht umgerührt. Mit *Shoyu* würzen und dünsten, bis sie trocken sind. Als Garnierung für Reis verwenden; oder die Wurzeln ohne Teig im heißen *Tempura*-Öl knusprig herausbacken, abtropfen lassen, und kleinschneiden.

Salate

Salate aus rohem, gepreßtem, oder leicht gekochtem Gemüse sind verhältnismäßig *yin*. Wir servieren sie, um *yang*-Zutaten in unseren Mahlzeiten auszugleichen, oder um mit dem Klima im Einklang zu bleiben.

Gepreßter Salat

Rohes Gemüse wird mehr *yang*, wenn es gesalzen und dann gepreßt wird, weil die überschüssige Flüssigkeit herausgepreßt wird. Deswegen sind gepreßte Salate ideal für Winterwetter, weil es *yin* ist. Je länger das Gemüse gepreßt wird, desto mehr wird es ähnlich wie Pickels (milchsauer Eingemachtes). Eine köstliche Zubereitungsart für Kraut, grünen Salat, Gurken, Karotten, Zwiebeln und die meisten anderen Gemüse.

Wurzeln werden in dünne Scheiben oder Stifte geschnitten, grüne Blätter feingehackt, und das Übrige in 2,5 cm große Stücke geschnitten. Das Gemüse wird in eine große Schüssel gelegt, mit Salz bestreut und mit einem großen Teller zugedeckt, der genau auf das Gemüse paßt. Auf den Teller legen wir einen Stein oder ein anderes Gewicht, um den Druck zu vergrößern. Oder das mit dem Salz vermischte Gemüse wird in eine Salatpresse gegeben, und 30 Minuten bis zu 3 Tagen gepreßt, das dabei entstehende Wasser wird abgegossen. Kleine Portionen – 1 bis 2 Eßlöffel – pro Person servieren.

Endiviensalat

für 5 Personen

1 mittelgroßer Kopf Endiviensalat
1 mittelgroße Gurke
5 kleine Radieschen, in Blütenform geschnitten
2 Eßlöffel Oliven- oder Sonnenblumenöl
1/2 Eßlöffel Meersalz, oder 1 Eßlöffel *Umeboshi*-Saft (S. 325)
2 oder 3 Tropfen Zitronensaft

Der Endiviensalat wird fein, die Gurke in schräge Scheiben geschnitten. Die Radieschen werden in kaltem Wasser eingeweicht, bis sie aufgegangen sind. Olivenöl, Salz und Zitronensaft in einer großen Schüssel verrühren und das Gemüse daruntermischen.

Biifun-Salat

für 5 Personen

1 2/3 Eßlöffel Meersalz
200 g *Biifun* (Nudeln aus Reismehl)
1 kleiner Blumenkohl, in die Röschen zerteilt
1/2 Bund Brunnenkresse
1 kleine Karotte, in dünne Stifte geschnitten, (*Sengiri*, S. 26)
3 Eßlöffel Sonnenblumen- oder Olivenöl
ungefähr 1 Teelöffel frischer Orangensaft
1 hartgekochtes Ei, Dotter und Eiweiß getrennt
Petersilsträußchen

Wir bringen 1 Liter Wasser zum Kochen und geben 1 Teelöffel Salz dazu. Die *Biifun*-Nudeln ins sprudelnde Wasser geben, wieder zum Kochen bringen, und 3 bis 4 Minuten kochen. In einem Sieb abgießen und beiseite stellen.

Wir bringen wieder einen Topf Wasser zum Kochen und geben 1/4 Teelöffel Salz dazu. Darin werden die Blumenkohlröschen gekocht, bis sie gerade weich sind und noch einen Biß haben. Wir holen die Röschen mit einem Sieb oder einem Schlitzlöffel heraus und stellen sie zum Abtropfen beiseite. Dann wird die Kresse in den Topf gegeben, und gekocht, bis die Blätter leuchtend grün sind. Sofort in kaltes Wasser tauchen und in einem

Sieb beiseite stellen. Jetzt die Karottenstückchen ins kochende Wasser geben und kochen, bis sie hellorange sind, etwa 2 bis 3 Minuten. Herausnehmen und abtropfen lassen.

Das Öl, der restliche Eßlöffel Salz und der Orangensaft werden in einer großen Schüssel verrührt und die Nudeln und das Gemüse druntergemischt. Wir richten den Salat auf einer großen Platte an und garnieren ihn mit den Petersilsträußchen und dem Eiweiß und Dotter, die wir getrennt gerieben haben.

Blumenkohlsalat

für 5 Personen

3 Stücke *Koya-dofu* (getrockneter *Tofu*), fein gerieben
2 Eßlöffel Sonnenblumen- oder Sesamöl
1 1/2 Teelöffel und 1 Prise Meersalz
1 oder 2 Eßlöffel *Shoyu*
3 kleine geriebene Karotten
1 kleiner Blumenkohl, in die Röschen zerteilt
250 g Brunnenkresse
2 oder 3 Radieschen, in Blütenform geschnitten

Wir legen den *Koya-dofu* in die Mitte eines etwa 30 cm^2 großen Stückes ungebleichten Mousselines oder auf ein Käsetuch, nehmen es an den Rändern hoch und halten es wie einen Sack 2 bis 3 Minuten in einen Topf mit kochendem Wasser, anschließend kühlen wir es sofort unter fließendem Wasser ab. Der Sack wird zwischen den Handflächen ausgedrückt, dabei wird weitergespült, bis kein weißer Schaum mehr herauskommt, und dann wird die ganze überschüssige Flüssigkeit herausgedrückt.

Wir erhitzen eine schwere Pfanne und bestreichen sie mit dem Öl. Darin wird der *Koya-dofu* 2 bis 3 Minuten bei mittlerer Hitze sautiert und ständig umgerührt. Dann wird er mit Wasser bedeckt und gekocht, bis er verdunstet ist. Mit 1/2 Teelöffel Salz und *Shoyu* würzen, die Farbe des *Koya-dofu* soll dabei nicht zu dunkel werden. Vom Feuer nehmen und auf Zimmertemperatur abkühlen lassen. Dann werden die geriebenen Karotten daruntergemischt, und das Ganze beiseite gestellt.

In einem großen Topf bringen wir Wasser zum Kochen, und geben 1 Teelöffel Salz hinein. Die Blumenkohlröschen werden darin gekocht, bis sie gerade weich sind und noch einen Biß haben, etwa 5 Minuten. In ein Sieb abgießen. Dann die Brunnenkresse hineingeben, und kochen, bis die Blätter leuchtend grün und die Stiele weich sind. Die Kresse wird sofort in kaltes Wasser getaucht, damit der Kochprozeß unterbrochen wird. Dann gießen wir sie in ein Sieb ab, drücken die überschüssige Flüssigkeit heraus, schneiden sie klein, und bestreuen sie mit dem restlichen Salz.

Die Blumenkohlröschen werden mit der Karotten-*Tofu*-Mischung auf einer großen Platte angerichtet, mit der grünen Brunnenkresse umrandet und den roten Radieschen garniert.

Gekochter Salat

Eine weitere Methode, rohes Gemüse zu "*yangisieren*" ist, es in leicht gesalzenem Wasser zu kochen oder zu dämpfen, bis es weich ist, aber gerade noch einen Biß hat. Das Gemüse wird klein geschnitten, damit es schneller garkocht. Das Kochwasser wird nachher zum Backen verwendet, oder als dünne Brühe, um anderes Gemüse darin zu kochen.

Kichererbsensalat

für 5 Personen

60 g *Harusame* (Glasnudeln) oder 60 g Vermicellinudeln
1 1/2 Teelöffel Meersalz
1/2 kleine Karotte, in dünne Halbmonde geschnitten (*Hangetsu*, S. 27)
1 Teelöffel gehackte Zwiebel
2 Eßlöffel Sonnenblumen- oder Olivenöl
ein paar Tropfen frischer Orangensaft
1 mittelgroße Gurke, in feine schräge Scheiben geschnitten
2 Tassen gekochte Kichererbsen (S. 269)

4 bis 6 Tassen Wasser werden zum Kochen gebracht und die *Harusame*-Nudeln darin 3 bis 4 Minuten gekocht. Abgießen und unter fließendem kalten Wasser spülen, bis sie gut abgekühlt sind, dann in 2,5 cm Länge schneiden.

Dann bringen wir wieder in einem kleinen Topf Wasser zum

Kochen und geben 1/2 Teelöffel Salz dazu. Darin werden die Karotten einige Minuten gekocht, bis sie gerade weich sind und leuchtend orange. Abgießen und beiseite stellen.

Wir geben die gehackte Zwiebel in eine große Schüssel, geben das Öl, den restlichen Teelöffel Salz und den Orangensaft hinein und lassen es 10 Minuten stehen. Dann werden die Nudeln, die Karotten, Gurken und Kichererbsen dazugegeben, und alles gut miteinander vermischt.

Gemischter Gemüsesalat

für 5 Personen

1 mittelgroße Gurke
1 Rettich
1 Teelöffel Meersalz
10 dünne Scheiben Lotoswurzel
60 g Brunnenkresse
1 Huflattich
1 kleine Karotte, in dünne Stifte geschnitten (*Sengiri*, S. 26)
2 Eßlöffel gewaschener Sesam
1 gestrichener Eßlöffel *Miso*
3 Eßlöffel Olivenöl
einige Tropfen frischer Zitronensaft

Wir schneiden die Enden der Gurke ab und reiben die Schnittflächen damit solange ein, bis kein weißer Schaum mehr herauskommt. Die Enden werden weggeworfen und der Schaum abgewaschen. Die Gurke schräg in Scheiben schneiden und beiseite stellen. Wir schneiden die Blätter vom Rettich weg und schneiden ihn in 5 Stücke, die alle bis zur Hälfte eingeschnitten werden. Dann werden sie 20 Minuten lang in kaltem Wasser eingeweicht.

4 bis 6 Tassen Wasser werden zum Kochen gebracht und gesalzen. Wir geben die Lotoswurzelscheiben hinein und kochen sie etwa 1 bis 2 Minuten, bis sie gerade weich sind. Zum Abtropfen beiseite stellen. In dem selben Topf wird die Brunnenkresse gekocht, bis die Blätter leuchtend grün sind. Und sofort in kaltes Wasser getaucht, um den Kochprozeß zu unterbrechen; abtropfen lassen. Dann geben wir den Huflattich hinein und kochen

ihn, bis er weich ist, etwa 2 bis 3 Minuten. Abtropfen lassen, schälen und schräg in dünne Scheiben schneiden. Dann werden die Karotten in den Topf gegeben, und einige Minuten gekocht, bis sie hellorange und gerade weich sind. Herausnehmen und beiseite stellen.

Wir rösten den Sesam in einer schweren Pfanne bei mäßig hoher Hitze, bis er braun ist und duftet, dabei rühren wir ihn ständig. Dann wird er in einem *Suribachi* zu einer Paste gemahlen, und das *Miso* druntergerührt. Dann das Olivenöl und den Zitronensaft dazugeben, und zuletzt das Gemüse, und alles gut miteinander vermischen.

Gurkensalat mit Wakame

für 5 Personen

50 g *Wakame*
1 Prise Meersalz
1 mittelgroße Gurke, sehr fein in schräge Scheiben geschnitten
1 geschälte Orange
1/4 Tasse *Umeboshi* Saft (S. 325)

Die *Wakame*algen werden gewaschen und 10 bis 15 Minuten eingeweicht. Wir gießen sie ab, und drücken mit den Handflächen das Wasser heraus. In 1,5 cm große Stücke schneiden. Die Gurkenscheiben reiben wir mit Salz ein und lassen sie 10 Minuten ziehen, dann wird die Flüssigkeit herausgedrückt.

In einer großen Schüssel vermischen wir *Wakame*, Gurke und Orange, geben den *Umeboshi*-Saft dazu, und vermengen alles miteinander. Ganz köstlich an einem heißen Sommertag.

Obstsalat

für 5 Personen

1 1/3 Eßlöffel Meersalz
1 kleine Karotte, in dünne Halbmonde geschnitten, (*Hangetsu*, S. 27)
1 1/2 Tassen Lotoswurzel, in dünne Viertelscheiben geschnitten (*Ichogiri*, S. 28)
1 Teelöffel feingehackte Zwiebel

4 Eßlöffel Sonnenblumen- oder Olivenöl
2 mittelgroße kleingeschnittene Äpfel
2 kleine Gurken, in dünne Halbmonde geschnitten, und mit Salz bestreut (*Hangetsu*, S. 27)
20 Erdbeeren, in Salzwasser gewaschen
5 blütenförmig geschnittene Radieschen
1 hartgekochtes Ei, Dotter und Eiweiß getrennt

In einem kleinen Topf bringen wir Wasser zum Kochen und geben 1 Teelöffel Salz dazu. Die Karotte wird darin einige Minuten gekocht, bis sie hellorange und gerade weich ist. Abtropfen lassen und beiseite stellen. Dann werden die Lotoswurzelscheiben gekocht, bis sie gerade weich sind, etwa 2 bis 3 Minuten, und abgegossen.

Wir geben eine Zwiebel in eine große Schüssel, das Öl und den restlichen Teelöffel Salz dazu, und lassen es 10 Minuten ziehen. Die Karotten, Lotoswurzeln und Äpfel dazugeben und alles gut mischen. Es wird dann auf einer großen Platte angerichtet, mit den Gurkenscheiben, den Erdbeeren und Radieschen umrandet und das getrennt kleingehackte Eiweiß und Dotter drübergestreut.

Suppen & Eintöpfe

III. Suppen und Eintöpfe

Alles Leben kommt aus dem Meer. Wir können uns bei jeder Mahlzeit durch eine Miniaturnachahmung des eigentlichen Lebensursprungs neu beleben, und zwar in Form einer salzigen Suppe oder dadurch, daß wir das Gemüse in einer Art verdünntem Meerwasser kochen. Suppen bieten eine ideale Möglichkeit, Flüssigkeit zu sich zu nehmen. Eine Schale köstlicher *Miso*-Suppe mit dem Lieblingsgemüse zum Frühstück, Mittagessen oder Abendessen liefert ausreichend Eiweiß und Kraft für den ganzen Tag.

Ichiban-Dashi

ergibt etwa 2 1/2 Liter

1 Streifen *Kombu*, etwa 17 mal 7 cm
10 Tassen Wasser
1 Tasse *Katsuobushi* (getrocknete Bonito Flocken)

Der *Kombu*streifen wird mit einem trockenen Tuch saubergewischt, ins Wasser gegeben und auf großer Flamme zum Kochen gebracht. Er wird 2 bis 4 Minuten gekocht und dann herausgenommen und aufbewahrt oder wir lassen es im Topf, dann geben wir die getrockneten Bonitoflocken dazu. Wir kochen das Ganze einmal kurz auf und stellen die Flamme ab. Wir lassen es 2 bis 3 Minuten stehen, bis die Bonitoflocken auf den Topfboden gesunken sind. Dann wird die Brühe abgegossen und die Bonitoflocken (und das *Kombu*) aufbewahrt.

Niban-Dashi

ergibt 2 1/2 Liter

Zu den übriggebliebenen *Bonito*flocken und dem *Kombu* aus der *Ishiban Dashi* werden nun 10 Tassen Wasser gegeben, und alles Weggeschnittene vom Gemüse, was gerade zur Hand ist. Über großer Flamme bringen wir es zum Kochen und kochen es etwa 5 Minuten mit leicht geöffnetem Deckel. Dann wird die Flamme abgedreht und gewartet, bis die Bonito Flocken zu Boden gesunken sind. Abgießen, und die Gemüseabfälle und Flocken wegwerfen. Diese schwächere Brühe kann zum Kochen von Gemüse verwendet werden.

Kombu-Dashi

ergibt 1 Liter

1 Streifen *Kombu*, 17 mal 7 cm
4 Tassen kaltes Wasser

Wir wischen das *Kombu* mit einem trockenen Tuch sauber und weichen es 2 bis 3 Stunden in Wasser ein oder kochen es 1 Stunde. Abgießen und anstelle von klarem Wasser zum Kochen verwenden.

Gemüsebrühe

ergibt 2 Liter

10 Tassen Wasser
1 Streifen *Kombu*, etwa 7 mal 7 cm
3 Tassen weggeschnittene Teile von Gemüse (Zwiebelschalen, Karottenköpfe, Krautstrünke, etc.)
2 oder 3 Eierschalen

Wir bringen das Wasser zum Kochen und geben die Gemüseabfälle, das *Kombu* und die Eierschalen hinein. Wir bringen es wieder zum Kochen und kochen es 30 bis 40 Minuten, dabei wird der Topfdeckel nicht ganz geschlossen, um ein Überkochen zu verhindern. Die Eierschalen machen die Brühe klar. Flamme abstellen, 2 bis 3 Minuten stehen lassen, abgießen und die Flüssigkeit aufbewahren.

Gemüseteile, die bei der Zubereitung von anderen Gerichten abfallen, sollten nie weggeworfen werden, man kann eine köstliche Brühe aus Karottenköpfen, Zwiebelschalen und anderen "Abfällen" machen.

Fischbrühe

ergibt 2 Liter

3 Tassen kleingeschnittene Abfälle von Fischen mit rotem oder weißem Fleisch (Köpfe, Schwänze etc.)
1 kleine gehackte Zwiebel
1 Teelöffel dünne Ingwerwurzelscheiben
10 Tassen Wasser

Abfälle von rot- und weißfleischigem Fisch sollten nicht zusammen verwendet werden. Die Abfälle werden mit Zwiebel, Ingwerwurzel und Wasser in einen Topf gegeben, zum Kochen gebracht und 30 bis 40 Minuten gekocht. Der Schaum, der auf der Oberfläche entsteht, wird abgeschöpft. Flamme abstellen, einige Minuten stehen lassen, abseihen, und die Flüssigkeit aufbewahren.

Hühnerbrühe

ergibt 2 Liter

Übriggebliebene Hühnerknochen (1 bis 2 Pfund)
1/2 Tasse kleingeschnittene Zwiebel
1 Tasse gehobeltes Kraut
1 kleine Karotte
1 Selleriestange, oder eine kleine Knolle
10 Tassen Wasser
4 oder 5 Eierschalen

Wir brechen oder hacken die Knochen in 5 bis 8 cm große Stücke, bringen sie mit dem Gemüse und dem Wasser in einem Topf zum Kochen, und kochen es 30 bis 40 Minuten. Dann werden die Eierschalen dazugegeben und Rückstände, die an die Oberfläche kommen, abgeschöpft. Wenn die Brühe klar ist, drehen wir die Flamme ab, lassen sie einige Minuten stehen, seihen sie ab, und heben die Flüssigkeit auf.

Wakame-Miso-Suppe

für 5 Personen

15 g getrocknetes *Wakame*
5 Tassen *Kombu-Dashi* (S. 221)
1 Stück *Tofu*, in Würfel geschnitten, (wahlweise)
5 gestrichene Eßlöffel *Miso*

Das *Wakame* wird mit Wasser bedeckt und 10 Minuten eingeweicht. Dann schneiden wir es in kleine Stücke. Die *Dashi* wird zum Kochen gebracht und das *Kombu* herausgenommen (falls es noch in der Brühe ist), dann wird das *Wakame* dazugegeben, und das Ganze 5 bis 10 Minuten gekocht. Dann die *Tofu*-Würfel dazugegeben. Das *Miso* mit ein paar Eßlöffeln der kochenden Brühe verdünnen und glattrühren, dann in die Brühe hineinrühren. Wir bringen sie gerade zum Kochen und stellen die Flamme ab.

Mugi-miso-Suppe

für 5 Personen

2 Schalotten oder Lauchstengel
2 Steckrüben (auch Feld- oder Futterrüben)
30 g *Wakame*
1 Eßlöffel Sesamöl
4 bis 5 Tassen Wasser
2 oder 3 Eßlöffel *Mugi-miso*

Die Schalotten oder der Lauch werden in 1,5 cm große schräge Stücke geschnitten, dabei trennen wir die grünen, die weißen und die Wurzelteile. Die Rüben in dünne Halbmonde schneiden, und die Blätter kleinhacken. Das *Wakame* wird sorgfältig gewaschen, 10 Minuten eingeweicht, und in etwa 1 cm große Stücke geschnitten.

Wir erhitzen Öl in einem schweren Topf, sautieren das Grüne der Schalotten 1 Minute bei mittlerer Hitze und rühren es dabei ständig um. Dann kommen die weißen, dann die Wurzelteile dazu, und alles zusammen wird wieder 1 Minute sautiert. Dann werden die Rübenblätter und die Rüben jeweils leicht sautiert, während wir sie dazugeben. Wasser zugeben und bei großer Hitze zum Kochen bringen. Dann wird die Flamme etwas kleiner gestellt, die *Wakame* werden dazugegeben, und das Ganze zugedeckt etwa 15 bis 20 Minuten gekocht, bis das Gemüse weich ist. Das *Miso* mit 1/2 Tasse der kochenden Brühe verdünnen, glattrühren und dazugeben, dabei weiterrühren, damit sich das *Miso* gleichmäßig verteilt. Wir bringen die Suppe gerade nur zum Kochen, stellen die Flamme ab und servieren sofort.

ABWANDLUNGEN: A. Wenn wir *Hatcho-miso* verwenden, müssen wir die *Miso*-Menge pro Tasse Wasser verringern.

B. Wenn die *Miso*-Suppe für Kinder oder ältere Erwachsene gemacht wird, nehmen wir Rettich anstelle der Rüben und verwenden nur 1/4 bis 1/2 mal soviel *Miso*.

Maissuppe

für 5 Personen

2 Eßlöffel Maisöl
1 kleine feingehackte Zwiebel
Die Körner von 3 mittelgroßen Maiskolben
1 Streifen *Kombu*, etwa 7 mal 7 cm, saubergewischt
6 Tassen und 2 Eßlöffel Wasser
1/2 Teelöffel Meersalz
1/2 kleiner Blumenkohl, in die Röschen zerteilt
1 Eßlöffel *Kuzu*
Meersalz
2 Eßlöffel geröstete Brotbröckerl
2 Eßlöffel gehackte Petersilie

Wir erhitzen einen schweren Topf und bestreichen ihn mit dem Öl. Darin sautieren wir die Zwiebel bei mittlerer Hitze 2 bis 3 Minuten, dabei rühren wir behutsam um. Dann werden die Maiskörner dazugegeben und beides 1 weitere Minute leicht sautiert. Die Körner dürfen nicht braun werden. Dann geben wir das *Kombu* in den Topf, die 6 Tassen Wasser dazu und bringen es über großem Feuer zum Kochen. Wir stellen die Flamme auf mittlere Hitze und kochen es zugedeckt 20 bis 30 Minuten.

Während die Suppe kocht, wird ein kleiner Topf mit Wasser (soviel, daß es die Blumenkohlröschen gerade bedeckt) zum Kochen gebracht, und 1/2 Teelöffel Salz dazugeben. Den Blumenkohl hineingeben, wieder zum Kochen bringen, und kochen, bis er weich ist, aber noch einen Biß hat, etwa 5 Minuten. Mit einem Schlitzlöffel nehmen wir ihn heraus und geben ihn in ein Sieb zum Abtropfen.

Das **Kuzu** in 2 Eßlöffel Wasser auflösen. Wenn die Suppe fertig ist, schmecken wir sie mit Salz ab, und rühren das *Kuzu* hinein. Auf kleiner Flamme 1 bis 2 Minuten kochen und umrühren, bis die Suppe dick ist. Vor dem Anrichten werden die Blumenkohlröschen, die Brotkrusteln und die gehackte Petersilie hineingegeben.

Maiscremesuppe I

für 5 Personen

2 Eßlöffel Maisöl
1 kleine gehackte Zwiebel
1 Tasse Maismehl
1 kleine Karotte, in dünne Stifte geschnitten, (*Sengiri* S. 26)
6 Tassen *Kombu-Dashi* (S. 221)
1 Eßlöffel Sesamöl
1/4 Tasse ungebleichtes weißes Mehl (Type 550)
3/4 Tasse Wasser
Meersalz
3 Eßlöffel Brotkrusteln
2 Eßlöffel gehackte Petersilie

Wir erhitzen einen schweren Topf und bestreichen ihn mit dem Maisöl. Darin sautieren wir die Zwiebel, bis sie leicht braun ist, bei mittlerer Hitze, und rühren behutsam um. Dann geben wir das Maismehl dazu und sautieren es, bis es goldgelb ist. Dann die Karotten und die *Dashi* und bringen es zum Kochen. Zugedeckt auf kleiner Flamme 30 Minuten kochen, dabei gelegentlich umrühren.

Während die Suppe kocht, bereiten wir eine Mehlsoße. Wir erhitzen eine schwere Pfanne und bestreichen sie mit dem Sesamöl. Das weiße Mehl dazugeben und unter ständigem Rühren kochen, bis es leicht braun ist und duftet. Vom Feuer nehmen und abkühlen lassen, dann langsam das Wasser dazugeben und glattrühren. Dann stellen wir die Pfanne wieder aufs Feuer zurück und kochen die Soße unter ständigem Rühren, bis sich am Rand Bläschen bilden, etwa 2 bis 3 Minuten.

Wenn die Maissuppe fertig ist, rühren wir die Mehlsoße hinein, schmecken sie mit Salz ab, und kochen sie auf kleinem Feuer weitere 5 Minuten. Mit den Brotkrusteln und der gehackten Petersilie servieren.

Maiscremesuppe II

für 5 Personen

2 Eßlöffel Maisöl
1 mittelgroße gehackte Zwiebel

die Körner von 3 mittelgroßen Maiskolben
6 Tassen *Kombu-Dashi* (S.221)
Meersalz
2 oder 3 Eßlöffel Wasser
1 geschlagenes Ei
2 Eßlöffel gehackte Petersilie
5 dünne Streifen Zitronenschale

Wir erhitzen einen schweren Topf und bestreichen ihn mit dem Öl. Darin sautieren wir die Zwiebel bei mittlerer Hitze 2 bis 3 Minuten und rühren sie behutsam um. Die Maiskörner dazugeben und beides 1 Minute leicht sautieren. Die Körner sollen dabei nicht braun werden. Dann wird die *Kombu-Dashi* hineingegossen, und das Ganze auf großem Feuer zum Kochen gebracht. Wir stellen die Flamme auf mittlere Hitze und kochen es zugedeckt 20 bis 30 Minuten. Wenn die Suppe fertig ist, schmecken wir sie mit Salz ab.

Das *Kuzu* wird im Wasser aufgelöst, das Ei dazugegeben und glattgerührt. Es wird zur Suppe gegeben, nachdem sie gesalzen wurde. Während sie dick wird, rühren wir sie beständig um. Mit der Petersilie und den Zitronenschalenstreifen garniert servieren.

Klare Suppe mit Bällchen aus braunem Reis

(Gemmai Suiton) für 5 Personen

Öl zum Frittieren
20 grüne Bohnen, gewaschen und entfädelt
2 Eßlöffel Sesamlöl
2 oder 3 Schalotten oder Lauchstengel, in schräge 2,5 cm dicke Scheiben geschnitten
5 kleine geviertelte Steckrüben (auch Feld- oder Futterrüben)
5 Tassen *Kombu-Dashi*, (S. 221)
ungefähr 1/2 Tasse kochendes Wasser
1 Tasse Vollreismehl
1 Teelöffel Meersalz
1 1/2 Eßlöffel *Shoyu*
1 Blatt *Nori*

Wir füllen einen schweren Topf oder eine Fritteuse 7 bis 8 cm hoch mit Öl und erhitzen es auf 175 C. Die Bohnen werden darin knusprig herausgebacken, auf saugfähiges Papier zum Abtropfen gelegt, und dann schräg in 3 Teile geschnitten. Ins warme Rohr stellen, bis sie gebraucht werden.

Nun erhitzen wir einen schweren Topf und bestreichen ihn mit Sesamöl. Darin werden die Schalotten oder der Lauch 4 bis 5 Minuten bei mittlerer Hitze sautiert, bis sie leicht braun sind. Dann geben wir die Rüben dazu und sautieren beides zusammen noch 1 Minute. Wir bedecken sie mit der *Dashi* und bringen es über einer großen Flamme zum Kochen. Zugedeckt auf mittlerer Hitze 20 bis 30 Minuten kochen, bis das Gemüse weich ist.

Während die Suppe kocht, geben wir das kochende Wasser zu dem Reismehl und rühren es kräftig mit 4 Holzstäbchen, die in der Faust gehalten werden, oder mit einer 4-zinkigen Gabel. Der Teig wird 4 bis 5 Minuten geknetet, bis er weich und ein bißchen steif ist. Wir teilen ihn in 10 Portionen, aus denen kleine Bällchen geformt werden.

Wenn das Gemüse weich ist, wird die Suppe mit Salz und *Shoyu* abgeschmeckt. Jetzt werden die 10 Bällchen hineingegeben; sie sinken auf den Boden des Topfes, wenn sie wieder an der Oberfläche auftauchen, sind sie fertig. Flamme abstellen.

Kurz vorm Anrichten rösten wir eine Seite des *Nori*-Blattes durch Hin- und Herbewegen über einer kleinen Flamme, bis es knusprig ist, etwa 30 Sekunden. Mit einer Schere wird es halbiert, und dann quer in dünne Streifen geschnitten. Wir schöpfen die Suppe in die einzelnen Eßschalen und verzieren sie mit ein paar grünen Bohnen und dem gerösteten *Nori*.

Borscht

für 5 Personen

- 2 Eßlöffel Sesamöl
- 3 kleine geviertelte Zwiebeln
- 5 kleine Krautblätter, in 2.5 cm große Quadrate geschnitten
- 1 geviertelte Tomate (wahlweise)
- 1 gewürfelte rote Rübe
- 2 kleine gewürfelte Karotten
- 1/2 Teelöffel Meersalz

5 bis 6 Tassen Wasser
2 Lorbeerblätter
2 Selleriestangen, oder 1 kleine Knolle, in Würfel geschnitten
Meersalz

Wir erhitzen einen schweren Topf und bestreichen ihn mit dem Öl. Darin sautieren wir die Zwiebel, bis sie leicht braun ist bei mittlerer Hitze. Dann kommen nacheinander das Kraut, die Tomate (falls verwendet), die rote Rübe und die Karotten dazu, und alles wird vermischt. Mit Salz würzen (bald, damit das Gemüse fest bleibt und seine Farbe behält). Dann bedecken wir es mit Wasser, geben die Lorbeerblätter dazu, und bringen es auf großer Flamme zum Kochen. Dann wird das Ganze auf mittlerer Hitze zugedeckt gekocht, bis das Gemüse weich ist, etwa 20 bis 30 Minuten. Den Stangensellerie dazugeben und noch 5 Minuten weiterkochen. (Falls man Knollensellerie verwendet, wird er mit dem übrigen Gemüse sautiert und gekocht. Anm. d. Übs.) Wir schmecken die Suppe mit Salz ab und servieren sie.

Suppe mit wilden Bergkartoffeln

Wir bereiten eine Suppe aus unseren Lieblingsgemüsen. Wenn sie fertig sind, geben wir 1 Eßlöffel feingeriebenen *Jinenjo* pro Tasse Suppe dazu. 1 bis 2 Minuten weiterkochen, dann mit *Shoyu* abschmecken.

Jinenjo, die Bergkartoffel, wächst wild in den Bergen Japans. Wenn sie gerieben wird, gibt es eine klebrige Paste, was bedeutet, daß sie sehr *yang* ist. Es gibt sie in makrobiotischen Läden oder orientalischen Lebensmittelgeschäften. Sie schmeckt sehr köstlich und ist sehr kräftigend.

Kokoh-Suppe

für 5 Personen

1 1/2 Teelöffel Meersalz
1 1/2 kleiner Blumenkohl, in die Röschen zerteilt
1 Eßlöffel Sesam- oder Sonnenblumenöl
2 kleine Zwiebeln, in dicke Sicheln geschnitten, (*Mawashgiri* S. 29)
2 Tassen gewürfelten Kürbis
1 kleine gewürfelte Karotte
3 Eßlöffel gehackter *Seitan*
5 3/4 Tassen Wasser
5 Eßlöffel *Kokoh*
Meersalz
2 Eßlöffel gehackte Petersilie
1 Teelöffel gehackte Orangenschale

In einem kleinen Topf bringen wir über großer Flamme Wasser zum Kochen und geben 1/2 Teelöffel Salz dazu. Den Blumenkohl hineingeben, wieder zum Kochen bringen und kochen, bis die Röschen weich sind, aber noch einen Biß haben. Zum Abtropfen in einem Sieb beiseite stellen.

Wir erhitzen einen schweren Topf und bestreichen ihn mit dem Öl. Darin sautieren wir die Zwiebel bei mittlerer Hitze, bis sie schön braun ist, etwa 5 Minuten, und rühren sie behutsam um. Dann geben wir den Kürbis, die Karotte und den *Seitan* dazu. 5 Tassen Wasser hineingießen (so viel, daß alles bedeckt ist), mit dem restlichen Teelöffel Salz würzen und über großer Flamme zum Kochen bringen. Dann wird es zugedeckt auf mittlerer Hitze gekocht, bis das Gemüse weich ist, etwa 25 Minuten.

Wir verrühren das *Kokoh* in 3/4 Tasse Wasser. Wenn die Suppe fertig ist, rühren wir es hinein. 5 Minuten weiterkochen, dabei dauernd rühren und mit Salz abschmecken. Die Blumenkohlröschen hineingeben und mit der gehackten Petersilie und der Orangenschale bestreuen.

Sojabohnensuppe (Go Jiru) für 5 Personen

1 Tasse Sojabohnen, über Nacht eingeweicht
2 Stück *Aburage*
1 Eßlöffel Sesam- oder Sonnenblumenöl
2 Schalotten oder Lauchstengel, schräg in 2,5 cm lange Stücke geschnitten
1 kleine gewürfelte Karotte
1 1/2 Teelöffel Meersalz
5 grüne Bohnen, gewaschen und entfädelt
Shoyu

Wir mahlen die Sojabohnen in einem *Suribachi* oder einem elektrischen Mixer zu einer glatten Paste. Der *Aburage* wird mit kochendem Wasser übergossen und kurz zum Abtropfen hingestellt. Dann schneiden wir ihn in 1,5 cm^2 große Stücke.

Ein schwerer Topf wird erhitzt und mit dem Öl bestrichen. Die Schalotten oder der Lauch werden darin bei mittlerer Hitze 2 bis 3 Minuten sautiert, dabei dauernd gerührt. Dann kommen die Soyabohnenpaste, die Karotten und der *Aburage* dazu. Soviel Wasser zugeben, daß die Zutaten doppelt bedeckt sind, mit 1 Teelöffel Salz würzen, und bei großer Hitze zum Kochen bringen. Dann bei mittlerer Hitze zugedeckt 30 Minuten kochen, dabei gelegentlich umrühren.

Während die Suppe kocht, wird ein kleiner Topf mit Wasser auf großer Flamme zum Kochen gebracht, und der restliche 1/2 Teelöffel Salz dazugegeben. Die grünen Bohnen werden hineingegeben, wieder zum Kochen gebracht, und gekocht, bis sie leuchtend grün und gerade weich sind, etwa 4 bis 5 Minuten. Die Bohnen sofort in kaltes Wasser tauchen, damit der Kochprozeß unterbrochen und ihre Farbe fixiert wird, abtropfen lassen und schräg in 3 Teile schneiden.

Wenn die Suppe fertig ist, wird sie mit *Shoyu* abgeschmeckt. Mit den grünen Bohnen garniert servieren.

Fischklößchen-Suppe (Iwashi no Tsumi-ire)

für 5 Personen

3 mittelgroße Sardinen, gesäubert und entgrätet
1 Eßlöffel feingeriebene Ingwerwurzel
3 Schalotten, gewaschen und kleingeschnitten
1 Tasse ungebleichtes weißes Mehl
12 Tassen Wasser
1 Eßlöffel Sonnenblumen- oder Sesamöl
1 1/2 Tassen Rettich, in dünne Viertelscheiben geschnitten (*Ichogiri* S. 28)
4 Blätter eines Chinakohls, in 2,5 cm breite Streifen geschnitten
5 kleine Topinambur, in mundgerechte Stücke geschnitten
1 kleine Karotte, in dünne schräge Scheiben geschnitten
1 Stück *Kombu*, etwa 7 cm^2, saubergewischt
1 Prise Meersalz
Shoyu

Die Sardinen werden in einem *Suribachi* zu einer glatten Paste gerieben. Die Ingwerwurzel und die Schalotten darunterrühren und dann genug Mehl dazugeben, daß 10 kleine Klößchen geformt werden können, die zusammenhalten. Dann bringen wir 6 Tassen Wasser in einem 2 Liter Topf zum Kochen und geben die Klößchen hinein. Wenn sie wieder an die Oberfläche kommen, werden sie herausgenommen und zum Abtropfen beiseite gestellt.

Dann erhitzen wir einen schweren Topf und bestreichen ihn mit dem Öl. Darin wird der Rettich bei mittlerer Hitze 2 bis 3 Minuten sautiert und behutsam umgerührt. Dann kommt der Chinakohl, die Topinambur, die Karotte und das *Kombu* dazu, das Ganze wird mit Wasser bedeckt, und schnell zum Kochen gebracht. Zugedeckt kochen wir es weich, etwa 20 bis 30 Minuten. Dann werden die Klößchen dazugegeben und auf kleinem Feuer noch 3 bis 4 Minuten gekocht, bis sie ganz heiß sind. Am Schluß mit einer Prise Salz und *Shoyu* abschmecken.

Neujahrs–Ozoni

für 5 Personen

ungefähr 3 1/2 Teelöffel Meersalz
1 oder 2 Schalotten oder Lauchstengel, in schräge 2,5 cm lange Stücke geschnitten
10 dünne blütenförmige Scheiben einer Karotte
250 g Spinat oder 1 Bund Brunnenkresse, gewaschen und geputzt
Öl zum Frittieren
5 Maki-Yuba (wahlweise)
5 Eßlöffel Sesamöl
1 kleingehackte Zwiebel
1 Stück *Kombu*, etwa 7 cm^2, saubergewischt
1/2 Tasse ungebleichtes weißes Mehl (Type 550)
10 Stück *Omochi* Reiskuchen (S.86)
2 Eßlöffel gehackte Petersilie

In einem Zweilitertopf bringen wir 6 Tassen Wasser über großem Feuer schnell zum Kochen und geben 1 Teelöffel Salz dazu. Die Schalotten oder den Lauch dazugeben, wieder zum Kochen bringen und 5 Minuten kochen, bis sie weich sind. Herausnehmen und zum Abtropfen beiseite stellen. Dann die Karottenscheiben darin kochen, bis sie gerade weich sind, etwa 2 bis 3 Minuten. Zum Abtropfen beiseite stellen. Schließlich den Spinat oder die Brunnenkresse 2 bis 3 Minuten darin kochen, bis die Stiele weich sind, etwa 1 bis 3 Minuten. Sofort in kaltes Wasser tauchen, damit der Kochprozeß unterbrochen und die Farbe fixiert wird. Das überschüssige Wasser leicht aus den Blättern herausdrücken. Dann legen wir sie zu einem Bündel zusammen, und schneiden sie in 2,5 cm große Häufchen. Beiseite stellen und die Kochflüssigkeit aufbewahren.

Wir erhitzen einen schweren Topf und bestreichen ihn mit 1 Teelöffel Sesamöl. Die Zwiebel wird darin 1 bis 2 Minuten bei mittlerer Hitze sautiert, bis ihr starker Geruch aufhört. Dann geben wir 5 Tassen von dem aufbewahrten Kochwasser dazu, bringen es über großer Flamme zum Kochen, und geben das *Kombu* hinein. Bei mittlerer Hitze wird das Ganze zugedeckt 20 Minuten gekocht. Das *Kombu* herausnehmen und die Brühe mit 1 bis 2 Teelöffel Salz abschmecken.

Als nächstes füllen wir einen schweren Topf oder eine Fritteuse

7 bis 8 cm hoch mit Öl und erhitzen es auf 175 C. Die *Maki-Yuba* werden darin frittiert, bis sie goldgelb und knusprig sind. Auf saugfähigem Papier abtropfen lassen und dann in das warme Backrohr stellen, bis sie gebraucht werden.

Nun erhitzen wir eine schwere Pfanne und bestreichen sie mit 3 Eßlöffel Sesamöl. Das Mehl dazugeben, und bei mittlerer Hitze und ständigem Rühren kochen, bis es braun ist und duftet. Vom Feuer nehmen und abkühlen lassen, oder den Boden der Pfanne in kaltes Wasser stellen. Dann geben wir 2 Tassen Wasser hinein und rühren,bis es glatt ist. Die Pfanne auf den Herd zurückstellen, zum Kochen bringen, und dann auf kleiner Flamme 10 bis 15 Minuten kochen, dabei dauernd rühren. Die Soße wird mit Salz abgeschmeckt und bei ganz kleiner Flamme weitergekocht, bis sie gebraucht wird.

Das restliche Sesamöl in einer schweren Pfanne erhitzen und die *Omochi* Reiskuchen bei mittlerer Hitze anbraten. Wenn sie schön braun sind, nehmen wir die Pfanne vom Feuer und stellen sie beiseite.

Um alles zusammenzufügen, geben wir je 2 *Omochi* in die 5 Eßschalen, legen die Schalotten oder den Lauch, die Karottenscheiben und den Spinat oder die Brunnenkresse drum herum, gießen die heiße Brühe darüber und zuletzt kommt etwas von der angedickten Soße oben drauf. Wir krönen jede Schale mit einem Stück *Maki-Yuba*, streuen die Petersilie darüber, und servieren es.

Gemüseeintopf (Kenchin Jiru) für 5 Personen

1 Eßlöffel Sonneblumen- oder Sesamöl
2 oder 3 Schalotten oder Lauchstengel, in schräge 2,5 cm lange Stücke geschnitten
1 Tasse Kletten oder Schwarzwurzel, in Späne geschnitten (*Sasagaki* S. 31)
1/2 Tasse Rettich, in dicke Viertelscheiben geschnitten (*Ichogiri* S. 28)
1 kleine Karotte, in dicke Halbmonde geschnitten (*Hangetsu* S. 27)
1 Block *Konyaku*, in 5 Stücke geschnitten (wahlweise)
1 Stück *Kombu*, 7 cm^2, saubergewischt
1 Prise Salz
6 Eßlöffel *Shoyu*

Wir erhitzen einen schweren Topf und bestreichen ihn mit Öl. Die Schalotten oder der Lauch werden darin bei mittlerer Hitze etwa 5 Minuten leicht braun sautiert. Dann kommen nacheinander die Klettenwurzel, der Rettich, die Karotte und (gegebenenfalls) die *Konnyaku* Stückchen dazu. Wir mischen alles miteinander und sautieren es noch 1 bis 2 Minuten. Dann das *Kombu* hineingeben, mit Wasser gut bedecken und über großer Flamme zum Kochen bringen. Mit leicht geöffnetem Deckel bei mittlerer Hitze 40 Minuten oder länger kochen. Mit Salz und *Shoyu* abschmecken, 1 bis 2 Minuten weiterkochen, dann servieren.

Eintopf nach Jahreszeit (Um-Pen) für 5 Personen

5 kleine *Shitake* (getrocknete japanische Pilze), 20 bis 30 Minuten in kaltem Wasser eingeweicht, oder 10 frische Pilze, in leicht gesalzenem Wasser gewaschen
2 Eßlöffel Sesamöl
1 Stangensellerie, schräg in 2 cm lange Stücke geschnitten oder 1/2 kleine Knolle
2 Tassen Lotoswurzel, in kleine Rechtecke geschnitten
1 Tasse Karotten, in kleine Rechtecke geschnitten
1/2 Teelöffel und 1 Prise Meersalz
10 grüne Bohnen, gewaschen und entfädelt
Shoyu
2 Eßlöffel *Kuzu*
3 Eßlöffel Wasser
5 dünne Streifen Zitronenschale

Von den eingeweichten *Shitake* werden die harten Stiele entfernt, die Köpfe in dünne Scheiben geschnitten. Frische Pilze verwenden wir ganz.

Wir erhitzen einen schweren Topf und bestreichen ihn mit dem Öl. Die *Shitake* werden darin bei mittlerer Hitze 2 bis 3 Minuten sautiert und behutsam umgerührt. Sellerie, Lotoswurzel und Karotte dazugeben und vermischen. Noch 1 oder 2 Minuten sautieren, dann mit Wasser bedecken und über großer Flamme zum Kochen bringen. Bei mittlerer Hitze mit leicht geöffnetem Deckel 40 Minuten oder länger kochen.

Während der Eintopf kocht, bringen wir in einem kleinen

Topf soviel Wasser zum Kochen, daß die Bohnen davon bedeckt werden, und geben 1/2 Teelöffel Salz dazu. Die Bohnen hineingeben, wieder zum Kochen bringen, und kochen, bis sie leuchtend grün und weich sind, aber noch einen Biß haben, etwa 5 Minuten. Dann gießen wir sie ab und tauchen sie gleich in kaltes Wasser, um den Kochprozeß zu unterbrechen und ihre Farbe zu fixieren. In feine schräge Scheiben schneiden und in einem Sieb stellen.

Wenn der Eintopf fertig ist, schmecken wir ihn mit *Shoyu* ab. Dann wird das *Kuzu* in 3 Eßlöffeln Wasser aufgelöst und dazugegeben. 2 bis 3 Minuten auf kleiner Flamme weiterkochen und umrühren, während die Brühe dick wird. Die einzelnen Portionen werden mit ein paar Bohnen und den Zitronenscheiben garniert.

Fischbouillabaise

für 5 Personen

1 Eßlöffel Sonnenblumen- oder Sesamöl
5 kleine Zwiebeln, der Länge nach halbiert
6 Tassen Wasser
230 g Goldbarsch, in 5 Stücke geschnitten
10 mittelgroße Garnelen, aus der Schale genommen und die Vene am Rückrat entfernt
5 mittelgroße Venusmuscheln, vorsichtig gewaschen
5 Lorbeerblätter
1 Teelöffel Meersalz
2 Stangensellerie, schräg in 2,5 cm lange Stücke geschnitten oder 1 kleine Knolle, in große Stücke geschnitten
1/2 Teelöffel gemahlener Saffran
Meersalz

Wir erhitzen einen schweren Topf und bestreichen ihn mit dem Öl. Die Zwiebeln werden darin bei mittlerer Hitze 2 bis 3 Minuten sautiert, bis ihr starker Geruch aufhört. Dann (gegebenenfalls) den Knollensellerie dazugeben und einige Minuten sautieren. 1 Tasse Wasser zugeben, zum Kochen bringen und den Goldbarsch, die Garnelen und die Muscheln hineingeben. Jetzt geben wir die Lorbeerblätter dazu, würzen mit Salz und gießen die restlichen 5 Tassen Wasser hinein. Über großer Flamme zum

Kochen bringen, dann auf einer mittleren Flamme mit leicht geöffnetem Deckel 40 Minuten kochen lassen. Zuletzt wird der Stangensellerie und das Saffranpulver dazugegeben und 5 Minuten weitergekocht. Mit Salz abschmecken und servieren.

Lachs-Eintopf (Sampei Jiru) für 5 Personen

2 Stücke *Aburage*
2 Eßlöffel Sesamöl
3 Schalotten oder Lauchstengel, schräg in 1,5 cm lange Stücke geschnitten
2 Tassen klein gewürfelter Rettich
2 gewürfelte Kartoffeln
1 kleine gewürfelte Karotte
ungefähr 5 Tassen Wasser
250 g gesalzener Lachs, in Würfel geschnitten
1 Prise Meersalz
Shoyu

Der *Aburage* wird mit kochendem Wasser übergossen, damit überschüssiges Öl entfernt wird. Abtropfen lassen und in kleine Quadrate schneiden.

Dann erhitzen wir einen schweren Topf und bestreichen ihn mit dem Öl. Die Schalotten oder der Lauch werden darin bei mittlerer Hitze 2 bis 3 Minuten sautiert und ständig gerührt. Nacheinander geben wir Rettich, Kartoffeln, Karotte und *Aburage* dazu und vermischen alles. Wir bedecken es mit Wasser, geben den Lachs dazu und bringen es über großer Flamme zum Kochen. Mit einem leicht geöffneten Deckel kochen wir es auf mittlerer Hitze 30 bis 40 Minuten. Falls der salzige Lachs den Eintopf noch nicht genug gewürzt hat, schmecken wir ihn mit einer Prise Salz und mit *Shoyu* ab. Ideal für einen kalten Tag.

Chinesischer Eintopf (Happosai) — für 5 Personen

2 Eßlöffel Sonnenblumen- oder Sesamöl
3 kleine geviertelte Zwiebeln
2 Tassen Lotoswurzeln, in 1/2 cm dicke Scheiben geschnitten
1 kleine Karotte, in 5 unregelmäßige Stücke geschnitten
120 g *Kofu*-Laib (S. 132), in Würfel geschnitten, 2 bis 3 Minuten knusprig frittiert und auf saugfähigem Papier abgetropft
2 Teelöffel Meersalz
1/2 kleiner Blumenkohl, in die Röschen zerteilt
20 grüne Bohnen, gewaschen und entfädelt
Shoyu
2 Eßlöffel *Kuzu*
3 Eßlöffel Wasser

Wir erhitzen einen schweren Topf (am besten aus Gußeisen) und bestreichen ihn mit dem Öl. Die Zwiebel wird darin bei mittlerer Hitze leicht braun etwa 5 Minuten sautiert. Dann kommen Lotoswurzel, Karotte und *Kofu* dazu. Wir bedecken das Ganze halb mit Wasser, geben 1 Teelöffel Salz dazu und bringen es auf großer Flamme zum Kochen. Mit einem leicht geöffneten Deckel 40 Minuten oder länger bei mittlerer Hitze kochen.

Während der Eintopf kocht, bringen wir soviel Wasser zum Kochen, daß der Blumenkohl davon bedeckt ist und geben 1 Teelöffel Salz dazu. Den Blumenkohl hineingeben, wieder zum Kochen bringen und kochen, bis er weich ist, aber noch einen Biß hat, etwa 5 Minuten. In einem Sieb zum Abtropfen beiseite stellen. Jetzt kommen die Bohnen ins selbe Wasser und werden gekocht, bis sie leuchtend grün und gerade weich sind. Sofort in kaltes Wasser tauchen, um den Kochprozeß zu unterbrechen und ihre Farbe zu fixieren, dann zum Abtropfen in ein Sieb geben. Die Bohnen werden schräg in die Hälfte geschnitten.

Wenn der Eintopf fertig ist, schmecken wir ihn mit *Shoyu* ab. Dann wird das *Kuzu* in 3 Eßlöffeln Wasser aufgelöst und dazugegeben. Während der Eintopf auf ganz kleiner Flamme noch 2 bis 3 Minuten weiterkocht, rühren wir und lassen die Brühe dick werden. Die einzelnen Portionen werden mit den Blumenkohlröschen und den grünen Bohnen garniert.

Weißer Fischeintopf (Noppei Jiru)   für 5 Personen

1 Eßlöffel Sonnenblumen- oder Sesamöl
2 Tassen Rettich, in dicke Viertelscheiben geschnitten (*Ichogiri*, S. 28)
5 kleine Topinambur, in mundgerechte Stücke geschnitten
2 kleine Karotten, in dicke Scheiben geschnitten
2 *Gammodoki* (S. 278), jedes in 5 Stücke geschnitten (wahlweise)
250 g Fisch mit weißem Fleisch, in 5 Stücke geschnitten
1 Streifen *Kombu*, etwa 7 cm^2, sauberwischt
ungefähr 5 Tassen und 3 Eßlöffel Wasser
1 Teelöffel Meersalz
Shoyu
1 Eßlöffel *Kuzu*

Wir erhitzen einen schweren Topf und bestreichen ihn mit dem Öl. Der Rettich wird darin bei mittlerer Hitze 2 bis 3 Minuten sautiert, dabei ständig gerührt. Nacheinander Topinambur, Karotten, und *Gammodoki* dazugeben und vermischen. Dann Fisch und *Kombu* hineingeben und mit Wasser gut bedecken. Salzen und über großer Flamme zum Kochen bringen. Auf mittlerer Hitze mit leicht geöffnetem Deckel 40 bis 50 Minuten kochen. Dann schmecken wir das Ganze mit *Shoyu* ab, und geben das in 3 Eßlöffel Wasser verdünnte *Kuzu* dazu. Auf ganz kleiner Flamme noch einige Minuten weiterkochen und umrühren, bis die Brühe dick geworden ist.

Gewürze & Pickels

Gewürze und Pickels

Pickels und die makrobiotischen Gewürze sollten ein Teil unseres täglichen Essens sein, sie geben unseren Gerichten Geschmack und Ausgewogenheit. Pickels, besonders *Takuwan* sind wunderbare Verdauungshilfen und sollten nach den Mahlzeiten gegessen werden.

Takuwan war ein Zen-Mönch, der in ganz Japan einen Namen als Meisterkoch hatte. Es gibt eine berühmte Geschichte über einen großen Samurai, der sich eine Einladung zu einem Essen bei Takuwan errang. Der Krieger kam zur festgesetzten Stunde und wartete stoisch, daß der Mönch ihm das Essen bringe. Eine Stunde nach der anderen verging, jedoch weder der Mönch noch die Mahlzeit erschienen. Als der Samurai immer hungriger wurde, verbrachte er die langen Stunden damit, sich auszumalen, welch ein phantastisches, und daher Zeit in Anspruch nehmendes Festmahl der Mönch wohl bereiten würde. Zu seiner Erleichterung kam Takuwan endlich, und setzte dem Gast das langersehnte Festmahl vor: eine Schale braunen Reis, garniert mit eingelegtem Rettich, das war seine Spezialität. Der Samurai aß sehr langsam, kostete jeden

Bissen aus, dann versicherte er Takuwan dankbar, daß er seinen Ruf zurecht verdiente. Beim Abschied dankte der Samurai dem sich verbeugenden Mönch für die allerköstlichste Mahlzeit, die er je gegessen hatte.

Gomasio (Sesam-Salz) ein Wochenvorrat für 5 Personen

1 Tasse Sesam (weiß oder schwarz)
1 gestrichener Eßlöffel und 1 Prise Meersalz

Wir waschen den Sesam in einem feinen Maschensieb und lassen ihn abtropfen. Wir tupfen das Sieb mit einem trockenen Schwamm ab, um überschüssiges Wasser zu entfernen, und stellen es beiseite.

Das Salz wird in einer schweren Pfanne bei mittlerer Hitze geröstet, dabei rühren wir ständig um, damit es gleichmäßig heiß wird. Wenn der starke Chlorgeruch, der dem Salz entströmt, aufhört, geben wir es in ein *Suribachi* und zerkleinern es mit einem hölzernen Stößl, bis es ganz fein ist.

Dann geben wir die Sesamsamen in die Pfanne und rösten sie bei mittlerer Hitze 3 bis 5 Minuten, dabei rühren wir ständig und schütteln die Pfanne, damit die Samen gleichmäßig erhitzt werden. Wenn die Samen leicht braun werden und ihren charakteristischen Geruch entwickeln, nehmen wir sie vom Feuer und geben sie zu dem Salz im *Suribachi.*

Wir setzen das *Suribachi* auf unseren Schoß, nehmen das untere Drittel des Stößels mit der einen Hand und legen die Handflächen der anderen leicht oben auf den Stößel. Dann mahlen wir das Ganze leicht mit einer steten kreisförmigen Bewegung. 70 bis 80 Prozent der Samen werden zerstoßen. Dabei darauf achten, daß nicht das Öl herausgepresst wird. Das *Gomasio* wird in einem luftdichten Behälter aufbewahrt.

Gomasio ist ein sehr vielseitiges Gewürz, das wir anstelle von gewöhnlichem Tischsalz verwenden. Salz alleine ist sehr *yang*; das Öl des Sesams ist *yin*, und hilft, es in unserem Köroer auszugleichen. Diese Zusammenstellung ergibt eine wunderbare Harmonie, sie ist ideal für Getreide und Gemüsegerichte.

Da es sich nur dann lange hält, wenn es sehr gut zubereitet ist, sollte man zuerst nur einen Vorrat für 1 Woche machen. Ich selbst habe *Gomasio* gemacht, das den Test einer 6 monatigen Reise bestand, aber erst nach langer Jahre Übung. Gerade die Zubereitung von ganz einfachen Gerichten wie Reis und *Gomasio* beweist das echte Können eines Kochs. Es ist weitaus leichter, ein reichhaltiges Schlemmermahl zu bereiten, als es ist, gleichbleibend gutes, wohlausgewogenes *Gomasio* zu machen. Die Zubereitung dieses einfachen Gewürzes wirklich zu beherrschen, bedeutet die Meisterschaft über das eigene Leben.

Die meisten Menschen, Kinder wie Erwachsene entwickeln eine besondere Vorliebe für *Gomasio* und essen oft zuviel davon. Die Folge ist, daß sie durstig werden und übermäßig trinken. Das von mir empfohlene Verhältnis von 15 Teilen Sesam zu 1 Teil Salz ist deswegen ein Mittelmaß. Es kann den eigenen Bedürfnissen und dem Geschmack angepaßt werden.

Tekka-Miso

ergibt 2 Tassen

(Sautiertes Gemüse mit Miso)

100 g Klettenwurzel
60 g Lotoswurzel
50 g Karotte
2/3 Tasse Sesamöl
300 g *Miso*
1 Eßlöffel geriebene Ingwerwurzel

Das Gemüse wird ganz fein gehackt. Zu dem in einer schweren Pfanne erhitzten Öl geben wir die Klettenwurzel und sautieren sie bei mittlerer Hitze, bis ihr starker erdiger Geruch aufhört. Dann wird die Lotoswurzel, dann die Karotte dazugegeben, und jeweils leicht sautiert. Das *Miso* dazugeben, alles zusammenmischen, und die Flamme kleinstellen. 1 bis 2 Stunden weitersautieren, dabei ständig rühren. Dann wird die Ingwerwurzel hineingerührt, die Flamme ganz klein gestellt, und weitere 2 Stunden sautiert. Dabei wird wieder ständig gerührt, bis das Ganze trocken und krümelig ist. Mit Reis oder anderem Getreide servieren.

Tekka zu Hause zu machen erfordert große Geduld. Man kann es abgepackt in makrobiotischen Geschäften kaufen.

Shigure-Miso (Feuchtes Tekka) ergibt 2 bis 3 Tassen

250 g Zwiebeln
60 g Klettenwurzel
60 g Lotoswurzel
50 g Karotte
300 g *Miso*
1 1/2 Tassen Wasser
1 Eßlöffel feingeriebene Ingwerwurzel
1 Teelöffel feingeriebene Orangenschale

Das Gemüse wird sehr fein gehackt. Zu dem in einer schweren Pfanne erhitzten Öl geben wir die Zwiebeln und sautieren sie bei mittlerer Hitze leicht braun für 5 Minuten, dabei rühren wir behutsam um. Nacheinander geben wir Klettenwurzel, Lotoswurzel und Karotte dazu und sautieren sie jeweils leicht dabei. Das *Miso* wird mit dem Wasser verrührt und dazugegeben, dann wird die Ingwerwurzel und die Orangenschale hinein gerührt. Wir kochen es zugedeckt auf kleinem Feuer 1 Stunde oder länger und rühren gelegentlich um.

Miso-Saute ergibt 1/3 Tasse

1 oder 2 Eßlöffel Sesamöl
3 Eßlöffel *Miso*

Wir erhitzen das Öl in einer schweren Pfanne, geben das *Miso* dazu und sautieren es bei mittlerer Hitze 3 bis 5 Minuten, bis es ein starkes Aroma entwickelt. Zum Garnieren von Reis verwenden.

Sojabohnen mit Miso und Klettenwurzeln

ergibt 2 bis 3 Tassen

1 Tasse Sojabohnen
ungefähr 3 bis 4 Tassen Wasser
2 Tassen Klettenwurzel, in feine Späne geschnitten (*Sasagaki* S. 31)
1 gehäufter Eßlöffel *Miso*

Die Sojabohnen werden gewaschen und über Nacht in Wasser eingeweicht. Dann werden sie in einem schweren Topf mit 2 Tassen Wasser 40 bis 50 Minuten gekocht; gelegentlich etwas Wasser dazugeben, damit sie nicht anbrennen. Nun wird die Klettenwurzel hineingegeben, das Ganze mit Wasser bedeckt und weitergekocht, bis die Klettenwurzel weich ist, etwa 30 Minuten. Wir verdünnen das *Miso* mit 2 oder 3 Eßlöffeln des Kochwassers und rühren es hinein. Auf ganz kleiner Flamme 10 Minuten weiterkochen, dann die Flamme abstellen. Zum Garnieren von Getreide verwenden.

Sojabohnen mit Miso

ergibt 1 1/2 Tassen

2 Eßlöffel Sesamöl
1 Tasse gewaschene Sojabohnen
1 1/4 Tassen Wasser
1/4 Tasse *Miso*

Wir erhitzen eine schwere Pfanne und bestreichen sie mit dem Öl. Darin sautieren wir die Bohnen auf einer mittleren Flamme, bis sie sich zerbeißen lassen. Dabei rühren wir dauernd, damit sie gleichmäßig erhitzen und nicht anbrennen. Dann wird 1 Tasse Wasser zugegeben und auf kleiner Flamme weitergekocht, bis das Ganze trocken ist. Das *Miso* mit der restlichen Tasse Wasser verrühren, und dazugeben. Wieder solange kochen, bis es trocken ist, und als Garnierung für Reis verwenden.

Miso-Pickels (Herbst und Winter)

Das Gemüse, das eingelegt werden soll, wird in einem kleinen Faß oder Tontopf in *Miso* eingebettet.

* Karotten oder Klettenwurzel: Das Gemüse wird ganz verwendet, oder in Stücke geschnitten, die in den Behälter passen. Wir tauchen die Stücke 30 Sekunden in kochendes Wasser, dann lassen wir sie abkühlen. In *Miso* einbetten und wenigstens 10 Tage warten.

* Rettich: Die ganzen Rettiche werden einen Tag lang getrocknet, dann der Länge nach halbiert (und, falls nötig,quer durchgeschnitten, damit sie in den Behälter passen). In *Miso* einbetten und 1

Monat warten.
* Gurken: Sie werden ganz verwendet, oder in Stücke geschnitten, die in den Behälter passen, mit Meersalz bestreut, und in einer Schüssel unter einem schweren Gewicht einen Tag lang gepreßt. Die ausgepresste Flüssigkeit wegschütten und einen Monat lang in *Miso* einlegen.
* Ingwerwurzel: Mit Meersalz bestreuen und einen Tag lang unter einem schweren Gewicht in einer Schüssel pressen. Die ausgepreßte Flüssigkeit wird weggeschüttet, die Ingwerwurzeln in *Miso* eingelegt. Einen Monat warten. Sie schmecken köstlich mit gepickeltem Rettich und Gurken.

Je länger das Gemüse in *Miso* verbleibt, desto intensiver (und mehr *yang*) wird es. *Yin*-Gemüse, wie Paprikaschoten und winzige Auberginen sind einen Versuch wert.

Das *Miso* wird vor dem Anrichten unter fließendem kalten Wasser abgespült, dann werden die Pickels in kleine Stücke geschnitten.

Takuwan (Milchsaurer Rettich) ergibt 1 bis 2 Pfund

5 Pfund Rettich
5 Pfund *Nuka* (frische Reiskleie) oder Vollreismehl
2 bis 2 1/2 Pfund Meersalz

Die ganzen Rettiche mit den vollständigen Blättern werden als Ganzes 2 Wochen lang an einem kühlen trockenen Platz aufgehängt, bis sie weich sind und sich biegen lassen; dann werden die Blätter weggeschnitten und aufbewahrt. Um die Rettiche zu säubern, bürsten oder schaben wir sie ab, sie sollen nicht gewaschen werden. Die Reiskleie oder das Reismehl wird gründlich mit dem Salz vermischt, dann wird eine dicke Schicht davon auf den Boden eines kleinen Fasses oder eines Tontopfes gestrichen. Die Rettiche werden in kleine Stücke geschnitten, die in den Behälter passen, und in einer dichten festen Schicht über das *Nuka* gelegt. Darüber kommt wieder eine Schicht von der Kleie-Salz-Mischung, dann wieder Rettich, bis alle Zutaten aufgebraucht sind. Die trokkenen Rettichblätter werden an den Seiten entlang und obenauf gelegt. Das Ganze mit einem Deckel zudecken, der dieselbe Größe wie der Topfboden hat und so genau in den Behälter hineinpaßt und auf den Rettichblättern direkt aufliegt. Dann legen wir 2 schwere Steine darauf, die genauso schwer sind wie die Rettiche. Wenn das Salz soviel Flüssigkeit aus dem Rettich gezogen hat, daß das Gefäß voll ist, wird ein Stein entfernt. Wenigstens 8 Monate soll es an einem kühlen dunklen Platz stehen, bevor es verwendet wird.

Um den Vorgang zu beschleunigen, vertauscht man die Menge von *Nuka* und Salz. Für Pickels, die nach 3 Monaten fertig sind, nimmt man 1 Teil Salz zu 3 Teilen *Nuka*.

Vor dem Anrichten spülen wir das *Nuka* unter fließendem kalten Wasser ab und lassen den Rettich gründlich abtropfen. Falls er zu salzig ist, kann man den Rettich einweichen, dabei das Wasser von Zeit zu Zeit wechseln. Überschüssiges Wasser wird ausgepreßt, dann wird der Rettich feingehackt oder in Scheiben geschnitten.

Nuka-Pickels (Frühling und Sommer)

10 Tassen *Nuka* (frische Reiskleie)
1 1/2 Tassen Meersalz
ungefähr 3 Tassen Wasser
Gemüse nach Jahreszeit (Kraut, Karotten, Gurken, etc.)

Das *Nuka* wird in einer schweren Pfanne auf kleiner Flamme 10 Minuten gedarrt, bis es sein Aroma entwickelt. Dann lassen wir es abkühlen. Das Wasser wird mit dem Salz 1 bis 2 Minuten gekocht, und zum Abkühlen beiseite gestellt.

Das gesalzene Wasser mit dem *Nuka* zu einem dicken Brei verrühren, in einen Tontopf geben und fest hineindrücken. Dann werden geschnittene Krautblätter, ganze oder in Scheiben geschnittene Gurken, *Kombu*stücke oder Melonenschalen, oder jedes andere der Jahreszeit entsprechende Gemüse hineingesetzt. Beim Einsetzen von geschnitzeltem Gemüse wird dieses in ein kleines Stoffsäckchen gebunden. Der festgedrückte und gutbedeckte *Nuka* Brei wird an einem kühlen Ort aufbewahrt. Das *Nuka* soll jeden Tag gewendet und vermischt werden. Falls es zu wässrig wird, kann man das überschüssige Wasser durch ein Sieb abgießen, oder Semmelbrösel oder mehr Reiskleie dazugeben.

Yin-Gemüse wie Gurken können in einem Tag gepickelt werden. Rüben und Kraut brauchen 2 Tage. Jedesmal, wenn frisches Gemüse dazukommt, muß auch mehr Salz hineingegeben werden. Je älter der *Nuka*-Brei wird, desto besser wird er; er kann jahrelang verwendet werden.

Vor dem Anrichten wird das *Nuka* unter fließendem Wasser abgewaschen, das Gemüse gründlich abgetropft und in kleine Stükke oder Scheiben geschnitten.

Milchsaurer Chinakohl

10 Pfund Chinakohl
1 Pfund Meersalz
1 Zitronenschale, in zündholzgroße Stückchen geschnitten

Die Strünke der Chinakohlköpfe werden geviertelt, die Blätter dabei aber nicht getrennt und unter fließend kaltem Wasser gewaschen. Dann trocknen wir sie einen Tag lang an einem kühlen Ort. Wir streuen eine Schicht Salz auf den Boden eines kleinen Fasses oder eines Tontopfes und geben ein paar Stückchen von der Zitronenschale dazu. Der Kohl wird in einer dichten festen Schicht darübergelegt und mit Salz und den Zitronenschalen bestreut und eine weitere Schicht von Chinakohl kreuz und quer darübergelegt. Dieser Vorgang wird wiederholt, bis alle Zutaten aufgebraucht sind. Dann wird das Ganze mit einem Deckel zugedeckt, der die gleiche Größe wie der Topfboden hat und so genau in den Behälter hineinpaßt und direkt auf den Kohlblättern aufliegt. Auf den Deckel wird ein schwerer Stein gelegt. Wenigstens 10 Tage warten (je länger desto besser).

Vorm Anrichten nehmen wir den Chinakohl heraus und waschen ihn unter fließendem kalten Wasser, drücken überschüssiges Wasser heraus, und schneiden ihn in kleine Stücke.

Asa-zuke (24-Stunden-Pickels) ergibt 2 bis 3 Tassen

2 Rüben (Steck-, Feld- oder Futterrüben) oder 1/2 kleiner Rettich mit den vollständigen Blättern
2 oder 3 kleine Karottenstücke
1 oder 2 Streifen Zitronenschale
2 Eßlöffel Meersalz

Die Rüben- oder Rettichblätter werden gewaschen und kleingeschnitten. Wir bestreuen sie mit etwas Salz und drücken überschüssiges Wasser heraus. Die Rüben werden in dünne Halbmonde geschnitten, alles miteinander vermischt, und 2 bis 24 Stunden in einer Salatpresse gepreßt.

Mixed Pickels (Achara-Zuke) ergibt 2 bis 3 Tassen

2 Rüben (Steck-, Feld- oder Futterrüben) mit vollständigen Blättern
1 gehäufter Eßlöffel Meersalz
1 rote Rübe, geviertelt
2 Krautblätter, in 2,5 cm große Quadrate geschnitten
1/2 kleine gewürfelte Karotte

Die Rüben werden in Würfel und die Blätter kleingeschnitten. Dann werden die Blätter mit Salz bestreut und das überschüssige Wasser herausgedrückt. Alle Zutaten in eine Schüssel geben und mit dem restlichen Salz bestreuen. Das Ganze wird mit einem Teller zugedeckt, der genau in die Schüssel hineinpaßt und ein Stein oder ein anderes schweres Gewicht daraufgelegt. 1 bis 3 Tage pressen. Diese Pickels sind ziemlich *yin*, man soll nur wenig davon auf einmal essen.

ABWANDLUNG: Von einem Krautkopf werden die Blätter abgenommen und gut gewaschen. Mit einem Paar langer Holzstäbchen halten wir die Strünke in einen Topf mit kochendem Wasser, bis sie eben weich sind. Dann wird der übrige Teil der Blätter für einen Moment untergetaucht, und die Blätter sofort in kaltes Wasser gegeben, um den Kochprozeß zu unterbrechen. Die Strünke werden so beschnitten, daß sie glatt und weich sind. Dann füllen wir jedes

Blatt mit Karotten- und Gurkenstückchen und rollen es ein, dabei werden die Seiten eingeschlagen. Dann legen wir die Krautwickel in eine Schüssel und bestreuen sie mit Salz. Einen Teller darüberlegen, der direkt auf dem Kraut aufliegt, und ein schweres Gewicht daraufsetzen. 2 bis 3 Tage warten. Vor dem Anrichten werden die Rollen der Breite nach in 4 oder 5 Scheiben geschnitten.

Soßen, Aufstriche & Salattunken

V. Soßen, Aufstriche und Salattunken

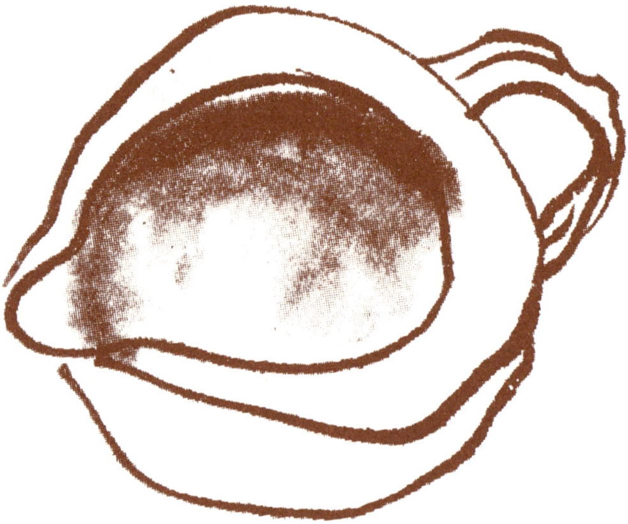

Soßen geben unseren Gerichten Farbe und Geschmack. Sie können mit Getreide, Gemüse und tierischen Produkten serviert werden, um den bereits vorhandenen natürlichen Geschmack zu betonen. Zu Gerichten, die *yang* sind,servieren wir Mehlsoßen, zu denen die *yin* sind, *Kuzu*soßen.

Falsche Bechamelsoße (weiß)

ergibt 1 1/2 Tassen

1 1/4 Tasse Sesamöl
1/2 Tasse ungebleichtes weißes Mehl (Type 550)
3 Tassen *Kombu-Dashi* (S. 221) oder Wasser
1/2 Teelöffel Meersalz

Wir erhitzen das Öl in einer schweren Pfanne, geben das Mehl dazu und rühren es ständig bei mittlerer Hitze, bis die Klumpen verschwunden sind, das Mehl aber noch hell ist; dann nehmen wir es vom Feuer und lassen es auskühlen, oder wir tauchen den Boden der Pfanne in kaltes Wasser. Dann stellen wir sie auf den Herd zurück, rühren langsam die Flüssigkeit hinein und rühren,bis es glatt ist. Bei mittlerer Hitze bringen wir es zum Kochen, dann schieben wir ein Drahtnetz unter und stellen die Flamme klein. Nach 10 bis 12 Minuten schmecken wir die Soße mit Salz ab und kochen sie noch 1 bis 2 Minuten. Damit sie nicht steif wird, wird sie auf ganz kleinem Feuer warmgehalten oder in ein Wasserbad gestellt, bis sie serviert wird.

Für eine braune Soße nehmen wir Vollweizenmehl (Type 1700) und sautieren es, bis es schön braun ist und ein nußähnliches Aroma entwickelt. Für eine helle Soße nehmen wir feines Vollweizenmehl (Type 1050) und sautieren es, bis es leicht braun ist.

ABWANDLUNGEN: A. Um der Soße eine besondere Würze zu geben, können wir eine Prise geriebene Muskatnuß, gemahlenen Koriander, Ingwerpulver, oder Curry dazugeben.

B. Für zusätzliche Farbe und Geschmack können wir 1/2 Tasse sautiertes oder püriertes Gemüse dazugeben.

C. "Braten"-Soße: Nachdem wir das Gebratene aus der Pfanne genommen haben, geben wir 3 Teile Mehl zu einem Teil von dem in der Pfanne verbliebenem Öl und bereiten es wie die Grundsoße zu.

Lyonnaise-Soße

ergibt 1 1/2 Tassen

1 Tasse falsche Bechamelsoße
1 Teelöffel Sesamöl
1 Tasse kleingehackte Zwiebel
1/2 Teelöffel Meersalz
1/4 Tasse weißer Wein

Es wird eine Bechamelsoße nach obiger Anleitung bereitet. Während das Mehl abkühlt, erhitzen wir 1 Teelöffel Öl in einer schweren Pfanne und sautieren darin die Zwiebel,bis sie leicht braun ist, etwa 4 bis 5 Minuten; dabei ständig rühren. Dann wird das Mehl auf den Herd zurückgestellt, das Wasser zugegeben und zum Kochen gebracht. Die sautierte Zwiebel in die Soße rühren und das

Ganze auf kleiner Flamme 10 Minuten kochen. Mit Salz abschmecken, den weißen Wein dazugießen, und die Flamme abdrehen. Mit Fisch zu servieren.

Kürbis-Erdnuß-Soße

ergibt 1 1/2 Tassen

1 Tasse Kürbis- oder Squashpürree
2 Eßlöffel Erdnußmus
1/2 Tasse Wasser
1/4 Teelöffel Meersalz

Die Zutaten werden zusammengemischt und das Ganze bei Zimmertemperatur zu Gemüsegerichten serviert.

Sesam-Soße

ergibt 1 Tasse

1 Eßlöffel Sesamöl
1 kleine gehackte Zwiebel
2 Eßlöffel *Tahin* (Sesammus)
2 Eßlöffel Wasser
2 Eßlöffel *Shoyu*
1 Eßlöffel weißer Wein (wahlweise)

Wir erhitzen eine kleine Pfanne und bestreichen sie mit dem Öl. Darin sautieren wir die Zwiebel bei mittlerer Hitze, bis sie leicht braun ist, etwa 5 Minuten. Dann wird sie mit Wasser bedeckt, zugedeckt, und zum Kochen gebracht. Auf kleiner Flamme etwa 10 Minuten weichkochen. Das Sesammus wird mit 2 Eßlöffeln Wasser verdünnt und zu den Zwiebeln gegeben. Nun rühren wir das *Shoyu* hinein und bringen das Ganze gerade nur zum Kochen. (Gegebenenfalls) den Wein dazugießen und die Flamme sofort abstellen.

Diese Soße ist sehr köstlich zu Reis oder gekochtem Gemüse. Wenn sie mit Fisch serviert wird, geben wir 5 oder 6 Tropfen Saft von der Ingwerwurzel dazu.

Zitronen-Shoyu

Zu jedem Eßlöffel *Shoyu* geben wir 1 oder 2 Tropfen frischen Zitronensaft. Zu servieren mit Fisch, *Tempura* und Gurkensalat mit *Wakame* (S. 216)

Ingwer-Shoyu

Zu jedem Eßlöffel *Shoyu* 1 oder 2 Tropfen Saft von der geriebenen Ingwerwurzel geben. Köstlich mit Fisch.

Orangen-Shoyu

Bis zu 1 Teelöffel frisch gepresster Orangensaft wird mit 1 Eßlöffel *Shoyu* verrührt. Gut für Fisch und Sommersalate.

Tsuke-jiru-Tunke

ergibt 4 Tassen

4 Tassen *Kombu-Dashi* (S. 221)
1/2 Teelöffel Meersalz
5 Eßlöffel *Shoyu*
1 Eßlöffel Sake (wahlweise)
2 Eßlöffel feine Schalottenringe

Die *Dashi* wird zum Kochen gebracht, mit Salz und *Shoyu* gewürzt und nochmal kurz aufgekocht. Gegebenenfalls den Sake hineingießen, dann die Flamme sofort abstellen, damit der Alkohol nicht verdunstet. In einzelnen Schälchen mit den Schalottenringen zum Dippen servieren.

Goma-Johyu-Soße

ergibt 1/2 Tasse

1 gehäufter Eßlöffel *Tahin* (Sesammus)
1 Eßlöffel *Shoyu*
4 Eßlöffel Wasser

Die Zutaten werden alle in einem Topf zusammen zum Kochen gebracht. Auf kleiner Flamme einige Minuten kochen, bis das Ganze dick wird, dabei ständig rühren.

Schalotten-Miso

ergibt 1 Tasse

1 Eßlöffel Sesamöl
1 Bund feingehackte Schalotten
3 Eßlöffel Wasser
2 Eßlöffel *Miso*

Wir trennen die Wurzeln, die weißen und die grünen Teile der Schalotten. In einer heißen, mit Öl bestrichenen kleinen Pfanne werden zuerst die Wurzeln bei mittlerer Hitze 1 Minute lang sautiert. Dann kommen die grünen und dann die weißen Teile dazu, und werden jeweils leicht dabei sautiert. 2 Eßlöffel Wasser zugeben und zugedeckt auf kleiner Flamme 5 Minuten dünsten. Im restlichen Wasser wird das *Miso* verrührt, zu dem Gemüse gegeben, und weitere 2 bis 3 Minuten sautiert. Vom Feuer nehmen und als Aufstrich oder als Garnierung verwenden.

Kuzu-Soße

Wenn gekochtes Gemüse weich ist, wird es aus dem Kochwasser genommen und auf Tellern angerichtet. Dann verdünnen wir das *Kuzu* mit ein wenig Wasser und geben es zu der Flüssigkeit dazu. Für eine dicke Soße nehmen wir 1 Eßlöffel *Kuzu* pro 1 1/2 Tassen Flüssigkeit; für eine dünne Soße 1 Teelöffel *Kuzu* pro 1 1/2 Tassen Flüssigkeit. Das Ganze wird einige Minuten auf kleiner Flamme gekocht und dabei gerührt, bis es dick ist. Falls das Essen, zu dem man die Soße serviert, *yang* ist, braucht sie nicht extra gewürzt werden. Falls es *yin* ist, wird sie mit Salz und/oder *Shoyu* abgeschmeckt. Köstlich mit *Fu, Tofu* und Gemüsegerichten.

Walnuß-Miso

ergibt 1 1/2 Tassen

1 Tasse geschälte Walnüsse
1/4 Tasse *Miso*
1/4 Tasse Wasser

Die Nüsse werden in einer schweren Pfanne bei mittlerer Hitze leicht geröstet, vom Feuer genommen und kleingeschnitten. In einem *Suribachi* werden sie zu einer Paste gemahlen. Dann geben wir *Miso* und Wasser dazu und verrühren es zu einer glatten Kreme.

Zitronen-Miso

ergibt 1 Tasse

5 Eßlöffel *Tahin* (Sesammus)
1 Eßlöffel *Miso*
3 Eßlöffel *Yuzu* (japanische Zitrone) oder Zitronensaft

Alle Zutaten werden miteinander glatt und kremig gerührt. Sehr köstlich mit *Chapati* (S. 80)

Goma-Miso

ergibt 1 Tasse

5 Eßlöffel *Tahin* (Sesammus)
1 Eßlöffel *Miso*
1 Eßlöffel Wasser

Wir mischen alle Zutaten zu einer Kreme zusammen. Ein köstlicher Aufstrich. Man kann auch 1 oder 2 Teelöffel geriebene Zitronenschale dazugeben.

Aufstriche für Parties

Für Beilagen oder Vorspeisen bei Parties schneiden wir Brot in happengroße Stückchen. Wir können sie mit folgendem bestreichen:

Erdnuß- oder Sesammus, oder Apfelbutter (S. 319)
Adzuki-Kastanien Paste (S. 310)
Kürbis- oder Süßkartoffelpürree
Tekka oder Schalotten *Miso* (S. 258)

Die Happen werden auf einer großen Platte schön angerichtet und mit Petersilsträußchen serviert.

ABWANDLUNGEN: A. Ein schwerer Topf oder eine Fritteuse wird 7 bis 8 cm hoch mit Öl gefüllt und auf 180 C erhitzt. 1 Tasse feingeriebene Karotte oder Rettich mit 1/4 Teelöffel Salz und 1 Eßlöffel ungebleichtem weißen Mehl zu einer Paste vermischen. Die Paste wird auf etwa 20 happengroße Brotstückchen gestrichen und im heißen Öl knusprig herausgebacken. Auf saugfähigem Papier abtropfen lassen.

B. *Zakuska*: Das Backrohr auf 175 C vorheizen. 5 ganze Scheiben Hefebrot werden mit 1/2 Tasse Lachsroggen bestrichen und beiseite gelegt. Weitere 5 Scheiben mit Süßkartoffelpürree und wieder 5 mit *Tahin* (Sesammus). Die mit *Tahin* und Süßkartoffel bestrichenen Brote werden im Rohr 10 Minuten gebacken, dann mit den Lachsroggenbrötchen auf einer großen Platte angerichtet. Für 5 Personen.

Salatsoße

ergibt 1/2 Tasse

4 Eßlöffel Sonnenblumen- oder Olivenöl
1 Teelöffel Meersalz oder 1 zerkleinerte *Umeboshi*
1 Eßlöffel Orangensaft oder 1 Teelöffel Zitronensaft
ungefähr 1 Teelöffel gehackte Zwiebel

Wir geben das Öl in eine große Schüssel, das Salz und den Saft dazu, und vermischen es gründlich. Behutsam die gehackte Zwiebel darunterrühren und 10 Minuten stehen lassen. Dann geben wir den Salat hinein und vermischen alles gut miteinander.

Mayonnaise

ergibt 1 Tasse

1 Eidotter
1 Tasse Sonnenblumen- oder Olivenöl, zum Kochen gebracht und ausgekühlt
1 Teelöffel Zitronensaft
1 oder 2 Teelöffel Meersalz, oder 1 Eßlöffel *Umeboshi Saft* (S. 325)

Wir geben das Dotter in eine Schüssel und schlagen es mit einem Schneebesen. Die ersten 1 1/2 bis 2 Eßlöffel werden tropfenweise dazugegeben. Während wir beständig weiterschlagen, geben wir langsam das restliche Öl hinein, und zwar in immer ein wenig größer werdenden Portionen. Wenn das Ganze die Konsistenz einer Mayonnaise angenommen hat, wird Salz und Zitronensaft dazugegeben. Weiterschlagen, bis alles gut vermischt ist.

ABWANDLUNG: Um eine köstliche Tartar-Soße zu machen, vermischen wir 2 Eßlöffel eingelegte Gurken, 1 Eßlöffel Petersilie und 1 hartgekochtes Ei (alles feingehackt) in die Mayonnaise. Vorzüglich mit Fisch.

Bohnen

VI. Bohnen

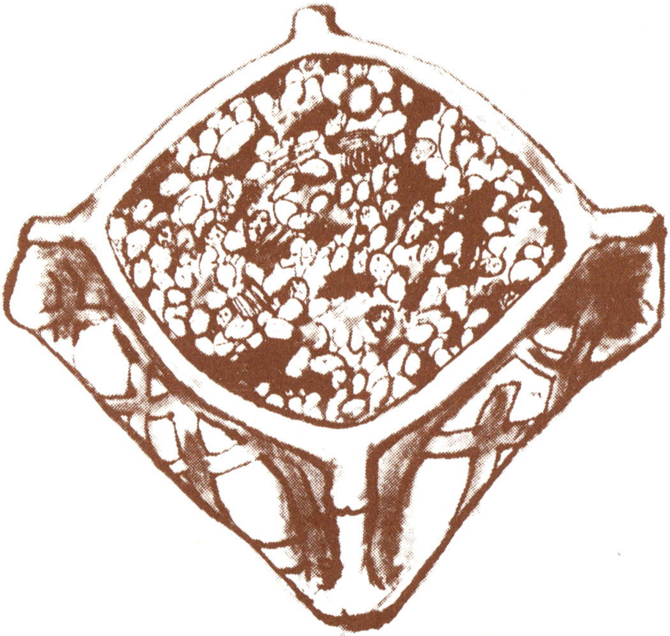

Bohnen (Adzuki, etc.)

Alle Bohnen können auf folgende Weisen zubereitet werden: entweder man kocht sie in einem normalen Topf mit 4 Teilen Wasser bei schwacher Hitze einige Stunden, oder etwa 1 Stunde mit 3 Teilen Wasser im Druckkochtopf. *Adzuki*-Bohnen sollen nicht im Druckkochtopf gekocht werden, weil sie da bitter werden können. Kichererbsen, schwarze Bohnen und Sojabohnen werden mindestens einige Stunden, idealerweise über Nacht eingeweicht, bevor sie gekocht werden. Wenn man die Bohnen mit einem kleinen Streifen *Kombu* kocht, werden sie leichter weich; man darf sie erst mit Salz und/oder *Shoyu* würzen, wenn sie weich geworden sind.

Adzuki-Bohnen

für 5 bis 8 Personen

1 Stück *Kombu*, etwa 12 mal 8 cm, saubergewischt
1 Tasse gewaschene *Adzuki*-Bohnen
4 Tassen Wasser
1 Prise Meersalz und/oder *Shoyu*

Das *Kombu* wird auf den Boden eines schweren Topfes gelegt, die *Adzuki*-Bohnen und das Wasser darübergegeben und das Ganze schnell zum Kochen gebracht. Auf kleiner Flamme kochen wir es mit einem gutsitzenden Deckel etwa 1 Stunde, bis die Bohnen groß und weich geworden sind. Während des Kochens dürfen sie nicht umgerührt werden. Wenn sie fertig sind, schmecken wir sie mit Salz und/oder *Shoyu* ab. Falls alles Wasser beim Kochen verdampft oder aufgesogen ist, geben wir noch ein bißchen dazu, und kochen es auf kleiner Flamme weiter, bis die Bohnen trocken sind.

ABWANDLUNG:*Adzuki An* (Mus): Für *Adzuki*mus werden die Bohnen am Schluß nicht gesalzen. Die Hälfte der Bohnen wird in dem Topf zu einem Brei zerdrückt. Jetzt wird der Brei gesalzen und mit der Hälfte ganzer Bohnen vermischt. Dann wird alles gänzlich püriert. Wir geben das Mus in eine große Schüssel und lassen es kalt werden, dabei wird es trocken und hart. *An* kann als Aufstrich auf Brot oder für *Manju* (S. 326) etc. verwendet werden, oder es wird in Stücke geschnitten und kalt gegessen.

Adzuki-Bohnen-Suppe

für 5 Personen

Öl zum Frittieren
50 g *Udon* (Vollweizennudeln)
1 Eßlöffel Sesam- oder Sonnenblumenöl
1 mittelgroße Zwiebel, in dünne Sicheln geschnitten (*Mawashigiri* S. 29
3 Tassen gekochte *Adzuki*bohnen
1 Prise Meersalz
4 bis 5 Tassen Wasser

Wir füllen einen schweren Topf oder eine Fritteuse 5 bis 8 cm hoch mit Öl und erhitzen es auf 175 C. Die *Udon*nudeln werden in 2,5 cm lange Stückchen zerbrochen und im heißen Öl braun und knusprig frittiert, etwa 2 bis 3 Minuten. Auf saugfähigem Papier abtropfen lassen und im warmen Backrohr aufbewahren, bis sie gebraucht werden.

Dann erhitzen wir eine schwere Pfanne und bestreichen sie mit 1 Eßlöffel Öl. Darin wird die Zwiebel bei mittlerer Hitze 5 Minuten lang leicht braun sautiert, die Bohnen werden dazugegeben, alles miteinander vermischt und noch 1 Minute sautiert. Wir würzen leicht mit Salz, nehmen die Bohnen vom Feuer und streichen sie durch ein Sieb, oder pürieren sie in einem elektrischen Mixer. Das Ganze dann wieder aufs Feuer zurückstellen und auf kleiner Flamme zum Kochen bringen; 4 bis 5 Tassen Wasser dazugeben und glattrühren. Mit den frittierten *Udon* garniert servieren.

Adzuki-Bohnen mit Hokkaido-Kürbis für 5 Personen

1 Tasse gewaschene *Adzuki*-Bohnen
1 Streifen *Kombu*, etwa 12 mal 8 cm, saubergewischt
4 Tassen Wasser
1/4 bis 1/2 Pfund Hokkaido-Kürbis, in Würfel geschnitten
Meersalz

Bohnen, *Kombu* und Wasser werden in einem schweren Topf schnell zum Kochen gebracht, dann auf kleinem Feuer zugedeckt etwa 1 Stunde gekocht, bis sie weich sind. Den Kürbis dazugeben, das Ganze mit Wasser bedecken und weiterkochen, bis der Kürbis weich ist, etwa 30 Minuten. Mit Salz abschmecken.

Dieses Gericht ist ein traditionelles Heilmittel für Nierenkrankheiten.

Udon-Adzuki-Pudding für 5 Personen

2 Eßlöffel Sesamöl
125 g gekochte *Udon* (Vollweizennudeln)
1 Tasse gekochte *Adzuki*-Bohnen
1 Prise Meersalz

Wir erhitzen eine schwere Pfanne und bestreichen sie mit dem Öl.

Darin sautieren wir die Nudeln bei mittlerer Hitze 2 bis 3 Minuten, dann geben wir die *Adzuki*-Bohnen dazu und sautieren beides noch 1 Minute. Mit Wasser gerade nur den Boden der Pfanne bedecken, mit Salz abschmecken und auf kleinem Feuer dünsten, bis das Ganze trocken ist. Wir geben es in eine ausgespülte Form und lassen es kalt und fest werden (im Sommer in den Kühlschrank stellen). Dann lösen wir den Rand ab und stürzen den Pudding auf eine Platte oder einen Teller. Mit Sesamsoße (S. 256) servieren.

Ni aus schwarzen Bohnen

für 5 Personen

1 Tasse schwarze Bohnen, in 3 Tassen Wasser einige Stunden oder über Nacht eingeweicht
ungefähr 4 Tassen kaltes Wasser
1 Prise Meersalz
Shoyu

Die Bohnen werden durch ein Sieb über einer Schüssel abgegossen, das Einweichwasser aufgehoben. Dann geben wir sie mit dem Einweichwasser in einen schweren Topf und geben soviel frisches Wasser dazu, daß die Flüssigkeit insgesamt 4 Tassen ausmacht. Wir bringen das Ganze schnell zum Kochen und kochen es dann auf kleiner Flamme zugedeckt 1 bis 2 Stunden weich. Falls das Wasser während des Kochens ganz verdampft, geben wir noch ein bißchen dazu und schütteln den Topf vorsichtig, um es zu vermischen. Am Schluß mit Salz und/oder *Shoyu* abschmecken und weiter kochen, bis die Bohnen trocken sind.

Fukume-Ni aus Kichererbsen

für 5 Personen

1 Tasse Kichererbsen, über Nacht in 3 Tassen Wasser eingeweicht
ungefähr 4 Tassen Wasser
1 Eßlöffel Sesamöl
1 Teelöffel Meersalz

Die Kichererbsen werden durch ein Sieb über einer Schüssel abgegossen, das Einweichwasser aufbewahrt. Dann geben wir sie mit dem Einweichwasser in einen schweren Topf und geben soviel frisches Wasser dazu, daß die Flüssigkeit insgesamt 4 Tassen ausmacht, und bringen es schnell zum Kochen. Auf kleinem Feuer kochen wir es zugedeckt, bis die Kichererbsen groß und weich geworden sind, etwa 2 Stunden. Um das Ganze im Druckkochtopf zu kochen, nehmen wir 3 Tassen Wasser und bringen es schnell zum Kochen; wenn der volle Druck erreicht ist, schieben wir ein Drahtnetz unter, stellen die Flamme klein und kochen 45 Minuten. Dann drehen wir die Flamme ab und lassen den Druck langsam absinken.

Wir gießen die Kichererbsen durch ein Sieb über einer großen Schüssel und heben das Kochwasser auf. Dann erhitzen wir eine schwere Pfanne und bestreichen sie mit dem Öl. Darin werden die Erbsen bei mittlerer Hitze 2 bis 3 Minuten sautiert, dann gesalzen. Den Boden der Pfanne mit Wasser bedecken und weiterdünsten, bis sie trocken sind. (Das Kochwasser zum Backen verwenden).

Kichererbsen haben eine einzigartige *yang*-Qualität und werden in vielen Teilen der Welt angebaut. Auf seinen vielen Reisen hat Georges Ohsawa sie sehr zu schätzen gelernt. Sie sind äußerst vielseitig und können auf hunderterlei Arten zubereitet werden.

Beignets de Pois Chiche

für 4 bis 5 Personen

Öl zum Frittieren
1 Tasse ungebleichtes weißes Mehl (Type 550)
ungefähr 1 Tasse Wasser
1 Teelöffel Meersalz
2 Tassen gekochte Kichererbsen
1 Tasse kleingehackte Zwiebeln

Wir füllen einen schweren Topf oder eine Fritteuse 7 bis 8 cm hoch mit Öl und erhitzen es auf 180 C. Dann mischen wir das Mehl mit soviel Wasser, daß es einen dicken Teig ergibt. Salz, Kichererbsen und Zwiebel hineinrühren, löffelweise ins heiße Öl geben und goldgelb und knusprig frittieren. Auf saugfähigem Papier abtropfen lassen. Köstlich.

ABWANDLUNG: Anstatt der Kichererbsen kann man auch 2 Tassen gekochte Kidney Bohnen verwenden und wie oben zubereiten.

Kichererbsen mit Gemüse

für 5 Personen

3 große *Shitake* (japanische getrocknete Pilze)
1 Stück *Koya-Dofu* (getrockneter *Tofu*)
2 Eßlöffel Sonnenblumen- oder Sesamöl
2 kleine gehackte Zwiebeln
1 kleine gewürfelte Karotte
3 Tassen gekochte Kichererbsen
1 Prise Meersalz
Shoyu

Die *Shitake* werden 20 bis 30 Minuten in kaltem Wasser eingeweicht. Die harten Stiele entfernen und die weichen Köpfe feinschneiden. Der *Koya-dofu* wird in einen kleinen Topf mit kochendem Wasser gegeben, 2 bis 3 Minuten gekocht und abgegossen. Dann spülen wir ihn unter fließendem kalten Wasser und drücken ihn dabei leicht mit den Händen. Wenn kein weißer Schaum mehr herauskommt, drücken wir überschüssiges Wasser heraus und schneiden ihn in Würfeln.

Wir erhitzen eine schwere Pfanne und bestreichen sie mit dem Öl. Darin sautieren wir die Zwiebeln bei mittlerer Hitze leicht braun etwa 5 Minuten lang. Dann werden nacheinander *Shitake*, Karotte und *Koya-dofu* dazugegeben und jeweils leicht sautiert. Jetzt die Kichererbsen hineingeben und das Ganze mit Wasser bedecken. Zum Kochen bringen, salzen und etwa 30 Minuten kochen, bis alles weich ist. Mit *Shoyu* abschmecken, noch 1 oder 2 Minuten weiterkochen, dann servieren.

Spanische Kichererbsen

für 6 Personen

1 Tasse mit Muschelfleisch
1 Eßlöffel Sesamöl
3 Tassen gewaschener Vollreis
3 Tassen gekochte Kichererbsen
1 kleine Karotte, in dicke Scheiben geschnitten
12 kleine Garnelen, aus der Schale genommen und die Vene am Rückgrat entfernt
4 1/2 Tassen Wasser
1 Eßlöffel Meersalz

Die Muscheln werden mit Salz eingerieben und dann gründlich mit fließend kaltem Wasser abgespült.

Wir erhitzen das Öl in einem Druckkochtopf, geben den Rest dazu, und sautieren ihn bei mittlerer Hitze, bis er schön braun ist, dabei rühren wir ihn dauernd. Dann kommen die Kichererbsen dazu und beides wird weitere 1 bis 2 Minuten sautiert. Dann die Karottenscheiben dazu geben und das Wasser, und das Ganze zugedeckt auf großem Feuer schnell zum Kochen bringen. Wenn der volle Druck erreicht ist, schieben wir ein Drahtnetz unter und kochen auf kleiner Flamme 40 Minuten. Flamme abdrehen und den Dampf schnell entweichen zu lassen. Wir lassen den Topf auf dem Herd stehen, nehmen den Deckel ab und rühren leicht um. Dann werden die Garnelen und die Muscheln behutsam hineingerührt, der Deckel wieder fest verschlossen und das Ganze 10 Minuten stehen gelassen, damit es die Hitze aufnimmt, die noch in dem Drahtnetz ist. Schmeckt köstlich mit einer klaren Suppe aus Brunnenkresse und *Tofu*.

Kichererbsen-Kroketten

für 5 Personen

2 Eßlöffel Sonnenblumen- oder Sesamöl
1 kleine gehackte Zwiebel
1/2 kleine gewürfelte Karotte
3 Tassen pürrierte gekochte Kichererbsen
1 Teelöffel Meersalz
3 Eßlöffel ungebleichtes weißes Mehl (Type 550)
Öl zum Frittieren
1 geschlagenes Ei
2 bis 3 Tassen Semmelbrösel oder Maismehlgrieß

Wir erhitzen eine schwere Pfanne und bestreichen sie mit dem Öl. Darin wird die Zwiebel bei mittlerer Hitze 5 Minuten leicht braun sautiert und behutsam umgerührt. Die Karotte dazugegeben, dann die Kichererbsen, alles vermischen und salzen. Wir geben das Ganze in eine große Schüssel, geben soviel Mehl dazu, daß die Mischung zusammenhält und machen 10 Kroketten daraus.

Ein schwerer Topf oder eine Fritteuse wird 7 bis 8 cm hoch mit Öl gefüllt und auf 175 C erhitzt. Die Kroketten in dem restlichen Mehl rollen, dann in das geschlagene Ei tauchen, dann in den Semmelbröseln wälzen und sie gut damit bedecken. Sie werden im heißen Öl goldgelb und knusprig frittiert und zum Abtropfen auf saugfähiges Papier gelegt. Wir richten sie auf einer Lage von leicht sautiertem Kraut an.

Kichererbseneintopf

für 5 Personen

3 Eßlöffel Sonnenblumen- oder Sesamöl
2 gehäufte Eßlöffel ungebleichtes weißes Mehl (Type 550)
2 kleine Zwiebeln, in dünne Sicheln geschnitten (*Mawashi-giri* S. 29)
1 kleine gewürfelte Karotte
4 Tassen gekochte Kichererbsen
ungefähr 4 Tassen Wasser
1 1/2 Teelöffel Meersalz
10 grüne Bohnen, gewaschen und entfädelt
2 oder 3 Eßlöffel gehackte Petersilie oder Brunnenkresse

Wir erhitzen eine schwere Pfanne und bestreichen sie mit dem Öl. Darin wird das Mehl bei mittlerer Hitze sautiert, bis es braun ist und duftet, dabei rühren wir ständig. Vom Feuer nehmen und auskühlen lassen.

Dann erhitzen wir einen schweren Topf, bestreichen ihn mit den restlichen 2 Eßlöffeln Öl und sautieren darin die Zwiebeln bei mittlerer Hitze 4 bis 5 Minuten leicht braun, dabei rühren wir sie behutsam um. Nacheinander die Karotte und die Kichererbsen zugeben und dabei jeweils leicht sautieren. Die Zutaten werden gut miteinander vermischt, mit Wasser bedeckt und auf großem Feuer schnell zum Kochen gebracht. Bei mittlerer Hitze rühren wir ganz langsam das sautierte Mehl hinein und rühren, bis es glatt ist. Zugedeckt kochen wir es etwa 40 Minuten, bis das Gemüse weich ist und die Kichererbsen auseinandergefallen sind.

Während der Eintopf kocht, bringen wir einen kleinen Topf mit Wasser auf großer Flamme schnell zum Kochen und geben 1/2 Teelöffel Salz dazu. Darin werden die Bohnen etwa 5 Minuten gekocht, bis sie leuchtend grün und eben weich sind. Sie werden dann sofort in kaltes Wasser getaucht, damit der Kochprozeß unterbrochen und ihre Farbe fixiert wird. Die Bohnen schräg in feine Scheiben schneiden und in einem Sieb zur Seite stellen.

Wenn der Eintopf fertig ist, schmecken wir ihn mit Salz ab. Die einzelnen Portionen werden mit ein paar Bohnen und der gehackten Petersilie oder Brunnenkresse garniert.

Frittierte Pferdebohnen (auch Sojabohnen)

Die äußere Schale der Bohnen wird abgeschält, dann ritzen wir sie an der Oberfläche 1 oder 2 mal ein. Im heißen Öl knusprig frittieren, auf saugfähigem Papier abtropfen lassen und leicht mit Salz bestreuen. Ein köstlicher Snack zu Bier.

Kidney-Bohnen-Creme

für 5 Personen

3 Eßlöffel Sesamöl
3 Eßlöffel Vollweizenmehl (Type 1700)
ungefähr 1 Tasse Wasser
1/2 Tasse gekochte Kidney-Bohnen (große rote Bohnen)
1/2 Teelöffel Meersalz

Wir erhitzen eine schwere Pfanne und bestreichen sie mit dem Öl. Darin wird das Mehl bei mittlerer Hitze sautiert, bis es leicht braun ist und duftet, dabei ständig gerührt. Dann nehmen wir es vom Feuer und lassen es auskühlen, oder tauchen den Boden der Pfanne in kaltes Wasser. Die Pfanne auf den Herd zurückstellen, das Wasser zugeben und glattrühren, zum Kochen bringen und auf kleinem Feuer 10 Minuten kochen. Dann rühren wir die Bohnen hinein und kochen es noch 5 Minuten. Mit Salz abschmecken.

Kidney-Bohnen-Kinton

für 5 Personen

2 Tassen Kidney-Bohnen (große rote Bohnen)
ungefähr 5 Tassen Wasser
1 Teelöffel Meersalz

Die Bohnen werden in einem schweren Topf mit dem Wasser zum Kochen gebracht und dann auf mittlerer Hitze zugedeckt

1 bis 2 Stunden weichgekocht; falls nötig, Wasser zugeben. Die Hälfte der Bohnen wird in einer Schüssel zu einem Brei zerdrückt, gesalzen und mit der anderen Hälfte ganzer Bohnen vermischt.

Bohnensuppe

für 5 Personen

1 Eßlöffel Sonnenblumen- oder Sesamöl
2 kleine gehackte Zwiebeln
1 Tasse Bohnen, einige Stunden oder über Nacht eingeweicht
8 Tassen und einige Eßlöffel Wasser
Meersalz
1 gehäufter Eßlöffel *Kuzu*
2 oder 3 Eßlöffel geröstete Brotkrusteln
2 oder 3 Eßlöffel gehackte Petersilie

Wir erhitzen das Öl in einem Druckkochtopf und sautieren die Zwiebeln etwa 5 Minuten leicht braun bei mittlerer Hitze. Dann geben wir die Bohnen dazu und 3 Tassen Wasser (bzw. übriges Einweichwasser), decken den Topf zu und bringen das Ganze auf großer Flamme schnell zum Kochen. Wenn der volle Druck erreicht ist, kochen wir es auf kleinem Feuer 50 Minuten bis zu 1 Stunde. Vom Feuer nehmen und den Druck langsam absinken lassen.

Wir gießen die Bohnen und Zwiebeln ab und streichen sie durch ein Sieb oder zermahlen sie in einem elektrischen Mixer. Mit Salz abschmecken. Dann stellen wir das Ganze auf den Herd zurück und bringen es auf kleiner Flamme zum Kochen, 4 bis 5 Tassen Wasser zugeben und glattrühren. Dann wird das mit 3 Eßlöffeln verrührte *Kuzu* hineingegeben und unter Umrühren noch ein paar Minuten gekocht, bis es dick ist. Mit den Brotkrusteln und der gehackten Petersilie bestreuen.

Wenn die Suppe aus Bohnen ist, die *yin* sind, dicken wir sie mit *Kuzu* an. Bei *yang*-Bohnen nehmen wir dazu eine falsche Bechamelsoße.

Sojabohnen-Nitsuke (Gomoku-mame) für 5 Personen

1 Stück *Koya-dofu*
1 Eßlöffel Sesamöl
2 Tassen gewürfelte Klettenwurzel
1/2 Tasse gewürfelte Lotoswurzel
1 Tasse gewürfelte Karotte
1 Tasse gekochte Sojabohnen
4 1/2 bis 5 1/2 Tassen Wasser
4 Eßlöffel *Tahin* (Sesammus)
5 Eßlöffel *Shoyu*

Wir geben den *Koya-dofu* in einen kleinen Topf mit kochendem Wasser und kochen ihn 2 bis 3 Minuten. Unter fließend kaltem Wasser drücken wir ihn mit den Handflächen leicht. Wenn kein weißer Schaum mehr herauskommt, drücken wir überschüssiges Wasser heraus und schneiden ihn in Würfel.

Dann erhitzen wir eine schwere Pfanne und bestreichen sie mit dem Öl. Darin sautieren wir die Klettenwurzel einige Minuten, bis ihr starker Geruch aufhört. Nacheinander in dieser Reihenfolge Lotoswurzel, Karotte, *Koya-dofu* und Sojabohnen dazugeben und alles miteinander vermischen. Mit Wasser bedecken (4 bis 5 Tassen) und auf großem Feuer zum Kochen bringen. Dann auf kleiner Flamme 30 Minuten weichkochen.

Das *Tahin, Shoyu* und 1/2 Tasse Wasser werden miteinander glattgerührt, zu dem weichen Gemüse gegeben und gleichmäßig verteilt. Wir dünsten das Ganze, bis es trocken ist.

Tofu Ryori (Sojabohnen)

Tofu oder Bohnenkäse ist reich an pflanzlichem Eiweiß. Da er nach unserer Einteilung von Lebensmitteln ziemlich *yin* ist, sind in den folgenden Rezepten seine *yin*-Eigenschaften durch *yang* ausgewogen, man verwende ihn also ruhig von Zeit zu Zeit. Er ist köstlich in *Miso*-Suppen und Eintöpfen oder als eigenes Gericht. Man kann ihn in manchen Naturkostläden und in orientalischen Lebensmittelgeschäften kaufen, oder man kann ihn auch selbst herstellen.

Wenn der *Tofu* abgetropft werden soll, wickelt man ihn in ein sauberes Tuch und legt ihn auf 2 Holzbretter, die in einem Winkel über das Spülbecken gesetzt werden. 30 Minuten bis zu 1 Stunde abtropfen lassen; oder wir drücken das überschüssige Wasser aus dem in ein Tuch eingewickelten *Tofu* heraus.

Hausgemachter Tofu

ergibt 1 Pfund

3 Tassen Sojabohnen
4 1/2 Teelöffel *Nigari** oder ersatzweise 2 Teelöffel frischer Zitronensaft

Die Bohnen werden über Nacht eingeweicht, abgegossen und in einem elektrischen Mixer zermahlen.

Dann geben wir sie mit 2 Teilen Wasser in einen großen Topf und bringen sie zum Kochen; auf kleinem Feuer 5 Minuten kochen. Wir gießen das Ganze in ein Käsetuch oder einen Sack aus feinem Mousseline und pressen möglichst viel Flüssigkeit heraus. Die feste Masse (*unohana*) stellen wir beiseite, um sie für andere Gerichte zu verwenden.

Wir streuen das *Nigari* über die *Tofu*-Flüssigkeit und rühren sie leicht um. Innerhalb von 20 Minuten sollte der *Tofu* anfangen zu gerinnen. Ein Bambussieb (oder eine *Tofu*-Presse) wird mit einem sauberen Baumwolltuch ausgelegt und der geronnene *Tofu* langsam hineingeschöpft. Das ganze wird mit einem Tuch zugedeckt und ein hölzerner Deckel daraufgesetzt, der direkt auf dem oberen Tuch aufliegt. Den Deckel mit einem leichten Gewicht beschweren. Nach 1 Stunde geben wir noch ein Gewicht dazu, um den Druck zu vergrößern. Noch eine Stunde stehen lassen, dann wird der *Tofu* vorsichtig in kaltes Wasser gelegt.

Kühl aufbewahren.

ABWANDLUNG: Um gegrillten *Tofu* zu machen, heizen wir die Grillvorrichtung des Backofens bzw. das Backrohr auf die größtmögliche Hitze vor. 1 oder 2 Stücke *Tofu* werden in ein flaches Backgeschirr gegeben mit soviel Wasser, daß der *Tofu* zur Hälfte darinliegt. Wenn unser Backofen eine Grillvorrichtung hat, stellen wir ihn so nah wie möglich unter die Flamme. Wir grillen ihn einige Sekunden, bis er fleckig ist, dann drehen wir

---

* Um *Nigari* zu machen, befeuchten wir 2 Kilo Meersalz mit kaltem Wasser, geben es in einen Leinensack und hängen ihn an einen dunklen Ort über eine Schüssel. Die Flüssigkeit, die aus dem Sack tropft ist *Nigari* (Meereslauge).

ihn mit einem Pfannenheber um und grillen ihn auf der anderen Seite. Herausnehmen und abtropfen lassen. In einem gewöhnlichen Backrohr stellen wir den *Tofu* so nahe wie möglich an die Oberhitze und backen ihn, bis die Oberfläche bräunlich ist, etwa 15 Minuten auf beiden Seiten.

Unohana-Fladen

für 5 Personen

2 Eßlöffel Sesamöl
2 kleine gehackte Zwiebeln
1 kleine Karotte in dünne Stifte geschnitten, (*Sengiri*, S. 26
1/2 Tasse Lotoswurzel, in dünne Viertelscheibchen geschnitten (*Ichogiri*, S. 28)
1 Teelöffel Meersalz
ungefähr 1/2 Tasse Vollweizenmehl (Type 1700)
3 Tassen *Unohana**

Wir erhitzen eine schwere Pfanne und bestreichen sie mit dem Öl. Darin sautieren wir die Zwiebel bei mittlerer Hitze leicht braun (etwa 5 Minuten) und rühren sie behutsam um. Dann geben wir die Karotte, dann die Lotoswurzel dazu, mischen alles miteinander, salzen und sautieren es noch einige Minuten. Dann vermischen wir es mit dem *Unohana* und soviel Mehl, daß es zusammenhält, machen kleine Fladen daraus und braten sie in einer leichtgeölten Pfanne bei schwacher Hitze auf beiden Seiten, oder backen sie im vorgeheizten Rohr bei 175 Grad etwa 20 Minuten, bis sie schön braun sind.

---

* *Unohana* (auch *Okara* genannt) ist die trockene Masse der festen Bestandteile der Sojabohnen, die übrigbleibt, wenn man *Tofu* macht. Sie hält sich nicht, und soll deshalb sofort verwendet werden.

Gammodoki

für 5 Personen

2 Stücke *Tofu*
Öl zum Frittieren
1/2 Tasse gehackte Zwiebel
1/4 Tasse gehackte *Shitake* (getrocknete japanische Pilze)
1/2 Tasse Karotte, in dünne Stifte geschnitten (*Sengiri*, S. 26)
1/3 Teelöffel Meersalz
5 Eßlöffel feingeriebenen Rettich
5 Teelöffel *Shoyu*

Wir wickeln den *Tofu* in ein sauberes Tuch und legen ihn auf 2 Holzbretter, die in einem Winkel über das Spülbecken gesetzt werden. 30 Minuten bis 1 Stunde abtropfen lassen; oder wir pressen das überschüssige Wasser aus dem in das Tuch eingewickelten *Tofu* heraus. Dann wird er in einem *Suribachi* zu einem Brei zermahlen.

Wir füllen einen schweren Topf oder eine Fritteuse 7 bis 8 cm hoch mit Öl und erhitzen es auf 160 bis 170 Grad.

Zwiebel, Karotte, *Shitake* und *Tofu* werden miteinander vermischt und gesalzen. Wir machen daraus 5 oder 10 flache Ovale und frittieren sie im heißen Öl etwa 3 bis 5 Minuten, bis sie gar, rötlich braun und knusprig geworden sind. Auf einem Drahtrost oder saugfähigem Papier abtropfen lassen. Zu jeder Portion servieren wir 1 Eßlöffel geriebenen, leicht mit *Shoyu* gewürzten Rettich.

Tofu mit Kuzu-Soße

für 5 Personen

1 1/2 Stücke *Tofu*
1 Teelöffel Meersalz
2 Tassen *Kombu-Dashi* (S. 221)
2 Eßlöffel *Shoyu*
1 Eßlöffel *Kuzu*, in 1 Eßlöffel Wasser aufgelöst
1 Teelöffel feingeriebene Ingwerwurzel

Wir schneiden den *Tofu* in 5 cm große Würfel. Dann bringen wir einen kleinen Topf mit Wasser zum Kochen und geben 1 Teelöffel Salz dazu. Die *Tofu*-Würfel werden darin nur solange gekocht, bis sie durch und durch heiß sind. Dann werden sie mit einem Schlitzlöffel vorsichtig herausgenommen und auf vorgewärmte Teller gelegt.

Die *Dashi* wird zum Kochen gebracht und das *Shoyu* dazugegeben. Das verdünnte *Kuzu* hineingegeben und unter Umrühren auf kleiner Flamme einige Minuten kochen, bis die Soße dick ist. Der *Tofu* wird mit der *Kuzu*-Soße übergossen, und obenauf kommt ein kleines Häufchen geriebene Ingwerwurzel.

Koya-Dofu-Sandwich

für 6 Personen

3 Stücke *Koya-dofu* (getrockneter *Tofu*)
4 Tassen *Kombu-Dashi* (S. 221)
1/4 Teelöffel Meersalz
4 Eßlöffel *Shoyu*
1 oder 2 kleine Karotten, der Länge nach in Stäbchen geschnitten
Öl zum Frittieren
1 Eßlöffel ungebleichtes weißes Mehl (Type 550)
1 Eßlöffel Wasser
3 Blätter *Nori*

Der *Koya-Dofu* wird in einen kleinen Topf mit kochendem Wasser gegeben und 2 oder 3 Minuten gekocht. Abgießen, dann die Stücke unter fließend kaltem Wasser leicht mit den Händen ausdrücken. Wenn kein weißer Schaum mehr herauskommt, wird überschüssige Flüssigkeit herausgedrückt.

Wir bringen die *Dashi* zum Kochen und geben Salz und *Shoyu* dazu. Darin kochen wir den *Koya-Dofu* und die Karottenstäbchen zugedeckt 20 bis 30 Minuten. Abgießen, das Kochwasser für andere Gerichte aufheben und den *Koya-Dofu* auskühlen lassen.

Wir füllen einen schweren Topf oder eine Fritteuse 7 bis 8 cm hoch mit Öl und erhitzen es auf 180 Grad. Aus Mehl und Wasser machen wir eine dünne Paste. Jedes *Koya-Dofu* Stück wird zuerst von oben nach unten, dann von links nach rechts horizontal in Hälften geschnitten. Die Karotten-Stäbe werden auf die Länge der *Koya-Dofu* Stücke zugeschnitten und wie ein Sandwich zwischen 2 Schichten gelegt. Die *Nori*-Blätter werden halbiert und auch auf die Länge des *Koya-Dofu* zugeschnitten. Das *Nori* wird verwendet, um jedes der 6 Sandwiche einzuwickeln. Die Ränder des *Nori* und die beiden offenen gegenüberliegenden Seiten des Sandwiches werden mit der Mehlpaste versiegelt. Dann werden sie im heißen Öl goldgelb und knusprig frittiert. Auf saugfähigem Papier abtropfen lassen. Vor dem Anrichten wird jedes Sandwich in der Diagonale halbiert.

Tofu-Nitsuke

für 5 Personen

2 Eßlöffel Sonnenblumen- oder Sesamöl
2 kleine gehackte Zwiebeln
1 kleine Karotte, in zündholzgroße Stückchen geschnitten (*Sengiri*, S. 26)
1 Stück *Aburage*, in dünne Streifen geschnitten
1/2 Teelöffel Meersalz
3 Eßlöffel *Shoyu*
1 Stück *Tofu*, abgetropft und zerdrückt (S. 275)

Das Öl in einer schweren Pfanne erhitzen. Die Zwiebeln darin bei mittlerer Hitze 3 oder 4 Minuten sautieren und behutsam umrühren. Dann werden die Karottenstückchen, dann die *Aburage*-streifen dazugegeben, alles vermischt und weitere 10 Minuten sautiert. Mit Salz und *Shoyu* kräftig würzen und den zerdrückten *Tofu* dazurühren. Auf kleinem Feuer 10 bis 15 Minuten weiter-sautieren, dabei ständig rühren.

Chinesischer Dow-Fu-Oroshi-Ae

für 5 Personen

Öl zum Frittieren
2 Stücke chinesischer *Dow-Fu*
1 Eßlöffel *Shoyu*
1/2 Tasse geriebener Rettich
1 Teelöffel gehackte *Yuzu* oder Orangenschale
1 oder 2 Eßlöffel Weißwein

Wir füllen einen schweren Topf oder eine Fritteuse 7 bis 8 cm hoch mit Öl und erhitzen es auf 180 Grad. Darin frittieren wir den *Dow-Fu*, bis er schön braun und knusprig ist. Auf saugfähigem Papier abtropfen lassen. Jetzt geben wir *Dow-Fu* und *Shoyu* in einen kleinen Topf, bringen es zum Kochen und kochen es bis die ganze Flüssigkeit aufgesogen oder verdampft ist. Den *Dow-Fu* auskühlen lassen und in feine Scheiben schneiden.

Rettich, Orangenschale und Wein verrühren und mit dem *Dow-Fu* vermischen.

Tofu-Pudding

für 5 Personen

1 1/2 Stücke *Tofu*
1 Prise Meersalz
2 große *Shitake* (getrocknete japanische Pilze)
2 Eßlöffel Sesamöl
1 oder 2 Schalotten, in dünne Scheiben geschnitten
1 kleine Karotte, in dünne Stifte geschnitten (*Sengiri*, S. 26)
4 Eßlöffel *Shoyu*
1/4 Tasse *Kuzu*
ungefähr 1/2 Tasse Wasser
Petersilsträußchen

Der *Tofu* wird in einem *Suribachi* zerdrückt, leicht gesalzen, und beiseite gestellt. Die *Shitake* Pilze 20 bis 30 Minuten in kaltem Wasser einweichen, die harten Stiele wegschneiden und die Köpfe feinschneiden.

Wir erhitzen eine schwere Pfanne und bestreichen sie mit dem Öl. Die Schalotten werden in folgender Reihenfolge sautiert: die grünen Teile, die weißen Teile, dann die Wurzeln. Nach 1 Minuten kommen die *Shitake*, dann die Karotten dazu und werden jeweils leicht dabei sautiert. Dann den *Tofu* dazugeben, alles miteinander vermischen und unter ständigem Rühren weitere 5 Minuten sautieren. Mit *Shoyu* würzen, dann das mit 1/2 Tasse Wasser verdünnte *Kuzu* hineinrühren, und 1 oder 2 Minuten kochen. Wir nehmen es vom Feuer, gießen es in eine ausgespülte Form und lassen es auskühlen und fest werden. Der Pudding wird vorsichtig gestürzt und mit den Petersilsträußchen garniert.

Tofu-Tempura

für 5 Personen

1 1/2 Stücke *Tofu*
Öl zum Frittieren
1 Tasse Vollweizenmehl (Type 1700)
2/3 Tassen Wasser
1/2 Teelöffel Meersalz
5 Eßlöffel feingeriebenen Rettich
5 Teelöffel *Shoyu*

Der *Tofu* wird in ein sauberes Tuch gewickelt und auf 2 Holzbretter gelegt, die in einem Winkel über das Spülbecken gesetzt werden. Wir lassen ihn 30 Minuten bis 1 Stunde abtropfen und schneiden ihn dann in 4 cm große Würfel.

Wir füllen einen schweren Topf oder eine Fritteuse 7 bis 8 cm hoch mit Öl und erhitzen es auf 175 Grad. Aus Mehl, Wasser und Salz machen wir einen Teig. Die *Tofu*-Stückchen werden hineingetaucht und sorgfältig damit bedeckt. Dann frittieren wir sie im heißen Öl, bis sie goldgelb und knusprig sind, etwa 3 bis 5 Minuten. Auf einem Drahtrost oder saugfähigem Papier abtropfen lassen. Jede Portion wird mit einem kleinen Häufchen geriebenen, leicht mit *Shoyu* gewürztem Rettich angerichtet.

Goma Dofu (Sesam Tofu) — für 5 Personen

1 Tasse gewaschener Sesam
1 Tasse *Kuzu*
7 Tassen Wasser

Der Sesam wird in einer schweren Pfanne über mäßig hoher Flamme 3 bis 4 Minuten geröstet, dabei rühren wir ständig und schütteln die Pfanne, damit die Samen gleichmäßig heiß werden. Wenn sie leicht braun sind und ihren charakteristischen Duft entwickeln, nehmen wir sie vom Feuer und zermahlen sie in einem *Suribachi* zu einer Paste.

Das *Kuzu* wird im Wasser aufgelöst und in die Sesampaste hineingerührt. Wir bringen es zum Kochen, und kochen es über kleinem Feuer etwa 40 bis 50 Minuten, bis er dick und zäh wird, dabei gelegentlich umrühren. Dann wird es in eine feuchte Form gegossen. Wir lassen es auskühlen und fest werden. Wenn es fest ist, stürzen wir es vorsichtig heraus und schneiden es in 5 cm große Würfel.

Die Würfel werden in kleinen Schälchen mit einer klaren *Shoyu* Brühe übergossen, die mit einigen Tropfen Ingwerwurzelsaft abgeschmeckt wurde, und dann mit Zitronenschale garniert.

Meerestiere & Eier

VII. Meerestiere und Eier

Meerestiere können im Vergleich zu anderer tierischer Nahrung am leichtesten in ein gesundes Gleichgewicht gebracht werden und man kann sie auf viele verschiedene Arten zubereiten: grillen, backen, braten oder frittieren. Einige Fische können fast roh, oder in *Miso* eingelegt gegessen werden. Kleine Fische können gekocht und ganz gegessen werden, und was von großen Fischen weggeschnitten wird, ergibt eine köstliche Suppe.

Wir sollten immer an das Gleichgewicht denken und Meerestiere (*yang*) oder Eiergerichte mit leicht sautiertem Gemüse, einem frischen Salat, oder einer Lieblingsnachspeise (*yin*) begleiten.

Fisch-Tempura

für 4 Personen

1 Pfund Fisch (z.B. Gold- oder Rotbarsch oder Scholle, etc.) in kleine Filets geschnitten
Meersalz
Öl zum Frittieren
4 Eßlöffel ungebleichtes weißes Mehl (Type 550)
2 geschlagene Eier
1 Tasse Semmelbrösel oder Maisgrieß

Wir bestreuen die Filets mit Salz und lassen sie 30 Minuten bis zu 1 Stunde stehen. Dann füllen wir einen schweren Topf oder eine Fritteuse 7 bis 8 cm hoch mit Öl und erhitzen es auf 175 Grad. Die Filets werden im Mehl gewendet, in das geschlagene Ei getaucht und dann in den Semmelbröseln gewälzt. Im heißen Öl langsam auf mittlerer Flamme frittieren, bis der Fisch gar, goldgelb und knusprig ist. Auf saugfähigem Papier abtropfen lassen. Das *Tempura* wird mit kleinen Häufchen von geriebenem, leicht mit *Shoyu* gewürztem Rettich, oder einer leicht mit Ingwerwurzelsaft gewürzten *Tsuke-jiru* Tunke (S. 257) angerichtet.

ABWANDLUNGEN: A. Kleine Fische werden geschuppt und ausgenommen, mit Salz bestreut und 30 Minuten bis zu 1 Stunde stehengelassen. Die Fische mit einigen Tropfen Wasser besprengen, in *Kuzu*-Pulver wälzen und im heißen Öl goldgelb und knusprig frittieren.

B. Sardinen werden entgrätet, die Köpfe abgeschnitten, in *Tempura*-Teig (S. 191) getaucht, dann in Semmelbröseln, und goldgelb und knusprig frittiert.

C. Kleine Lachsfilets werden mit Salz und Pfeffer bestreut, sofort in *Tempura* Teig getaucht, dann in Semmelbröseln gerollt und goldgelb frittiert. Abtropfen lassen und mit Selleriestreifen servieren.

D. Ein 1 bis 1 1/2 pfündiger Karpfen wird ausgenommen (nicht geschuppt), mit Salz eingerieben und mit *Kuzu*-Pulver bedeckt. Im heißen Öl langsam frittieren, bis er gar und knusprig ist. Auf einer großen Platte anrichten und mit einer *Kuzu*-Soße aus Zwiebeln, Karotten, *Shitake* und grünen Bohnen servieren (S. 258).

Gebratene Makrelen

für 5 Personen

5 kleine Makrelen, ausgenommen und entgrätet
2 Teelöffel Meersalz, oder 1 Tasse *Shoyu* und Wasser zu gleichen Teilen
Öl zum Frittieren
1 Tasse falsche Bechamelsoße (S. 254)
5 Zitronenscheiben
2 Eßlöffel gehackte Petersilie

Wir reiben die Fische mit Salz ein oder marinieren sie in *Shoyu* und Wasser 30 Minuten (wenn die Fische mariniert wurden, werden sie abgetupft, bis sie trocken sind). Dann braten wir sie in der Pfanne mit 1/2 cm Öl, bis sie durch sind. Mit einer falschen Bechamelsoße servieren und mit Zitronenscheiben und Petersilsträußchen garnieren.

ABWANDLUNG: Man kann die Makrelen auch in eine leicht geölte Backform legen und im Rohr bei 175 Grad 15 Minuten backen, oder grillen. Wie oben garnieren und servieren.

Lachskroketten

für 5 Personen

1 Pfund Lachsfilets
2 kleine gehackte Zwiebeln
1 Eßlöffel feingeriebene Ingwerwurzel
1 Tasse Vollweizenmehl (Type 1700)
Öl zum Frittieren

Der Lachs wird zerkleinert und mit den gehackten Zwiebeln und der geriebenen Ingwerwurzel vermengt. Dann geben wir soviel Mehl dazu, daß es zusammenhält, und machen 5 Kroketten daraus, die wir in einer Pfanne in 1/2 cm Öl braten, bis sie schön golden und knusprig sind. Aus dem in der Pfanne verbliebenem Mehl und dem restlichen Mehl machen wir eine "Braten"-Soße (S. 256).
ABWANDLUNG: Man kann 1 Tasse Semmelbrösel oder Maisgrieß zu den oben angeführten Zutaten geben, Kroketten for-

men, in Semmelbrösel wälzen und sofort in 175 Grad heißem *Tempura*-Öl etwa 2 bis 4 Minuten goldgelb und knusprig herausbacken. Vorm Servieren auf saugfähigem Papier abtropfen lassen.

Tintenfisch-Naruto

für 5 Personen

2 kleine Tintenfische, etwa 1/2 Pfund
6 Petersilsträußchen
Shoyu

Wir schneiden den Tintenfisch auf, legen ihn flach hin und ziehen die Haut ab. Wir legen 3 Petersilsträußchen in die Mitte eines jeden Fisches und binden ihn zu. Wir bedecken die Fische mit gleichen Teilen *Shoyu* und Wasser, bringen sie zum Kochen und kochen sie, bis sie weich sind, etwa 20 Minuten. Den Faden entfernen und jeden Fisch in 5 Teile schneiden.

Tintenfisch mit Schalotten und Miso

für 5 Personen

2 kleine Tintenfische, etwa 1/2 Pfund
1/2 Teelöffel Meersalz
2 Schalotten, in 2,5 cm große Stücke geschnitten
2 Eßlöffel *Miso*
3 Eßlöffel Wasser
2 oder 3 Tropfen Zitronensaft

Die Tintenfische werden aufgeschnitten, flachgelegt und die Haut abgezogen. Dann werden sie vertikal halbiert, ihre Oberfläche eingeritzt und in dünne Streifen geschnitten. Wir geben sie in einen kleinen Topf mit kochendem Wasser und kochen sie 1 Minuten. Die Streifen herausnehmen und zum Abtropfen beiseite stellen.

Dann bringen wir wieder in einem kleinen Topf Wasser auf großer Flamme zum Kochen und salzen es. Die Schalotten hineingeben, wieder zum Kochen bringen und kochen, bis sie leuchtend grün sind, etwa 1 bis 2 Minuten. Die Schalotten werden sofort in kaltes Wasser getaucht, damit der Kochprozeß unterbrochen und ihre Farbe fixiert wird. Zum Abtropfen beiseite stellen.

Miso und Wasser werden in einer großen Schüssel zu einer Kreme verrührt, Tintenfisch und Schalotten dazugegeben und alles gut vermischt. Kurz vorm Servieren mit ein paar Tropfen Zitronensaft beträufeln.

Fischklößchen

für 5 Personen

1/2 Pfund Flunderfilets
1/2 Tasse gehackte Zwiebel
3/4 Teelöffel Meersalz
ein paar Tropfen frischen Ingwersaft
1/2 Tasse Vollweizenmehl (Type 1700)

Die Filets werden in einem *Suribachi* zu einer Paste gemahlen. Dann geben wir die gehackte Zwiebel dazu, 1/4 Teelöffel Salz, den Ingwersaft und soviel Mehl, daß alles zusammenhält, und machen 10 Klößchen daraus.

In einem großen Topf bringen wir Wasser zum Kochen, geben 1/2 Teelöffel Salz hinein, dann die Klößchen, bringen es wieder zum Kochen und kochen, bis sie an die Oberfläche steigen. Abgießen. Wir geben die Klößchen zu Suppen, 5 Minuten, bevor sie fertig sind.

Lachskopf-Suppe

für 5 Personen

1 Tasse Sojabohnen, über Nacht in Wasser eingeweicht
ungefähr 4 Tassen Wasser
1 Lachskopf
Shoyu

Wir bringen die abgegossenen Bohnen mit 3 Tassen Wasser zum Kochen und kochen sie 30 Minuten. Der Lachskopf wird in ein Tuch gewickelt und dazugegeben; weitere 2 bis 3 Stunden kochen, dabei gelegentlich Wasser zugeben, damit die Zutaten bedeckt bleiben. Am Schluß wird der Lachskopf herausgenommen und die Suppe mit *Shoyu* abgeschmeckt.

ABWANDLUNG: Wenn wir nur Teile vom Fisch verwenden, heben wir auf, was weggeschnitten wurde (Kopf, Schwanz, Gräten) und bringen es mit einem kleinen Streifen *Kombu* zum Kochen. Wir kochen es 30 Minuten oder länger, dann gießen wir die Brühe ab und servieren sie mit Schalottenringen garniert.

Rotbarsch in Miso

1/2 Pfund Rotbarschfilet

1 Teelöffel geriebene Ingwerwurzel
Miso

Das rohe Filet wird mit der Ingwerwurzel eingerieben, dann in einem kleinen Faß oder Tontopf in *Miso* eingebettet. 1 Woche warten. Köstlich.

Karpfensuppe (Koi Koku)

für 5 Personen

1 ganzer 1 pfündiger Karpfen
1 Eßlöffel Sesamöl
3 Pfund Klettenwurzel, in Späne geschnitten (*Ssagaki*, S. 31)
1 Tasse verwendete *Bancha*-Teeblätter, in ein Säckchen gebunden
3 gehäufte Eßlöffel *Miso*
1 Teelöffel Ingwersaft

Beim Kauf eines Karpfens läßt man die grüne Gallenblase vom Verkäufer herausnehmen, die übrigen Innereien bleiben im Fisch. Der Karpfen wird gut gewaschen, die Flossen und Schuppen aber nicht entfernt. Dann wird er in große Stücke geschnitten und beiseite gelegt.

Wir erhitzen den Druckkochtopf und bestreichen ihn mit dem Öl. Darin sautieren wir die Klettenwurzel, bis ihr starker Geruch aufhört. Mit Wasser bedecken und zum Kochen bringen. Jetzt wird der Karpfen und das Säckchen mit den *Bancha*-Teeblättern dazugegeben, der Topf zugedeckt und das Ganze schnell zum Kochen gebracht. Wenn der volle Druck erreicht ist, stellen wir die Flamme klein und kochen das Ganze 40 Minuten. Flamme abdrehen und den Druck langsam absinken lassen. Das Säckchen mit den Teeblättern* wird herausgenommen und soviel Wasser zugegeben, daß die Zutaten 5 cm unter Wasser sind. Mit einem normalen Deckel zudecken und über großem Feuer zum Kochen bringen.

Das *Miso* wird mit 2 oder 3 Eßlöffeln von der Brühe zu einer Kreme verrührt und zur Suppe gegeben. Wir kochen sie auf kleiner Flamme 20 Minuten, rühren den Ingwersaft hinein, drehen die Flamme ab und lassen die Suppe vor dem Anrichten noch 3 bis 4 Minuten stehen.

Koi Koku regt den Milchfluß bei stillenden Müttern an und ist sehr kraftspendend. Im Kühlschrank hält sich die Suppe 1 Woche.

Tazukuri (Winzige getrocknete Fische) gibt 1 Tasse

1 Eßlöffel Sonnenblumen- oder Sesamöl
1 Tasse *Tazukuri*
1 Eßlöffel *Shoyu*

Wir erhitzen Öl in einer schweren Pfanne und sautieren darin die *Tazukuri* bei mittlerer Hitze 2 bis 3 Minuten. Mit *Shoyu* würzen und dünsten, bis sie trocken sind. Als Würze zu Reis servieren.

Tazukuri, Chirimen Iriko und *Chuba Iriko* können anstelle von *Katsoubushi* verwendet werden, um Suppenbrühen einen

* Die Teeblätter machen in Verbindung mit dem Druck die Gräten weich und eßbar.

Geschmack zu geben. Oder sie können wie sie sind gemahlen werden und als Würze zu Reis gegessen werden. Köstlich sind sie auch, wenn sie zuerst frittiert, dann in ein bißchen *Shoyu* auf kleiner Flamme gedünstet werden, bis sie trocken sind.

Roher Fisch (Arai)

Wir schneiden frisches Karpfenfilet in papierdünne Streifen. Dann geben wir sie in ein Sieb, übergießen sie mit kochendem Wasser, und kühlen sofort unter fließend kaltem Wasser ab. Die einzelnen Portionen werden mit Zitronen *Miso* (S. 259) serviert und mit dünnen Gurkenscheiben angerichtet, nachdem diese mit Salz eingerieben und dann ausgepreßt wurden.

Garnelen und Eier

für 5 Personen

- 4 Eßlöffel Sesamöl
- 2 Schalotten oder Lauchstengel, in 2,5 cm lange Stücke geschnitten
- 5 frische Pilze, in gesalzenem Wasser gewaschen und geviertelt
- 5 mittelgroße Garnelen, 1 oder 2 Minuten in kochendes Wasser gelegt, aus der Schale genommen, die Vene am Rückgrat entfernt und kleingeschnitten
- 1/4 Teelöffel Meersalz
- 1/2 Teelöffel Saft von geriebener Ingwerwurzel
- 5 geschlagene Eier
- 2 Eßlöffel Zuckererbsen, in kochendes Salzwasser gegeben und gekocht, bis sie leuchtend grün und weich sind.

Die Schalotten werden in 1 Eßlöffel Öl unter ständigem Rühren einige Minuten sautiert, dann die Pilze und Garnelen dazugegeben und auch leicht sautiert. Alles miteinander vermischen, salzen und mit dem Ingwersaft beträufeln. Vom Feuer nehmen und auskühlen lassen.

Die Eier werden gut geschlagen und das sautierte Gemüse

mit den Garnelen dazugegeben. Wir erhitzen 3 Eßlöffel Öl in einem *Wok* und gießen das Ganze hinein. Auf kleinem Feuer kochen wir es unter ständigem Rühren und geben die Zuckererbsen kurz bevor die Eier fest werden dazu.

Mit leicht gekochter Brunnenkresse servieren.

ABWANDLUNG: Man kann anstelle der Garnelen auch 1/2 Tasse Krabbenfleisch nehmen und wie oben zubereiten.

Eier-Tofu

für 5 Personen

2 gehäufte Eßlöffel ungebleichtes weißes Mehl (Type 550)
ungefähr 3 oder 4 Eßlöffel Wasser
5 Eier
1/1 bis 1 Teelöffel Meersalz

Wir verrühren das Mehl mit dem Wasser zu einer milchigen Flüssigkeit, und gießen es durch ein Sieb, damit es ganz glatt wird. Dann füllen wir es in eine ausgespülte viereckige Form. Diese wird in einen Dampftopf gestellt. Bevor wir den Deckel aufsetzen, geben wir ein trockenes Tuch darüber. Dann dämpfen wir das Ganze über großer Flamme 20 Minuten, nehmen die Form heraus und lassen sie auskühlen. Wir stürzen sie vorsichtig auf eine Servierplatte und schneiden den *Tofu* in 5 Blöcke. Mit einer *Tsuke-jiru* Tunke (S. 163) mit geröstetem und gehacktem Sesam bestreut servieren.

Eierpudding (Chawanmushi)

für 5 Personen

10 kleine Garnelen, in kochendem Salzwasser 1 bis 2 Minuten gekocht, aus der Schale genommen und die Vene am Rückgrat entfernt
10 kleine Stücke Rotbarsch, in gleichen Teilen *Shoyu* und Wasser weichgekocht
5 frische Pilze, halbiert
2 Eier
1/2 Teelöffel Meersalz

4 Tassen *Kombu-Dashi*
5 kleine Spinatblätter, in leicht gesalzenen kochendem Wasser 3 bis 4 Minuten gekocht, dann in kaltes Wasser getaucht und abgetropft

Die Garnelen, der Fisch und die Pilze werden auf 5 Puddingschalen mit Deckeln aufgeteilt. Die Eier gut verschlagen und salzen. Die *Kombu-Dashi* hineinrühren und damit die Schalen vierfünftel voll füllen. Zudecken und über einer großen Flamme 15 bis 20 Minuten dämpfen. Falls man keinen Dampftopf hat, kann man die Schalen in den Dampfeinsatz des Druckkochtopfs stellen, der mit 3 cm Wasser gefüllt wurde. Schnell zum Kochen bringen und auf kleinem Feuer 5 Minuten kochen. Vom Feuer nehmen und den Druck langsam absinken lassen.

Die Puddingschalen werden abgedeckt, jeweils 1 Spinatblatt daraufgelegt, dann schnell wieder zugedeckt. Heiß anstelle von Suppe oder als Beilage zu servieren, jeder kann sich sein *Chawanmushi* mit *Shoyu* selbst abschmecken.

Gerolltes Omelett

für 5 Personen

6 Eier
1/2 Teelöffel Meersalz
2 Eßlöffel ungebleichtes weißes Mehl (Type 550)
3 Eßlöffel gehackte Brunnenkresse oder Petersilie

Die Eier werden gut geschlagen, dabei werden sie gesalzen und das Mehl wird hineingesiebt. Wenn alles gut geschlagen ist, kommt die Brunnenkresse dazu.

Wir erhitzen eine kleine Pfanne und bestreichen sie mit dem Öl. Dann gießen wir die Eier hinein und kochen sie zugedeckt bei mittelschwacher Hitze. Wenn das Ei festgeworden ist, drehen wir es vorsichtig um und kochen es auf der anderen Seite nochmal 1 bis 2 Minuten. Das Omelett sollte gut 1 cm dick sein. Wir legen es auf eine Platte und schneiden es zu einem Vier- oder Rechteck zurecht. Dann legen wir es auf ein *Sudare* oder eine Bambusmatte und rollen es ein, dabei drücken wir es vorsichtig fest zusammen. Die Matte wird mit einem dünnen Faden zugebunden, wenn das Omelett gut ausgekühlt ist, entfernen wir die Matte und schneiden die Rolle in Scheiben.

ABWANDLUNG: Das zurechtgeschnittene Omelett wird auf das *Sudare* oder die Bambus-Matte gelegt. Auf den uns zugekehrten Rand legen wir eine Reihe leicht gekochte Brunnenkresse, und eine Reihe leicht sautierter Karottenstückchen auf die gegenüberliegende Seite. Nun rollen wir das Omelett von beiden Seiten her ein, bis sie zusammentreffen, wickeln es in die Matte ein und binden sie mit einem Faden fest zusammen. Wenn es gut ausgekühlt ist, entfernen wir die Matte und schneiden die Rolle in Scheiben.

Gebäcke & Nachspeisen

VIII. Gebäcke und Nachspeisen

Gebäcke und Nachspeisen sind eine erfreuliche Abrundung für eine Mahlzeit und helfen ein *yang*-Gericht mit tierischen Produkten ausgleichen. Wir sollten lernen, gerade die richtige Menge Salz zu verwenden, um den natürlichen Geschmack der Zutaten zur Geltung zu bringen.

Tarte aux Pommes

für 6 bis 8 Personen

1 Tasse ungebleichtes weißes Mehl (Type 550) oder feines Vollweizenmehl (Type 1050 oder 1200)
1/4 Tellöffel Meersalz
3 Eßlöffel Sesamöl
ungefähr 1/4 bis 1/2 Tasse Wasser
3 Äpfel, geschält, in dünne Halbmonde geschnitten und in Salzwasser getaucht
1 Teelöffel gemahlener Zimt
2 gehäufte Eßlöffel *Kuzu*
3 Tassen Wasser

Mehl und Salz werden gut vermischt. Dann geben wir das Öl dazu und reiben es zwischen den Handflächen behutsam hinein. Langsam wird das Wasser zugegeben und ein biegsamer Teig gemacht, der 8 bis 10 Minuten glattgeknetet wird. Wir machen eine Kugel daraus, decken sie mit einem feuchten Tuch zu und lassen sie an einem kühlen Ort 30 Minuten rasten. Dann rollen wir den Teig auf einem eingemehlten Brett aus und legen ihn in eine flache runde Kuchenform (etwa 25 cm Durchmesser). Der Rand wird kanneliert (mit Rillen versehen).

Das Backrohr wird auf 200 C vorgeheizt. Wir füllen die mit dem Teig ausgelegte Form mit den Äpfeln und bestreuen sie mit Zimt; dann decken wir das Ganze mit Folie ab und backen es 30 Minuten. Wir nehmen die Folie ab und backen den Kuchen weiter, bis die Äpfel schön braun sind.

Während der Kuchen bäckt, lösen wir das *Kuzu* in 3 Tassen Wasser auf und bringen es zum Kochen. Wir kochen es auf ganz kleiner Flamme über einem Drahtnetz 30 Minuten, dabei rühren wir gelegentlich um. Nachdem wir den Kuchen aus dem Rohr genommen haben, gießen wir das *Kuzu* darüber und lassen ihn stehen und auskühlen. Wenn das *Kuzu* dick geworden ist, können wir den Kuchen schneiden und servieren.

Kastanien-Apfelkuchen

für 6 bis 8 Personen

1 Tasse geschälte Kastanien
ungefähr 3 Tassen und 2 Eßlöffel Wasser

1/2 Teelöffel und 1 Prise Meersalz
1 1/2 Tassen und 2 Eßlöffel ungebleichtes weißes Mehl (Type 550)
1 Eßlöffel gemahlener Zimt
2 mittelgroße Äpfel, geschält, in leicht gesalzenes Wasser getaucht und kleingeschnitten
3 Eßlöffel Sesamöl
1 geschlagenes Eidotter

Die Kastanien werden im Druckkochtopf in 2 1/2 Tassen Wasser 40 bis 45 Minuten weichgekocht; den Druck schnell entweichen lassen. Dann geben wir eine Prise Salz zu den Kastanien, pürrieren sie in einer Mühle oder einem *Suribachi* und stellen sie beiseite.

Wir vermischen 2 Eßlöffel Mehl mit 2 Eßlöffel Wasser und 1/2 Eßlöffel Zimt, geben die kleingeschnittenen Äpfel dazu, vermischen alles gut miteinander und stellen es beiseite.

Das restliche Mehl wird mit dem Salz vermischt, das Öl dazugegeben und zwischen den Handflächen gleichmäßig hineingerieben. Dann geben wir langsam das restliche Wasser dazu (1/4 bis 1/2 Tasse) und machen einen biegsamen Teig, den wir 8 bis 10 Minuten glattkneten; wir formen ihn zu einer Kugel, schlagen ihn in ein feuchtes Tuch ein und lassen ihn an einem kühlen Ort 30 Minuten rasten.

Das Backrohr wird auf 230 C vorgeheizt. 1/2 Tasse von dem Teig beseite stellen. Der restliche Teig wird auf einem eingemehlten Brett ausgerollt und in eine flache runde etwa 22 cm große Kuchenform gelegt. Dann rollen wir auch den restlichen Teig zu einem dünnen Kreis aus und legen ihn beiseite.

In die mit dem Teig ausgelegte Form streichen wir das Kastanienpürree, legen die Äpfel darüber und bestreuen sie mit Zimt. Der andere Teig wird darübergedeckt und mit dem geschlagenen Dotter bestrichen. 30 bis 40 Minuten backen, bis der Kuchen schön braun ist.

ABWANDLUNG: Wenn der Kuchen mehr *yang* sein soll, verwenden wir 2 oder 3 Tassen gekochtes *Kokoh* (S.103) oder *Adzuki*mus (S.265) für die Füllung.

Kürbis-Apfelgebäck

für 8 bis 10 Personen

250 g Kürbis
1 mittelgroße Süßkartoffel
1 Teelöffel und 2 Prisen Meersalz
2 mittelgroße Äpfel
3 Tassen ungebleichtes weißes Mehl (Type 550)
1 Teelöffel gemahlener Zimt
6 Eßlöffel Sesamöl
ungefähr 1 Tasse Wasser
1 geschlagenes Eidotter

Der Kürbis und die Süßkartoffel werden geschält und über großer Flamme weichgedämpft. Dann werden sie in einem *Suribachi* oder einer Mühle pürriert. Eine Prise Salz dazugeben und beiseite stellen. Dann werden die Äpfel geschält und kleingeschnitten und in einem kleinen Topf 5 bis 10 Minuten gekocht, dabei gelegentlich umgerührt. 1 Prise Salz dazugeben und mit dem Kürbispürree vermischen.

Jetzt vermischen wir Mehl, Zimt und den restlichen Teelöffel Salz gründlich, geben das Öl dazu und reiben es mit den Handflächen gleichmäßig hinein. Langsam geben wir soviel Wasser dazu, daß ein biegsamer Teig entsteht, der 8 bis 10 Minuten glattgeknetet wird. Den Teig zu einer Kugel formen, in ein feuchtes Tuch einschlagen und an einem kühlen Platz 30 Minuten rasten lassen.

Der Teig wird in 2 Portionen geteilt, von denen eine etwas größer ist als die andere. Das kleinere Stück auf einem eingemehlten Brett zu einem etwa 8 cm breiten Rechteck ausrollen, das Kürbis-Apfelpürree daraufstreichen und einen Rand dabei freilassen. Dann wird das größere Stück zu einem Rechteck ausgerollt, welches ein wenig größer ist als das erste, und der Länge nach in die Hälfte gefaltet. Der Breite nach werden Einschnitte von etwa 1,5 cm Abständen gemacht. Jetzt wird der größere Teig über die Füllung gelegt und die Ränder beider Teigschichten fest zusammengedrückt. Wir legen das Ganze auf ein leicht geöltes Backblech und backen es im vorgeheizten Rohr bei 175 C 30 bis 40 Minuten schön braun. Vor dem Anschneiden abkühlen lassen.

Apfeltaschen

ergibt 5 oder 6 Taschen

2 Tassen Vollweizenmehl (Type 1700)
1/2 Teelöffel gemahlener Zimt
2 oder 3 Eßlöffel Sesamöl
ungefähr 3/4 Tassen Wasser
3 Äpfel, halbiert und in leicht gesalzenes Wasser getaucht
1 geschlagenes Eidotter

Mehl, Salz und Zimt werden gut vermischt, das Öl dazugegeben und mit den Handflächen gleichmäßig hineingerieben. Langsam das Wasser zugeben, einen elastischen Teig darausmachen, ihn 8 bis 10 Minuten glattkneten, zu einer Kugel formen, in ein feuchtes Tuch einschlagen und 30 Minuten an einem kühlen Platz rasten lassen.

Wir teilen den Teig in 5 oder 6 Portionen und rollen jede auf einem eingemehlten Brett zu einem dünnen Kreis aus mit 12 bis 15 cm Durchmesser. Jeweils einen halben Apfel in die Mitte legen, den Teig darüberschlagen und den Rand zusammendrücken. Die Taschen werden auf ein leicht geöltes Backblech gelegt, mit dem geschlagenen Dotter bestrichen und im vorgeheizten Rohr bei 200 C 20 bis 30 Minuten gebacken.

Apple-Pie

für 6 bis 8 Personen

1 1/2 Tassen ungebleichtes weißes Mehl (Type 550)
1/2 Teelöffel und 1 Prise Meersalz
3 Eßlöffel Sesamöl
ungefähr 1/4 bis 1/2 Tasse Wasser
4 mittelgroße Äpfel, kleingeschnitten
1 Eßlöffel Rosinen
1 Teelöffel gemahlener Zimt

Das Mehl und 1/2 Teelöffel Salz werden gut vermischt. Dann das Öl zugegeben und mit den Handflächen gleichmäßig hineingerieben. Langsam geben wir das Wasser dazu und machen einen elastischen Teig daraus, den wir 8 bis 10 Minuten glattkneten, dann hüllen wir ihn in ein feuchtes Tuch und lassen ihn an einem kühlen Platz 30 Minuten rasten.

Wir geben die Äpfel und Rosinen in einen Topf, und nur soviel Wasser dazu, daß sie nicht anbrennen. Zum Kochen bringen und 15 bis 20 Minuten kochen, bis sie zu einer Soße gekocht sind. Mit einer Prise Salz würzen und vom Feuer nehmen.

Das Backrohr wird auf 230 C vorgeheizt. Wir stellen 1/2 Tasse Teig zur Seite, rollen den restlichen Teig auf einem eingemehlten Brett aus und legen ihn in eine etwa 22 cm große flache Kuchenform. Auch der andere Teig wird zu einem dünnen Kreis ausgerollt und beiseite gelegt.

Nun füllen wir die ausgelegte Form mit der Apfel-Rosinensoße, streuen Zimt darüber und decken das Ganze mit dem anderen Teig zu. Mit einer Gabel stechen wir ein paar Löcher hinein, damit die Feuchtigkeit während des Backens entweichen kann, und drücken den Rand mit einer Gabel fest. Etwa 30 Minuten schön braun backen.

Sandwich-Kekse

ergibt 20 Kekse

1 Tasse Buchweizenmehl
1 Tasse ungebleichtes weißes Mehl (Type 550)
1 Teelöffel Meersalz
1 Eßlöffel Sonnenblumen- oder Sesamöl
ungefähr 1/2 Tasse Wasser
1 Teelöffel gemahlener Zimt
1/2 Tasse zerdrückte Erdnüsse
2 Eßlöffel Rosinen
1 geschlagenes Eidotter

Das Backrohr wird auf 175 C vorgeheizt. Wir vermischen Mehl und Salz gut miteinander, geben das Öl dazu und reiben es mit den Handflächen gleichmäßig hinein. Langsam das Wasser dazugeben, einen Teig darausmachen, der dann 3 bis 4 Minuten leicht geknetet wird, bis er glatt und geschmeidig ist. Er wird auf einem eingemehlten Brett etwa 1 cm dick ausgerollt und in die Hälfte geschnitten. Die eine Hälfte wird auf ein leicht geöltes Backblech gelegt, mit dem Zimt bestreut und mit Erdnüssen und Rosinen bedeckt. Dann legen wir die andere Teighälfte darüber, pressen sie leicht zusammen und schneiden das Ganze mit einem Keksroller oder einem schweren Messer in Quadrate. Mit geschlagenem Dotter bestreichen und 20 bis 25 Minuten schön braun backen.

Kürbis-Kekse

ergibt 15 bis 20 Kekse

1 1/2 Tassen ungebleichtes weißes Mehl (Type 550)
1 Teelöffel Meersalz
1 Teelöffel gemahlener Zimt
1 Tasse Kürbispürree
2 Eßlöffel Erdnußmus

Wir heizen das Backrohr auf 175 C vor. Mehl, Salz und Zimt werden gut vermischt, dann das Kürbispürree dazugegeben und eventuell auch etwas Wasser. Wir machen einen Teig, den wir 3 oder 4 Minuten leicht kneten, bis er glatt und geschmeidig ist. Er wird auf einem eingemehlten Brett etwa 1 cm dick ausgerollt und in kleine Kekse geschnitten. Wir legen die Kekse auf ein leicht geöltes Backblech, bepinseln sie mit dem geschlagenen Dotter und backen sie etwa 25 Minuten, bis sie schön braun sind.

Kamelien-Mochi

für 5 Personen

1 1/2 Tassen gewaschener süßer brauner Reis
1 1/2 Tassen Wasser
1/2 Teelöffel Meersalz
1/2 Tasse Kürbis-, *Adzuki-* oder Kastanienpürree
5 Kamelienblätter

Der Kürbis wird im Druckkochtopf mit Wasser und Salz 25 Minuten gekocht. Den Topf vom Feuer nehmen und den Druck langsam absinken lassen. Dann nehmen wir den Deckel ab und geben die Hälfte vom Reis in ein *Suribachi,* wo er mit einem feuchten Stößel zu einer Paste zermahlen wird. Wir vermischen die Paste mit dem ganzen Reis und machen 10 Portionen daraus. Diese formen wir zu flachen Scheiben, geben jeweils 1 Eßlöffel von dem Pürree darauf und schließen sie zu einer Kugel. Jeweils 2 Kugeln auf ein Kamelienblatt legen und servieren.

Kashiwa-Mochi (Omochi in frischen Blättern)

ergibt 10 *Omochi*

2 Tassen Mehl von süßem braunem Reis
1 Teelöffel Meersalz
ungefähr 1 1/2 Tassen kochendes Wasser
1/2 bis 3/4 Tasse *Adzuki*mus oder Kürbispürree
Birken- oder Eichenblätter

Wir vermischen Mehl und Salz gut miteinander, dann geben wir langsam das kochende Wasser dazu und rühren dabei kräftig mit 4 langen Holzstäbchen, die in der Faust der einen Hand gehalten werden, oder mit einer vierzinkigen Gabel. Wenn der Teig gut gemischt und soweit abgekühlt ist, daß man ihn berühren kann, kneten wir ihn 8 bis 10 Minuten glatt, dann wird er auf einem feuchten Tuch auf großer Flamme 20 Minuten gedämpft. Danach geben wir ihn in ein *Suribachi* und stampfen ihn mit einem feuchten Stößel 5 bis 10 Minuten. Wir teilen ihn in 10 Portionen und pressen jede auf einem eingemehlten Brett zu einer flachen Scheibe. Auf die Mitte einer jeden Scheibe geben wir 1 Eßlöffel Mus oder Pürree und schlagen den Teig auf einer Seite über, daß es eine Halbmondform ergibt. Der Rand wird mit den Fingern zusammengedrückt. Dann wird jedes *Omochi* in ein Birken- oder Eichenblatt gewickelt, so daß die glänzende Seite des Blattes den Teig berührt. Wir legen sie wieder auf das feuchte Tuch und dämpfen sie vor dem Anrichten noch 10 Minuten.

Süße Hirse mit Adzuki (Awa Zenzai) für 5 Personen

1 Tasse gewaschene süße Hirse
1 1/2 Tassen Hirse
1 Prise Meersalz
1 1/2 Tassen *Adzuki*mus, mit 1 Tasse Wasser verdünnt

Die Hirse wird mit dem Wasser und Salz 20 Minuten im Druckkochtopf gekocht (Anm. d. Übs.: wenn man keine süße Hirse bekommt, kann man gewöhnliche Hirse mit 1 bis 2 Eßlöffeln Rosinen zusammen kochen.). Den Topf vom Feuer nehmen und den Druck langsam absinken lassen. Dann wird das verdünnte *Adzuki*mus zum Kochen gebracht und vor dem Anrichten über die Hirse gegossen.

Adzuki-Kastanien-Rollen für 6 bis 8 Personen

1/2 Tasse *Adzuki*-Bohnen, gewaschen
1/2 Tasse geschälte Kastanien
ungefähr 3 3/4 Tassen Wasser
1/2 Teelöffel und 1 Prise Meersalz
2 Tassen ungebleichtes weißes Mehl (Type 550)
2 bis 3 Eßlöffel Sesamöl

Die *Adzuki*-Bohnen werden in 1 1/2 Tassen Wasser etwa 20 bis 30 Minuten gekocht, bis sie schrumpelig sind. In einem anderen Topf werden die Kastanien in 1 1/2 Tassen Wasser gekocht. Dann geben wir Bohnen und Kastanien zusammen und kochen sie auf ganz kleiner Flamme 40 Minuten bis zu 1 Stunde, oder bis sie zu einem Brei verkocht sind. Mit einer Prise Salz würzen und in einem *Suribachi* oder einem elektrischen Mixer pürrieren.

Das Mehl und der restliche 1/2 Teelöffel Salz werden gut vermischt. Dann wird das Öl dazugegeben und mit den Handflächen gleichmäßig hinein gerieben. Langsam das restliche Wasser zugeben und einen geschmeidigen Teig daraus machen, der 8 bis 10 Minuten geknetet wird, bis er ganz glatt ist. Wir machen eine Kugel daraus, wickeln sie in ein feuchtes Tuch und stellen sie 30 Minuten an einen kühlen Platz.

Wir teilen den Teig in 6 bis 8 Portionen und rollen sie auf einem eingemehlten Brett zu dünnen Rechtecken aus. Auf diese streichen wir etwas von dem Pürree und wickeln sie zu einer Rolle zusammen; die Ränder der Rollen werden mit ein paar Tropfen Wasser verklebt. Dann werden sie auf einem feuchten Tuch über großer Flamme 20 Minuten gedämpft.

Kastanien-Adzuki-Paste

für 5 Personen

1 Tasse frisches Kastanienpürree
1 Tasse frisches *Adzuki*mus

In eine flach ausgespülte Form füllen wir das Kastanienpürree und oben darauf das *Adzuki*mus und drücken es fest hinein. Vorm Anschneiden auskühlen und fest werden lassen.

Des Meisters Lieblingsspeise (Gozen Shiruko)

für 5 Personen

1 Tasse *Adzuki*mus
1/2 Tasse Kastanienpürree
ungefähr 1 Tasse Wasser
Öl zum Braten
10 *Omochi* Reiskuchen
1 1/2 bis 2 Eßlöffel feingeschnittene *Miso*-Pickels

Das *Adzuki*mus und das Kastanienpürree werden mit dem Wasser zu einer Kreme verrührt. Wir bringen sie gerade nur zum Kochen und halten sie dann auf ganz kleiner Flamme warm.

Wir erhitzen eine schwere Pfanne und bestreichen sie leicht mit Öl. Darin braten wir die Reiskuchen auf mittelschwacher Flamme, bis sie aufgegangen und goldgelb sind.

Die frisch gebratenen Reiskuchen werden auf 5 Schälchen aufgeteilt, die heiße Kreme darübergegossen und das Ganze mit den feingehackten *Miso*-Pickels garniert.

An Kugeln mit Kuzu-Soße

für 5 Personen

1/2 Pfund Kürbispürree
1/2 Pfund *Adzuki*mus
1 Tasse *Kuzu*
2 1/2 Tassen Wasser
1 Prise Meersalz

Aus dem Kürbispürree und dem *Adzuki*mus werden jeweils kleine Kugeln mit etwa 2,5 cm Durchmesser gemacht und auf einer gespülten Platte angerichtet.

Das *Kuzu* in 1 Tasse Wasser auflösen und 1 Prise Salz dazugeben. Dann gießen wir das Ganze durch ein Sieb, damit es glatt wird, geben es zu den restlichen 1 1/2 Tassen Wasser und bringen es zum Kochen. Unter ständigem Rühren kochen wir es auf kleiner Flamme 20 bis 30 Minuten, bis es fast ganz durchsichtig ist. Die Soße über die Kugeln gießen, auskühlen und fest werden lassen; oder in den Kühlschrank stellen und eiskalt servieren.

Dreifarbige Bällchen (Dango)

ergibt 2 Dutzend

1 Tasse gewaschenen schwarzen Sesam
1/2 Teelöffel und 1 Prise Meersalz
1 Pfund Mehl aus süßem braunen Reis
2 Tassen kochendes Wasser
1 Tasse Kürbispürree oder *Adzuki*mus
1 Tasse Sojamehl

Der Sesam wird in einer schweren Pfanne 3 bis 4 Minuten bei mäßig hoher Hitze geröstet, dabei ständig gerührt, dann in einem *Suribachi* zu einer Paste gemahlen und mit einer Prise Salz gewürzt.

Reismehl und 1/2 Teelöffel Salz werden gut miteinander vermischt, dann langsam das kochende Wasser zugegeben und kräftig mit 4 langen Holzstäbchen, die in der Faust der einen Hand gehalten werden, oder mit einer 4 zinkigen Gabel gerührt. Wenn alles gut gemischt und kühl genug ist, um es zu berühren, wird der Teig 10 bis 20 Minuten geknetet, bis er glatt und geschmeidig ist. Dann machen wir 24 kleine Bällchen daraus, die auf einem feuchten Tuch gedämpft, oder in einem großen Topf mit Wasser gekocht werden. Nach 20 Minuten nehmen wir sie heraus und lassen sie abkühlen.

8 von den Bällchen werden mit dem Kürbispürree oder dem *Adzuki*mus bestrichen, 8 mit der Sesampaste, und 8 in dem Sojamehl gewälzt. Dann stecken wir jeweils eins von jeder Sorte auf einen Spieß in der Reihenfolge: Kürbis, Sesam und Sojamehl, und servieren sie.

ABWANDLUNGEN: A. Man kann gleiche Teile Mehl von süßem braunen Reis und Hirsemehl verwenden und wie oben zubereiten.

B. 1/4 Pfund Beifuß (Löwenzahn oder Brunnenkresse) wird in einen kleinen Topf mit kochendem Wasser gegeben und 1 bis 2 Minuten gekocht, bis er gerade weich ist. Abgießen, behutsam das Wasser herausdrücken und in kleine Stückchen zerreißen. Die gedämpften oder gekochten *Dango* werden in ein *Suribachi* gegeben und der Beifuß mit Hilfe der Finger hineingewirkt, dann werden die Bällchen aufs neue gerollt, *Shoyu* daraufgegeben und leicht braun gegrillt. Auf Spießchen stecken und servieren.

C. Die gedämpften oder gekochten *Dango* werden in einer leicht geölten Pfanne 10 Minuten bei mittlerer Hitze sautiert; dabei ständig rühren und die Pfanne schütteln, dann mit *Shoyu* nach Geschmack würzen. Oder die *Dango* werden im heißen *Tempura*-Öl hellgelb und knusprig frittiert; vorm Servieren abtropfen lassen.

D. Den Teig auf einem eingemehlten Brett zu 3 Rechtecken ausrollen und dann zu langen Rollen mit etwa 2,5 cm Durchmesser einrollen. Auf einem feuchten Tuch 20 Minuten dämpfen, dann auskühlen lassen. Um die Rolle in Scheiben zu schneiden, werden 2 Fäden zusammengedreht, um die Rolle herumgewickelt und durchgezogen. Mit *Adzuki*mus bestrichen servieren.

Süße Sake-Klößchen (Amazake-Manju) 15 Klößchen

1 Tasse hausgemachter *Amazake* (S. 207)
3 Tassen ungebleichtes weißes Mehl (Type 550)
ein paar Eßlöffel kaltes Wasser
2 Tassen *Adzuki*-, Kürbis oder Kastanienpürree

Amazake und Mehl werden miteinander vermischt und langsam soviel Wasser zugegeben, daß es einen elastischen Teig ergibt. Er wird 10 bis 20 Minuten geknetet, bis er glatt ist. Eine Kugel darausmachen, mit einem feuchten Tuch zudecken und an einem warmen Platz übernacht stehen lassen. Dann wird der Teig wieder 20 Minuten geknetet und in 15 Portionen geteilt, aus denen kleine Kugeln gemacht werden. Einen Finger in die Kugel hineindrücken, 1 Eßlöffel Pürree hineinfüllen und das Loch wieder schließen. Auf einem feuchten Tuch bei großer Hitze 20 Minuten dämpfen. Kalt oder warm servieren.

ABWANDLUNGEN: A. Um "ländliche *Manju*" zu machen, verwenden wir Vollweizenmehl (Type 1700) und ein wenig warmes Wasser für den Teig und bereiten sie wie oben zu.

B. Der Teig wird auf einem eingemehlten Brett zu einem Rechteck ausgerollt, das Pürree darübergestrichen und das Ganze eingerollt. Auf einem feuchten Tuch bei großer Hitze 20 Minuten dämpfen, abkühlen lassen und in Scheiben schneiden; oder die Rolle wird auf ein leicht geöltes Backblech gelegt, mit einem geschlagenen Eidotter bestrichen und im vorgeheizten Rohr bei 220 C etwa 20 Minuten schön braun gebacken.

Winterpudding für 5 Personen

1 Stange *Kanten* (Agar), oder 2 gestrichene Eßlöffel Agar Agar-Flocken, oder 1 gehäufter Teelöffel Agar Agar-Pulver
2 Tassen Wasser
1/4 Teelöffel Meersalz
1 mittelgroßer Apfel, gekocht und pürriert
1 Ei, Eiweiß und Dotter getrennt geschlagen
1/4 Teelöffel geriebene Zitronenschale

Die *Kanten*-Stange wird im Wasser zum Kochen gebracht, auf kleinem Feuer 20 bis 25 Minuten gekocht, dabei gelegentlich umgerührt. Die Flocken werden einige Minuten in kaltem Wasser eingeweicht, dann zum Kochen gebracht und 2 Minuten gekocht. Das Pulver wird mit ein wenig kaltem Wasser angerührt und dann in das kochende Wasser hineingerührt und kurz aufgekocht. Wir salzen das Ganze und teilen es auf 2 kleine Töpfe auf. In einen Topf wird das Apfelpürree gegeben und das geschlagene Dotter schnell untergezogen. Nur gerade zum Kochen bringen und sofort in eine ausgespülte Form gießen. Das Eiweiß wird zu Schnee geschlagen, unter die Agar-Flüssigkeit im anderen Topf gezogen, und die geriebene Zitronenschale dazugegeben. Dieses gießen wir nun auf die erste Schicht in die Form und stellen sie kalt. Wenn der Pudding fest ist, stürzen wir ihn und servieren jeder Person von beiden Arten. Eine köstliche Winterlandschaft.

Sesam-Halwah

für 5 Personen

1 1/2 Stangen *Kanten* (Agar) oder 3 gestrichene Eßlöffel Agar Agar Flocken oder 1 1/2 Teelöffel Pulver
2 Tassen Wasser
1 Tasse gewaschener Sesam
1/4 Teelöffel Meersalz
Minzblätter

Die Stangen werden im Wasser zum Kochen gebracht und auf kleinem Feuer ohne Deckel 20 bis 25 Minuten gekocht, dabei gelegentlich umgerührt. Die Flocken werden in kaltem Wasser kurz eingeweicht und dann 2 Minuten aufgekocht. Das Pulver wird in kaltem Wasser aufgelöst, dann in das kochende Wasser eingerührt und kurz aufgekocht.

Wir rösten den Sesam in einer schweren Pfanne bei mittlerer Hitze leicht braun 4 bis 5 Minuten, dabei rühren wir ständig. Dann werden die Samen in einem *Suribachi* zu einer Paste gemahlen und gesalzen. Die frische Paste wird in die auf kleinem Feuer kochende Agar-Flüssigkeit gerührt und dann in eine ausgespülte Form gegossen. Kalt und hart werden lassen und dann in 5 Blöcke schneiden. Auf den Minzblättern anrichten und mit *Shoyu* nach Geschmack würzen lassen.

Kanten mit Früchten

für 5 Personen

2 Stangen *Kanten* (Agar), oder 4 gestrichene Eßlöffel Agar Agar Flocken oder 2 gehäufte Teelöffel Agar Agar Pulver
3 Tassen Wasser
2 Tassen frische Früchte, in Würfel geschnitten
1/4 bis 1/2 Teelöffel Meersalz

Die Stangen im Wasser zum Kochen bringen und auf kleiner Flamme 20 bis 25 Minuten kochen, dabei gelegentlich umrühren. Die Flocken im kalten Wasser einweichen und zum Kochen bringen. Das Pulver in etwas kaltem Wasser anrühren und in das kochende Wasser geben. Dann die Früchte dazugeben und auf kleiner Flamme weitere 15 Minuten kochen; salzen. In eine ausgespülte Form gießen und kaltstellen.

Kürbis- und Kastanien-Pudding

für 5 Personen

2 1/2 Stangen *Kanten* (Agar) oder 5 gestrichene Eßlöffel Agar Agar Flocken oder 2 1/2 gehäufte Teelöffel Pulver
4 Tassen Wasser
1/2 Teelöffel Meersalz
3/4 Pfund Kastanienpürree
1/2 Pfund Kürbispürree

Die Stangen werden im Wasser zum Kochen gebracht und auf kleinem Feuer 20 bis 25 Minuten gekocht. Die Flocken kurz im kalten Wasser eingeweicht, dann zum Kochen gebracht. Das Pulver mit etwas kaltem Wasser aufgelöst, ins kochende Wasser eingerührt und kurz aufgekocht. Wir salzen das Ganze und gießen es in 2 kleine Töpfe. In den einen geben wir das Kürbispürree, bringen es nur gerade zum Kochen und gießen es sofort in eine ausgespülte Form. In den anderen Topf wird das Kastanienpürree gegeben und in eine andere Form gefüllt. Kaltstellen. Wenn beide fast fertig sind, stürzen wir sie und servieren jeweils 1 Stück von beiden Arten. Um dem Ganzen zusätzlich Farbe zu geben, können wir es auf Ahorn- oder Chrysanthemen-Blättchen anrichten.

Adzuki-Kastanien-Pudding

für 5 Personen

1 Stange *Kanten* (Agar) oder 2 gestrichene Eßlöffel Agar Agar Flocken oder 1 gehäufter Teelöffel Pulver
1 1/2 Tassen Wasser
1 Prise Meersalz
3 Tassen *Adzuki*-Kastanien Paste (S. 310)

Wir bringen die *Kanten*stange im Wasser zum Kochen und kochen sie auf kleinem Feuer 20 bis 25 Minuten; die Flocken werden kurz im kalten Wasser eingeweicht und dann zum Kochen gebracht; das Pulver in etwas kaltem Wasser auflösen und dann in das kochende Wasser einrühren. Wir geben 1 Prise Salz dazu und rühren die *Adzuki*-Kastanien Paste hinein. Nur gerade zum Kochen bringen und sofort in eine ausgespülte Form gießen. Kaltstellen. Wenn der Pudding fest ist, stürzen wir ihn um, schneiden ihn in seine gewünschte Form und servieren.

Gebackene Äpfel

für 5 Personen

5 mittelgroße gewaschene Backäpfel
1/2 bis 1 Tasse *Tahin* (Sesammus)
2 oder 3 Eßlöffel *Shoyu*
Meersalz

Die Äpfel werden ausgehöhlt, der Boden dabei ganz gelassen. Wir füllen sie mit 1 oder 2 Eßlöffeln *Tahin*, welches leicht mit *Shoyu* gewürzt wurde, bestreuen sie mit Salz und geben sie in eine Backform mit 1 1/2 cm Wasser. Im vorgeheizten Backrohr bei 175 Grad 20 bis 25 Minuten backen.

ABWANDLUNG: 2 Äpfel werden geschält und geviertelt. Wir geben jeweils 1 Eßlöffel Kürbispürree in die Mitte von 5 Stücken Aluminiumfolie, etwa 12 cm^2 groß. Dahinein setzen wir eine weiche Kastanie, mehrere ganze Erdnüsse und ein Apfelviertel. Dann werden die Ecken der Folie zusammengenommen und eingedreht und somit das Ganze geschlossen. Im vorgeheizten Rohr bei 175 Grad 20 Minuten backen.

Götterspeise mit frischen Früchten (Mitsumame)

für 5 Personen

1 Stange *Kanten* (Agar) oder 2 gestrichene Eßlöffel Agar Agar Flocken oder 1 gehäufter Teelöffel Agar Agar Pulver
2 Tassen Wasser
2 Tassen frisches Obst, in Würfel geschnitten (Apfel, Melone, etc.)
1/2 Teelöffel Meersalz, oder 1 Teelöffel Rohzucker (brauner Zucker)

Wir bringen die Stange im Wasser zum Kochen und kochen sie auf kleiner Flamme 20 bis 25 Minuten; die Flocken werden kurz im Wasser eingeweicht, zum Kochen gebracht und 2 Minuten gekocht, das Pulver wird in etwas kaltem Wasser aufgelöst, ins kochende Wasser eingerührt und kurz aufgekocht. Dann gießen wir es in eine ausgespülte flache Form und stellen es kalt. Wenn es fest ist, wird es in Würfel geschnitten und mit den gewürfelten Früchten auf Glastellern angerichtet. Mit Salz, oder bei besonderen Gelegenheiten mit ein bißchen Rohzucker bestreuen.

Erdbeercreme

für 5 Personen

1/2 Pfund frische Erdbeeren
1 Tasse falsche Bechamelsoße (S. 254)

Die Erdbeeren werden in leicht gesalzenem Wasser gewaschen, bevor die kleinen grünen Blätter entfernt werden. Mit einer Gabel zerdrücken und die einzelnen Portionen mit einer salzigen Bechamelsoße servieren.

Apfelmus

für 5 Personen

- 6 mittelgroße Delicious- oder Weinsap-Äpfel, geschält und ausgehöhlt
- 1 Prise Meersalz

Die Äpfel werden geviertelt und in einen Druckkochtopf gegeben mit nur gerade genug Wasser, daß sie nicht anbrennen. Salz zugeben und zum Kochen bringen. Wenn der volle Druck erreicht ist, kochen wir es auf kleinem Feuer 5 Minuten. Dann lassen wir den Druck langsam absinken. Oder die Äpfel werden gerieben und in einem Topf 20 bis 30 Minuten gekocht und mit Salz gewürzt.

ABWANDLUNGEN: A. Weiche ganze Kastanien und/oder 1/2 Tasse Kastanienpürree hineinrühren und zusammen 5 oder 10 Minuten auf kleiner Flamme kochen.

B. Um Apfelbutter zu machen, geben wir das Apfelmus in einen schweren Topf und kochen es auf kleiner Flamme unbedeckt 3 bis 4 Stunden, bis es dick und dunkelbraun ist. Mit Salz abschmecken.

Wassermelone Awakyuki

für 5 Personen

- 4 Tassen Saft von der Wassermelone
- 1 Eiweiß

Der Saft wird in einem schweren Topf gekocht, bis nur noch halb soviel Saft im Topf ist. Das Eiweiß zu Schnee schlagen, den konzentrierten Saft darunterziehen und auf 5 Schälchen aufteilen.

Getränke

IX. Getränke

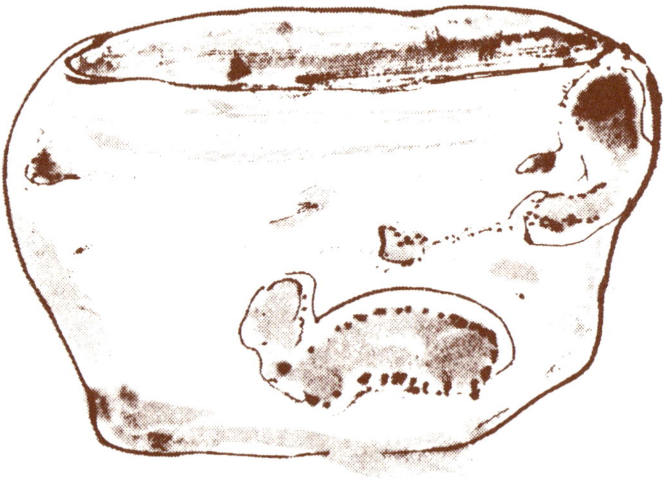

Künstlich gefärbte Tees und künstlich gesüßte Getränke sollten von Anfang an möglichst vermieden werden. Sie sind sehr *yin* und ermüden auf die Dauer Körper und Geist. Wir sollten natürliche Tees und Getreidekaffee zu schätzen lernen, das sind die Getränke, die wir für den täglichen Gebrauch empfehlen. Sie sind köstlich und geben Kraft.

Bancha-Tee

Bancha ist ein grüner Tee von drei Jahre lang gewachsenen Blättern und Zweigen, die von dem unteren Teil des Teestrauchs gepflückt werden. Es ist ein beruhigendes Getränk, das von Jung und Alt gleichermaßen genossen werden kann.

Die Blätter werden in einer schweren Pfanne bei mittlerer Hitze geröstet, bis sie braun sind, dabei schütteln wir die Pfanne und rühren beständig um, damit sie nicht anbrennen. Dann nehmen wir die Pfanne vom Feuer und lassen sie auskühlen. Wir bewahren die Blätter in einem luftdicht verschlossenen Behälter auf.

1 bis 2 Eßlöffel Blätter werden auf 1 1/2 l kochendes Wasser gegeben und auf kleiner Flamme 10 bis 20 Minuten gekocht. Milder und feiner schmeckt der Tee, wenn man ihn in eine Teekanne gibt, mit kochendem Wasser übergießt und einige Minuten ziehen läßt. Abseihen und servieren.

Wir können die Blätter wieder verwenden, wir kochen sie 10 Minuten und geben dabei eine Prise frische *Bancha*-Blätter dazu. Wenn die Blätterschicht auf dem Boden des Topfes 2 bis 3 cm hoch geworden ist, werfen wir sie weg.

ABWANDLUNG: *Sho-Ban*: In eine Tasse wird 1 Teelöffel *Shoyu* gegeben und heißer Banchatee daraufgegossen. Dieses "yangisierende" Getränk ist ein Heilmittel gegen Müdigkeit.

Mu-Tee

Mu-Tee besteht aus 16 verschiedenen Kräutern, die in der chinesischen Medizin schon seit langer Zeit Verwendung finden. Im *Mu*-Tee sind diese Kräuter auf besondere Weise nach den Prinzipien von *yin* und *yang* zusammengestellt. Dieser Tee wirkt besonders stark auf den Magen, deshalb sollte man ihn, wenn er sofort nach einer Mahlzeit getrunken wird, nur schwach zubereiten. Da er sehr *yang* ist, kann er an heißen Tagen kalt getrunken werden. Er ist in makrobiotischen Geschäften erhältlich.

1 Paket *Mu*-Tee wird in 1 l Wasser 10 bis 15 Minuten auf kleiner Flamme gekocht. Das Paket kann ein zweites Mal verwendet werden. Will man den Tee stärker machen, kocht man 1 Paket in 3 Tassen Wasser 30 Minuten.

Getreide-Tee

Brauner Reis (oder jedes andere Getreide) wird bei mittlerer Hitze 10 bis 20 Minuten geröstet, bis er tiefbraun ist. Dabei ständig rühren und die Pfanne schütteln, damit er gleichmäßig röstet und nicht anbrennt. 2 Eßlöffel des Getreides werden auf 1 l kochendes Wasser gegeben und 10 Minuten schwach gekocht, dabei können wir eine winzige Prise Salz dazugeben (das Salz soll nicht vorschmecken). Abseihen und servieren.

ABWANDLUNG: *Gemmaicha*: Gleiche Teile gerösteten Reis und geröstete *Bancha*-Blätter in eine Teekanne geben, mit kochendem Wasser übergießen, 10 Minuten ziehen lassen und servieren.

Gersten-Tee (Mugicha)

Wir rösten ungeschälte Gerste bei mittelgroßer Hitze, bis sie fast schwarz ist; dabei ständig rühren. Oder wir streuen die Gerste auf ein Backblech und rösten sie im Backrohr bei 100 Grad mehrere Stunden.

2 gehäufte Eßlöffel des gerösteten Getreides werden in 1 l Wasser 5 Minuten auf kleiner Flamme gekocht. Eiskalt serviert ist dies ein erfrischendes Getränk an heißen Tagen.

Soba-Tee

Übriggebliebene Nudelbrühe wird mit *Shoyu* abgeschmeckt. Um das Getränk dick zu machen, geben wir etwas Buchweizenmehl hinein und erhitzen es einige Minuten.

Löwenzahnkaffe

Die Löwenzahnwurzel wird gewaschen und gut getrocknet. Dann wird sie feingehackt und bei mittlerer Hitze in einer schweren Pfanne geröstet. Abkühlen und in einer Kaffeemühle mahlen. 2 Eßlöffel in 1 l Wasser 10 Minuten oder länger schwach kochen. Währenddessen eine Prise Salz dazugeben.

Apfelsaft

Wir schneiden die Äpfel klein und kochen sie in 1 1/2 bis 2 Teilen Wasser. Wenn sie weich sind, werden sie zerdrückt und abgegossen. Eine Prise Salz zugeben. Eiskalt servieren.

Yannoh (Getreidekaffee)

Yannoh ist ein sehr nahrhaftes Getränk aus fünf verschiedenen Getreidesorten. Zum Frühstück getrunken ist er eine ausgezeichnete Energiequelle. Er ist in Naturkostläden und makrobiotischen Geschäften erhältlich.

1 gestrichener Eßlöffel auf 1 Tasse Wasser wird 15 bis 20 Minuten schwach gekocht. Während der Kaffee kocht, geben wir eine Prise Salz dazu. Um den Kaffee vom Satz zu trennen, gießen wir ihn durch ein Tuch. Kann auch kalt getrunken werden.

Umeboshi-Saft

1 oder 2 *Umeboshi* werden zerkleinert und in 1 l Wasser zum Kochen gebracht. Auf kleinem Feuer 1 Stunde kochen lassen, dann abgießen und kaltstellen. Kalt serviert ist dieses Getränk im Sommer sehr durststillend. Der Saft kann auch zu Salatsoßen oder als Gewürz anstelle von Salz verwendet werden.

Amazake (Süßer Sake)

1 Tasse süßer brauner Reis
2 Tassen Wasser
1 1/2 Tassen *Koji*-Reis

Der Reis wird im Druckkochtopf mit dem Wasser 40 Minuten gekocht. Den Druck langsam absinken lassen. Abkühlen, bis er lauwarm ist (60 Grad), den Koji-Reis dazugeben und gut vermischen. Dann wird er zugedeckt und an einen warmen Platz gestellt (30 Grad). Im Sommer sollte der *Amazake* in 5 bis 6 Stunden fertig sein. Wenn man ihn 2 oder 3 Tage stehen läßt und 1 oder 2 mal täglich umrührt, dann wird er sogar noch süßer. Wenn er sehr weich ist und nach Hefe riecht, ist er fertig.

Vor dem Servieren verdünnen wir ihn mit Wasser, bis er die gewünschte Konsistenz erhält, z.B. 2 Tassen Wasser auf 1 Tasse *Amazake*. Kurz zum Sieden bringen und 1/2 bis 1 Teelöffel geriebene Ingwerwurzel hineingeben. Mischen und servieren.

Kokoh (Getreidemilch)

2 gehäufte Eßlöffel *Kokoh* mit 1 l Wasser zum Kochen bringen, dabei beständig umrühren. 20 bis 30 Minuten auf kleinem Feuer kochen, eventuell mit einer Prise Salz würzen.

GLOSSAR

Aburage	gebratener Bohnenkäse
Adzuki	winzige, harte rote Bohnen; die am meisten yang sind
Amazake	süßes Getränk aus fermentiertem Reis
An	Mus, Paste oder dicke Soße
An-kake	Gemüsezubereitung, mit dicker Kuzu-Soße übergossen
Arrai	eisgekühlter roher Fisch
Bancha	grüner Tee aus drei Jahre alten Blättern und Zweigen des Teestrauches
Biifun	Nudeln aus Reismehl
Chirimen Iriko	kleine getrocknete Fische
Daikon	Japanischer weißer Rettich, von 15 cm bis zu 1 m Länge
Dango	Klöße
Dashi	Suppengrundlage, die man auch zum Kochen von Gemüse verwenden kann
Datemaki	gerolltes Omelett
Dengaku	gegrillte, mit Miso bestrichene Gemüsespieße
Fu	gedämpftes Weizen-Gluten
Gomasio	Tischgewürz aus Sesam und Salz
Gammodoki	frittierter Kuchen aus Tofu und Gemüse
Goma	Sesamsamen
Goma joyo	Mischung aus Sesampaste (Tahin) und Shoyu
Goma miso	Mischung aus Sesampaste (Tahin) und Miso
Hatcho miso	Miso aus Sojabohnen, Salz und Wasser, 3 Jahre gereift
Harusame	wörtlich „Frühlingsregen"; Gelatine-Nudeln aus Soyabohnen
Hijiki	schwarze fadenförmige Algen
Horenso	Spinat

Kabocha	Kürbis
Kampyo	
Kanten	oder Agar Agar, Gelatine aus Meeresalgen
Kara age	wörtlich „trocken-braten“, ohne Teig frittierte Speisen
Karinto	Imbiß aus frittiertem Teig
Katsuobushi	getrocknete Fischflocken (Bonito) vorwiegend für Suppengrundlagen
Kimpira	Nitsuke aus Gemüse, das in streichholzgroße Stückchen geschnitten wurde
Kofu Laib	Produkt aus Weizengluten
Koi koku	Ganzer Karpfen mit Klettenwurzeln und Miso gekocht
Koji-Reis	Malz aus Reiskörnern
Kombu	getrocknete Algen in Form von harten Streifen oder Blättern
Kome miso	leichtes Miso aus Reis, Sojabohnen, Salz und Wasser
Koya-dofu	getrockneter Tofu
Kurumabu	radförmige kleine Kuchen aus gedämpftem Weizengluten
Kuzu	Gelatine aus der Kuzu-Wurzel
Maki-yuba	Streifen aus Sojabohnengluten, zu kleinen Kuchen gerollt
Manju	gefüllte Klöße
Miso	Bohnenpaste aus Sojabohnen, Salz und Getreide, mit einem speziellen Enzym fermentiert
Miso-zuke	Im Miso eingelegtes Gemüse
Mugicha	Gerstentee
Mugi-miso	milde Miso-Sorte aus Gerste, Sojabohnen, Salz und Wasser
Musubi	Reisfladen
Nigari	Salzlauge, herkömmlicherweise zur Herstellung von Tofu verwendet
Nitsuke	Gemüse in Öl sautiert und mit ein wenig Wasser gargekocht
Nori	getrocknete Rotalge

Nuka	Reiskleie
Oden	traditioneller japanischer Eintopf
Ohagi	kleine Bällchen aus teilweise gestampftem, süßem braunem Reis
Ohitashi	leichtes Kochen von Blattgemüse
Okonomi yaki	Pfannkuchen
Omedeto	Getreidegericht mit Adzuki-Bohnen
Omochi	Reiskuchen
Renkon	Lotoswurzel
Sake	Reiswein
Satsumaimo	Süßkartoffel
Seitan	Weizenglutenstückchen, in Shoyu gekocht
Sekihan	Reis mit Adzuki-Bohnen gekocht
Shitake	getrocknete japanische Pilze
Shoyu	natürliche Soyasoße
Soba	Buchweizennudeln
Sudare	Bambusmatte zum Einrollen von Speisen
Suiton	Klöße
Suribachi	Mörser aus Ton mit gerillter Innenfläche
Surikogi	hölzener Stößl
Takuwan	in Reiskleie und Salz eingelegter Rettich
Tazukuri	etwa 7 cm langer getrockneter Fisch
Tekka	feingehacktes Gemüse und Miso, mehrere Stunden sautiert, als Tischgewürz zu verwenden
Tempura	in Teig herausgebackene Speisen
Tofu	„Bohnenkäse“
Tsukemono	allgemeine Bezeichnung für milchsauer Eingelegtes
Udon	Nudeln aus Weizenmehl
Umeboshi	Kleine in Salz eingelegte Pflaumen
Wakame	Algen in Form von langen Streifen
Yaki-dofu	gegrillter Tofu
Yuzu	Zitrone
Zenibu	kleiner runder Kuchen aus Weizengluten mit einem Loch in der Mitte

INDEX

Kontaktadressen für weitere Informationen

Deutschland:

Ost-West Bund e.V., Vereinssitz: Ludweilerstr. 9, D-6621 Werbeln, Tel. 06834/6266 (Nebenstelle), Richard Theobald

Ost-West Bund e.V., Geschäftsbüro Nord, In den Bergen 32, D-2110 Buchholz, Tel. 04181/3 38 29, Axel Gruel

Ohsawa Zentrale, Münsterstr. 255, D-4000 Düsseldorf 30, Tel. 0211/63 24 43, Jiro Nakamura

Ost-West Zentrum, Postfach 430140, D-8 München 40, Tel. 089/8324 08 oder 08177/8488, Detlef von Rabenau

---

Schweiz:

Makrobiotische Gesellschaft, Wildbachstr. 77, CH-8008 Zürich, Tel. 01/55 48 26, Wilhelm Keller, Tel. 01/984 21 21 August Bingesser

Centre Macrobiotique, 7 Ruelle de Bourg, CH-1003 Lausanne, Tel. 021/2343 84, Paul Simon

Ted Stadlin, 3 Chemin François Lehmann, CH-1218 Genève, Tel. 022/98 14 59

Oesterreich:

East-West Foundation, Deutschgasse 9, A-2700 Wiener Neustadt, Tel. 02622/49 41, Bernd Brunner, Eva Wimmer, Dr. Wildhagen

Weitere Bücher aus dem
IRISIANA VERLAG

D-8961 Haldenwang

Heile Dich Selbst durch bewußte Ernährung Naburo Muramoto

Dieses Buch gibt jedem Menschen die Möglichkeit, ein einfaches, nützliches Prinzip für das tägliche Leben zu erlernen, um körperliche und geistige Gesundheit zu erhalten oder zu erlangen. Nach und nach wird es jedem möglich, verschiedene Krankheiten zu diagnostizieren, und nachdem er ein wenig Erfahrung gewonnen hat, Nahrung, Kräuter und äußere Behandlungsmethoden zu bestimmen, die den Heilungsprozeß ermöglichen oder fördern.
Die alte chinesische Medizin begreift den Körper nicht als eine Summe von Teilen; sie stellt sich jedes Organ als einen Teil des Ganzen vor und die Krankheit als eine Verschlechterung des ganzen Körper-Systems. Die besten Fachleute auf diesem Gebiet reflektieren ständig über die Rolle des Menschen in dieser Welt und die Rolle, die Krankheit in diesem Leben spielt. Sie wissen, daß unser Körper sich nicht von dem Boden trennen läßt, der uns ernährt.
Die Erde, die Pflanzen, die sie hervorbringt, die Tiere und der Mensch – alle stehen miteinander in wechselseitiger Verbindung. Je nachdem, was und wie wir essen, ob wir gut kauen und verdauen oder nicht, werden wir Gesundheit oder Krankheit hervorbringen.

ca. 316 Seiten, illustriert

Yoga Praxis Annamaria Wadulla

Dieses Buch will einen ganz besonderen Zweck erfüllen – nämlich dem heutigen Menschen, der durch seine Leistungsarbeit erschöpft, durch Störungen und Reize der Außenwelt beunruhigt und in seinem Nervensystem überbeansprucht ist, eine Möglichkeit der Lebensbewältigung zu geben. Hierzu gehören Auflösung von Fehlspannungen, Ertragen einer störenden Umwelt, Bejahung hemmender Schicksalseinflüsse, Überwindung von Erregung, Ärger und Angst. Außerdem werden Übungen zur Beherrschung des Körpers und des Atems aufgezeigt, Übungen zur Konzentration, zur Vollentspannung, zur Erneuerung der Lebenskräfte, zum Anhalten der unruhigen Gedanken und zur Vorbereitung zur Meditation.

110 Seiten

Weitere Bücher aus dem
IRISIANA VERLAG

D-8961 Haldenwang

Kraut und Unkraut zum Kochen und Heilen Elisabeth & Karl Hollerbach

Dies ist ein Buch von Zweien, die auszogen, von den Kräutern zu lernen. Ihre Erfahrungen mit dem Suchen, Sammeln und Zubereiten von Kräutern und Unkräutern haben sie leicht verständlich zusammengefaßt und liebevoll mit vielen Zeichnungen illustriert. Die Heilwirkungen der Kräuter sind ausführlich beschrieben und auch das sonstige leibliche Wohl wird nicht vergessen, wie an den vielen leckeren Kochrezepten ersichtlich ist. Ein Buch, um damit hinauszugehen, zu lernen, zu experimentieren, zu kochen und und und........

ca. 400 Seiten, reich illustriert

Bewußt Fruchtbar Sein

Dieses wichtige Buch mit Informationen und Anleitungen für Menschen, die ein neues Bewußtsein und Vertrauen in die natürlichen Vorgänge des Körpers gewinnen wollen, erscheint nun in einer überarbeiteten und erweiterten Auflage. Neue Berichte und Farbfotos wurden hinzugefügt und auch ganz neue Themenbereiche sind aufgegriffen wie z.B. chinesische Kleinkindmassage. Der erste Teil des Buches befaßt sich mit alternativen Methoden der Empfängnisverhütung; der zweite Teil bringt Informationen für die Zeit der Schwangerschaft; der dritte Teil umfaßt persönliche Berichte über Geburtserlebnisse, wobei auch die möglichen Schwierigkeiten und Belastungen beleuchtet werden. ,,Bewußt fruchtbar sein" will helfen, daß wir uns mit mehr Natürlichkeit und Menschlichkeit in den Bereichen bewegen, wo wir dem Leben am nächsten sind.

Erweiterte Auflage, Großformat, reich illustriert mit Farbfotos